国家科技支撑计划课题（编号：2012BAJ01B03）
城市地下道路建造与运营安全关键技术研究系列丛书

城市地下道路暗挖隧道
安全建造关键技术

张顶立　张成平　李鹏飞　著

中国建筑工业出版社
中国城市出版社

图书在版编目（CIP）数据

城市地下道路暗挖隧道安全建造关键技术/张顶立，张成平，李鹏飞 著. —北京：中国城市出版社，2016.3

（城市地下道路建造与运营安全关键技术研究系列丛书）

ISBN 978-7-5074-3061-5

Ⅰ. ①城…　Ⅱ. ①张…②张…③李…　Ⅲ. ①城市隧道–隧道施工–安全技术　Ⅳ. ①U459.9

中国版本图书馆 CIP 数据核字（2016）第 054474 号

责任编辑：付　娇
责任校对：李欣慰　张　颖

城市地下道路建造与运营安全关键技术研究系列丛书

城市地下道路暗挖隧道安全建造关键技术

张顶立　张成平　李鹏飞　著

*

中国建筑工业出版社
中国城市出版社 出版、发行（北京海淀三里河路9号）

各地新华书店、建筑书店经销

霸州市顺浩图文科技发展有限公司制版

北京京华铭诚工贸有限公司印刷

*

开本：787×1092毫米　1/16　印张：17　字数：391千字
2017年10月第一版　2017年10月第一次印刷
定价：**126.00**元
ISBN 978-7-5074-3061-5
（904017）

序

目前我们国家发展面临着六大难题，即人口、土地、能源、水资源、环境和气候，其中首当其冲的就是人口持续增长和土地资源不断减少，开发利用地下空间是解决城市资源与环境危机的重要措施。21世纪是地下空间资源开发的世纪。

我们土木工程也应顺潮流而检讨自己，大量的土建工程拔地而起，人们要进入城市，大量的交通、房屋要建，我们每天都看到大片良田被钢筋混凝土所取代。能否把地面沃土多留点给农业和环境，把地下岩土多开发点给道路交通、工厂和仓库，从而使地下空间成为人类在地球上安全舒适生活的第二个空间。城市地下道路建设是城市地下空间开发与利用的重要组成部分，随着城市建设规模的扩大和市民交通出行需求的提高，为完善城市道路路网、缓解城区道路的交通拥堵，国内城市地下道路建设近年来开始快速发展，上海、北京、南京、深圳、杭州、武汉、宁波、南宁等城市均有已建成或在建的地下道路。

本系列指南是以"十二五"国家科技支撑计划"城市地下道路建造与运营安全关键技术研究"（2012BAJ01B03）为依托，在地下道路分岔与立交暗挖技术安全控制、路线线型及交通安全设计、通风与防烟排烟控制技术等三个方面进行了大量现场数据测试、缩尺物理模型实验和专题研究，并结合近年来城市地下道路工程实际案例而形成的技术成果。指南基于砂卵石等松散地层条件，给出了适合复杂及大断面隧道的安全建造方法和控制指标体系；通过大量的实地调研、仿真分析和驾驶模拟试验，研究地下道路车辆行驶安全特性，提出并优化了道路设计安全性敏感参数；通过对地下道路气流流动特性及控制方法的分析研究，重点比对各国汽车排放因子特点，初步给出了适用于多点进出复杂线型城市地下道路通风设计标准，补充了通风设计相关以排抽为主双阀网络计算方法，进一步诠释现有规范条文的应用。上述部分成果已经成功应用于城市地下道路示范工程中。

本系列指南信息量大，实用性强，我将本书推荐给从事城市地下道路设计、施工、运营管理、教学、科研等工作的人员和广大读者，相信本书的出版对我国城市地下道路建造与运营技术水平的提高，定会起到积极的促进和推动作用。

中国工程院院士

2017年2月9日

前　言

随着我国城市化进程的不断推进，为完善城市道路路网以及缓解城区交通拥堵，国内各大城市的地下道路建设也逐渐进入快速发展期。上海是我国修建地下道路最多的城市，北京地下道路建设起步也比较早，2008年在奥运中心区建成了地下环型交通联系通道，其他建成或在建的还有大屯路隧道、金融街地下环隧及中关村地下环隧等。

我国城市地下道路隧道的建设和研究起步相对较晚，再加上其具有地质条件差、周围环境限制因素多、结构形式及其受力特性更为复杂等特点，目前仍处于边建设边探索的初步阶段，理论研究远远滞后于工程建设实践。在此背景下，住房城乡建设部于2011年组织立项国家科技支撑计划项目"城市地下空间开发应用技术集成与示范"（项目编号：2012BAJ01B00），其中课题三"城市地下道路建造与运营安全关键技术研究"（编号：2012BAJ01B03）由北京市市政工程设计研究总院有限公司、北京交通大学和北京工业大学所组成的课题组负责研究工作，旨在为我国城市地下道路大规模建设和运营奠定必要的理论基础并提供重要的技术支撑。作为"城市地下道路建造与运营安全关键技术研究"的主要研究成果，本系列丛书包括：《城市地下道路暗挖隧道安全建造关键技术》、《城市地下道路通风工程设计指南》和《城市地下道路交通安全设计指南》。丛书从不同角度出发，有针对性地阐释了城市地下道路建造安全、运营安全与环境控制领域的一系列关键技术和设计重点、难点，是课题研究成果的凝练与精华，极具阅读价值。

作为城市地下道路工程的重要组成部分，分岔与立交暗挖隧道具有结构复杂、施工难度大和环境影响风险高等特点，往往成为整个线路的控制性工程。分岔隧道通常是由大跨变断面段、连拱隧道段和小间距隧道段共同构成的组合隧道形式，其线形设计上的多断面、多尺度和施工工序及围岩荷载频繁转换的特点导致其开挖支护体系在复杂应力空间中表现为一个难度自增殖系统，在施工方法选择时要充分考虑围岩演化和破坏时空作用效应，并与城市地面和地层结构的环境条件相适应；地下立交隧道是为满足城市道路交通中集散和疏解功能而设置的地下道路网，按照立交形式可分为垂直立交、斜向立交和侧向立交等，而按照立交隧道的间距又可分为近距离、超近距离和零距离立交，该类工程的核心问题是隧道之间相互影响关系的评估、控制与工程应对，与分岔隧道相比，这种影响效应更加显著。鉴于这类隧道工程的复杂性和工程建造难度，而且通常采用暗挖法施工，分岔与立交暗挖隧道的安全建造技术水平即代表了城市地下道路工程的安全建造水平。城市地下道路的主线隧道一般为大断面的长大隧道工程，而且其埋深通常也较大，适宜采用盾构法施工，但由于城市地下道路隧道跨度大，因此需采用大直径盾构，而且在城市中极易遇到富水砂卵石地层。相对于一般的软土地层，砂卵石地层具有颗粒直径大、流动性差、卵石强度高、黏聚力小和摩擦系数大等特点，因此施工中将面临难于排出大直径卵石、刀盘扭矩过大、刀具磨损严重和低效率掘进等诸多问题，而对这些问题的成功解决将成为大直径盾构隧道安全建造的关键。

为此，近年来作者基于北京城市地层条件，针对地下道路暗挖隧道安全建造的关键科学与技术问题进行较为深入研究和实践，形成了系统的理论认识和关键技术。本书作为该项研究成果的总结，全书共分 8 章，主要内容包括：1. 建立了考虑附加应力、附加位移和围岩塑性区的综合性分区指标，据此给出了城市地下道路隧道近接施工影响分区标准。2. 针对城市地下道路立交隧道，提出了合理间距的确定方法并明确了支护结构的加强范围，分析了隧道围岩稳定性特点并给出了控制建议。3. 针对城市地下道路分岔隧道，分别研究了大跨段、非对称连拱段和非对称小间距段隧道结构的力学特征及围岩稳定性特点，据此优化了隧道结构形式，给出了围岩压力的作用模式和计算方法，并对隧道结构安全和围岩稳定性控制提出了相应建议。4. 针对城市地下道路主线隧道盾构施工中面临的技术难题，重点阐述了盾构选型、刀盘刀具配置、开挖面稳定性以及环保型盾构泥浆制备等关键问题，并提出了相应的合理化建议。

为了使城市地下道路暗挖隧道安全建造关键技术更加实用，基于上述研究成果，在充分考虑对现行相关规范、规程及指南继承性的基础上，编制了《城市地下道路分岔与立交暗挖隧道建造安全技术指南》，作为本书的附录，可供从事本领域设计和施工人员及大专院校师生参考。

今后 20 年内，我国的城市地下空间开发和利用将进入快速发展阶段，其中城市地下道路建设作为一个重要方面其建设规模也将不断扩大。为了更好地发挥城市地下道路网的功能效用，将与之配套建设大量的地下交通枢纽，因此，城市大断面隧道工程建设将成为常态，而且同时也将建设大量的分岔和立交隧道群工程，这与城市地铁车站的建造显著不同，具有变断面、立体交叉、平面交叉和小间距等特点，隧道通常埋深较大且变化频繁，导致洞群之间以及洞群的环境影响呈现极其复杂的态势，会对其安全建造提出更高的要求。

本书研究工作得到了国家科技支撑计划课题"城市地下道路建造与运营安全关键技术研究"（编号：2012BAJ01B03）的支持。感谢北京市市政工程设计研究总院有限公司包琦玮设计大师对本书提出的很多中肯建议。书中引用了国内外已有专著、论文、规范、指南以及研究报告等相关成果，在此对其作者一并表示感谢。

城市地下道路建设作为城市交通路网建设的重要内容，对拓展城市交通功能的作用是巨大的，但本书的研究工作是非常初步和有限的，由于时间仓促，加之作者水平有限，书中难免有不妥甚至谬误之处，恳请广大读者批评指正。

目　　录

1 绪 论

1.1 背景和意义

虽然早在一个多世纪前就有人提出城市地下道路的设想，但近十几年的时间里才真正走向实施。世界上建设有地下道路的城市较少，2007 年 3 月竣工建成的日本东京中央环状新宿线是世界上首条真正意义上的城市地下高速公路。如同一个多世纪前城市地铁经历了构想、实施、认同和发展，最终形成多条地铁相互交叉，可方便进行换乘的地铁网络。相信在不久的未来，城市地下高速公路也必将成为解决城市交通拥堵的重要形式而得到各国的推崇和应用。

我国城市地下道路发展较晚，已建城市地下道路的规模较小、长度较短，且部分地下道路并不位于城市中心区域，关于城市地下道路的研究和技术标准很少。上海结合城市地下道路的建设开展了一些服务于工程的试验研究，并编制了地方标准《道路隧道设计规范》DG/T J08—2033—2008。此外，我国住房和城乡建设部于 2015 年发布了《城市地下道路工程设计规范》CJJ 221—2015，这是目前我国仅有的两本涉及城市地下道路的设计规范，由于没有城市中心区大规模建设地下道路的相关经验，因此现有规范对城市地下道路工程特别是其中的暗挖隧道工程的指导具有一定局限性。

与一般城市地下结构不同，城市地下道路在出入口及互通立交处为分岔隧道和立交互通隧道，满足地下道路功能需求的结构异常复杂。分岔隧道是一类由大跨变断面段、连拱段和小间距段共同构成的组合隧道形式，其线形设计上的多断面、多尺度和施工工序及围岩荷载频繁转换的特点导致其开挖支护体系在复杂应力空间中表现为一个难度自增殖系统，而地下立交互通隧道施工中亦存在上述特征，且立交隧道间施工的相互影响效应显著。此外，城市地下道路无法回避在富水软弱地层和邻近密布建（构）筑物条件下建造的客观现实，导致其建造安全的技术难度大、安全风险高。城市地下道路的主线隧道一般为长大隧道，适合采用盾构法施工，但由于城市地下道路隧道跨度大，因此需采用大直径盾构，而且在某些城市中极易遇到富水砂卵石地层，在此地层条件下进行大直径盾构施工将面临诸多困难。

由于城市地下道路的上述特征及其所处的特殊环境，在建造过程中存在着如下技术难题：1. 分岔及立交隧道结构的荷载不明确，结构受力复杂，依据现有理论和方法难以做出科学合理的结构设计。2. 城市环境下围岩稳定性差，而城市道路隧道一般需分部开挖，围岩被反复扰动后其稳定性难于控制。3. 城市道路隧道结构的建造过程中结构体系受力转换复杂，时空效应难以准确把握，结构本体的安全性评价及控制难度大。4. 由于城市地下道路结构的复杂性，目前缺乏其施工安全性控制的指标体系，难以满足城市地下道路建造安全性评价的要求。5. 相对于一般的软土地层，砂

1

卵石地层具有颗粒直径大、流动性差、卵石强度高、黏聚力小和摩擦系数大等特点，盾构施工中将面临难于排出大直径卵石、刀盘扭矩过大、刀具磨损严重和低效率掘进等诸多难题。

上述技术难题将严重制约我国城市地下道路的发展，因此，系统开展城市地下道路暗挖隧道安全建造关键技术特别是分岔和立交暗挖隧道方面的研究工作，具有重要的理论价值和现实意义。

1.2 城市地下道路及其分类

1.2.1 城市地下道路

由于目前缺乏对城市地下道路的深入认识，各城市对地下道路命名也各不相同。以穿越道路节点的地下道路为例，上海一般称之为地下立交，也称之为地道，还有的直接称之为隧道。用于连接地下车库的地下道路，有的称之为地下交通环廊，而北京则称之为地下交通联系隧道。命名的不统一反映出了目前对城市地下道路缺乏系统深入的研究，因此尚未给出明确的定义。

《城市地下道路工程设计规范》CJJ 211—2015 中关于城市地下道路的定义为：地表以下供机动车或兼有非机动车、行人通行的城市道路。

《道路工程术语标准》GBJ 124—88 中关于城市地下道路的定义为：与地面保持一定空间并通过设置出入口与地面道路衔接专供机动车通行的道路。

关于城市地下道路的上述两个定义的共同点为均指在地面以下供机动车通行的城市道路，区别在于服务对象存在一定差异。

1.2.2 分类

《城市地下道路工程设计规范》CJJ 211—2015 中对城市地下道路的具体分类如下：

1. 城市地下道路根据服务对象可分为机动车专用地下道路和机动车与行人及非机动车共用地下道路。当机动车与行人及非机动车共用地下道路时，具体的隧道横断面形式多样，可根据实际情况确定。

2. 城市地下道路根据服务车型可分为混行车地下道路和小客车专用地下道路（图1-1）。由于城市交通组成以客运为主，小客车比例非常高，如北京、上海的主要道路小客车比例均在90%以上，在特殊控制条件下建设服务于小客车的专用地下道路能服务于城市大部分交通，能够明显的减小建设规模，降低实施难度。如上海的复兴东路隧道上层服务大型车，下层服务小型车；外滩隧道服务小型车。杭州的西湖隧道服务小型车。北京的地下交通环廊均服务于小型车。法国巴黎的A86也建设有服务于小型车的专用地下道路。

3. 城市地下道路可按主线封闭段长度分为4类，分别为特长距离地下道路、长距离地下道路、中等距离地下道路和短距离地下道路。各类地下道路具体长度见表1-1。

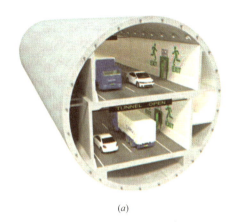 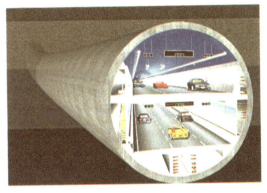

(a) (b)

图 1-1 按服务车型分类

（a）混行车地下道路；（b）小客车专用地下道路

城市地下道路长度分类　　表 1-1

分类	特长距离	长距离	中等距离	短距离
长度（m）	$L > 3000$	$3000 \geqslant L > 1000$	$1000 \geqslant L > 500$	$L \leqslant 500$

　　根据封闭段长度进行分类的方式对逃生救援、通风、照明等方面的设计要求影响很大，对其安全运营和管理方面很有意义，公路隧道设计多采用此种分类方式。

1.3 城市地下道路特点

1.3.1 与地面道路的差异

　　城市地下道路位于地下，且空间相对封闭，由于空间位置的不同，城市地下道路在道路环境方面与地面道路存在较大差异，这种差异进一步导致了驾驶人的行为特性以及交通流的运行特征与地面道路存在一定差异。地下道路的"人—车—路环境"系统特点与地上道路的差异见表1-2。

城市地下道路与地面道路的差异特征　　表 1-2

差异性		地面道路	地下道路
道路环境	外界环境	受外界雨、雪等影响	几乎不受外界影响
	光环境	自然光	自然光少，尾气等容易造成能见度低，需辅助照明系统
	空气环境	与外界空气一样，无须通风	污染物容易积聚，中等以上距离的地下道路需要辅助通风系统
	温度和湿度环境	随外界天气与气候变化而变化	相对稳定，但长大地下道路存在升温现象
	声环境	自然声，噪声不大	噪声大，对驾驶人生理、心理影响较大

3

差异性		地面道路	地下道路
驾驶行为与车辆运行特征	驾驶人行为	正常	保守性、易产生疲劳，受侧墙效应影响明显
	车辆运行特征	除快速路外，一般道路受两侧干扰较大，间断流	连续流，受干扰小，容易超速
设施配置		标志标线、护栏等常规交通设施，相对简单	除传统的交通工程实施外，需配置通风、照明、监控、消防、逃生疏散等设施
运营与防灾安全		较为简单，对防灾安全要求较低	对运营安全要求极高，需进行消防、逃生应急等防灾设计
道路特征与交通组织		相对容易	空间有限、封闭，视距等受影响，内、外部限界相对困难
建设特征	空间位置	地面或高架	地下深埋或浅埋
	影响因素	地质地形、城市规划等	除与地上道路影响相同因素外，还受地下设施影响较大，因素复杂
	施工技术	相对容易	技术难度大、风险高
效益		初期投入少	初期投入较大，但环境保护等长远效益明显，综合效益优势突出

1.3.2　与公路隧道的差异

城市地下道路与公路隧道的地理位置差异，导致了在建设条件、交通流特点、技术标准等方面存在较大差异，具体如表 1-3 所示。

公路隧道与城市地下道路的差异特征　　　　　　　　　　表 1-3

差异性	公路隧道	城市地下道路
建设条件	主要受地质、地形因素影响	(1)穿越中心城区，建筑物多，地下管线、桩基等障碍物设施复杂 (2)受沿线开发、拆迁等影响大
交通特点	客、货车混行，还包含重载卡车等	(1)交通组成较为单一，以小客车为主，甚至为小客车专用 (2)交通流量大
道路特征与交通组织	(1)以单点进出为主线形，技术标准要求高 (2)交通组织相对简单	(1)建筑横断面形式多样，如同孔双层布置 (2)存在多点进出，服务沿线重点区域 (3)受地下设施影响，部分路段平、纵线形技术标准较低，尤其地下匝道等 (4)道路总体走向受城市道路网布局、地区控制性详细规划控制 (5)需考虑与地面道路的衔接，统筹布置，交通组织相对复杂
功能性	功能较为单一，主要承担交通功能	(1)复合功能性强，不仅承担交通功能，还可与高压电缆、输水管道、通信光缆等"城市生命线"共管 (2)或与轨道交通同孔，形成路轨共用格局
附属设施与安全防灾等	相对简单	(1)不同断面的通风设置存在差异，总体要求较高：存在分岔车流汇入与分离影响风流；线形较差时还影响风流的顺畅流动；由于地处城区，对风塔、洞口环境保护要求更高；污染物的控制标准也有差异 (2)交通监控系统更复杂，需考虑与周边区域路网的联动协调，进行统一规划
技术标准	以公路隧道和公路线形设计相关规范为依据	采用城市道路工程技术标准，同时当为小客车专用时还应采用小客车专用技术标准

1.4 城市地下道路建设及研究现状

1.4.1 城市地下道路建设与发展现状

进入21世纪以来，世界各地在地下空间开发利用规模和水平方面都有很大的提高，大力开发地下空间成为城市拓展空间、集约化利用土地资源的重要途径。从世界各地分布看，随着亚洲一些国家的发展，部分大城市也开始地下道路的规划或建设，并取得了巨大成就。日本在这一时期地下道路建设得到了进一步的发展，东京中央环状线西侧段新宿线11km已建成运营，品川线9.4km正在建设；横滨市环状线北段全长8.2km已建设完成。新加坡KPE地下高速公路（Kallang-Paya Lebar Expressway）、马来西亚SMART隧道（SMART Tunnel）等都已建成通车。此外，还有韩国首尔提出的"三纵三横"地下路网规划、新加坡SURS地下路网规划等。

地下道路在世界范围内分布更广，如图1-2所示，大多发达城市，尤其是国际性特大都市，基本都开展了地下道路的规划建设。当前这几座城市中相对知名的地下道路基本情况如表1-4所示。

图1-2 城市地下道路主要分布情况

中心城系统性地下道路　　　　　　　　　　　　　　　表1-4

编号	道路名称	国家	长度	车道数	工法	费用	完成时间
1	波士顿中央大道（Central Artery/Tunnel Project）	美国	全长8km（中央大道全长2.4km）	双向8车道，局部路段双向6车道	明挖法	147.98亿美元	2007年
2	巴黎A86东线隧道（A86 Eastern Tunnel）	法国	10km	小客车专用，单管双层，单向2车道	盾构法	17亿欧元	2007年
3	中央环状线新宿线	日本	11km	双向4车道	盾构法	78.83亿美元	2007年（2010）

编号	道 路 名 称	国家	长度	车道数	工法	费用	完成时间
4	布里斯班南北地下道路（North-South Bypass Tunnel）	澳大利亚	4.7km	单向 2～3 车道	盾构法+明挖法	10 亿澳元	2010 年
5	KPE 地下高速公路（Kallang-Paya Lebar Expressway）	新加坡	12km	双向 6 车道	明挖法	10 亿美元	2008 年
6	马德里 M30（Madrid Calle 30 Project）	西班牙	8.6km	单向 3～4 车道	盾构法	37 亿欧元	2007 年
7	悉尼 The Cross City Tunnel	澳大利亚	2.1km	双向 4 车道，分离式双管	盾构法	6.8 亿澳元	2005 年
8	吉隆坡 SMART 隧道（SMART Tunnel）	马来西亚	9km 泄洪隧道，其中 3km 城市道路隧道	双层 4 车道	盾构法	5.146 亿美元	2007 年
9	斯德哥尔摩南部连接通道（The Southern Link）	瑞典	6km，含匝道共 17km	双层 4 车道	14km 为岩石隧道，3km 采用明挖施工	13.3 亿美元	2003 年
10	西雅图阿拉斯加地下道路（Alaskan Way Viaduct Replacement Project）	美国	3.5km	单管双层，单向 2 车道	盾构法	预计 31 亿美元	预计 2015 年底

相对成熟的地下道路最大特征是系统性功能强，采用多点进出，设置多个进出口，与地上道路系统形成有机衔接，对补充和完善城市路网起到重要作用，同时也面临着建设极其复杂，投资巨大等特点。道路长度上，超过 3km 特长距离地下道路已相当普遍；横断面规模上，相比于早期一般采用的两车道，如今横断面规模已扩大很多，直径在 11m 左右，在建的西雅图阿拉斯加地下道路工程中甚至采用了直径达 17.52m 的超大型盾构。

在地下道路的种类上，出现了地下车库联络道等新类型，作为城市支路重要补充，功能等级虽然较低，但系统性很强，对净化 CBD 核心区的地面交通，提高区域环境品质，实现车库资源共享起到了重要作用。

此外，"环保、节能、可持续发展"是当今世界各地城市发展的主旋律，环境品质已经成为城市核心竞争力的重要因素。该阶段地下道路建设更多是出于保护城市环境，提高区域品质，带来环境、社会及经济等多重效益。这种系统性的地下道路代表着未来城市地下道路的主要发展方向。

美国的波士顿从 1995 年开始拆除 20 世纪 50 年代建成的城市高架路，转而发展地下高速公路（如图 1-3 为正在拆除的高架路），修建了一条地下道路——Central Artery/Tunnel Project（简称 CA/T），最宽处为双向 10 车道。不仅缓解交通拥堵，降低城市 12% 的一氧化碳排放量，还可以使城市在许多方面受益，由于高架桥的拆除，可腾出近

30 英亩土地，3/4 用于城市绿地和开敞空间的建设，在中心区种植 2400 株乔木和 6000 多株灌木。现在从空中俯瞰，以往拥挤的景象没有了，看到的是长长的绿化带。

(a)

(b)

图 1-3　波士顿地下道路
(a) 正在拆除的高架桥；(b) 地下道路取代高架桥后的空中俯瞰图

　　日本东京中央环状新宿线（图 1-4）是一条地下埋深约 40m、双向 4 车道的高速路，它从东京的板桥区熊野町到目黑区青叶台，全长 11 公里，经过池袋、新宿和涩谷三个重要商业中心，沿途设 6 个出入口，9 个换气站。开通后，从池袋经新宿到涩谷所需的时间可从目前的 50 分钟缩至 20 分钟，既可有效缓解市区的交通拥挤，也可减轻环境污染。

　　中央环状新宿线的内外环主隧道均采用直径 11～13m 的盾构机施工，两条主隧道

图 1-4　日本东京中央环状线线路图

净间距5m左右，沿线上穿、下穿多条既有地铁线路，如在JR46（2）区间，在同一断面斜交下穿东京地铁东西线，交角约60°，平均间距5.5m，斜交上穿直径4.5m的NTT地下管道，平均间距1.0m，同时与NTT地下管道以下的地铁大江户线平行，施工难度较大，采取了预注浆改良地层、内外环隧道交错穿越、适时监测等措施，保证了施工顺利通过。进出入口分流、汇合交叉处，在两条盾构隧道之间上部采用了与隧道平行的直径10.116m长管棚加冻结作为预支护，下部采用了与隧道垂直的直径6.128m、曲率半径16m弯曲钢管加冻结作为仰拱，然后拆除上下掩护之间的盾构管片进行开挖的技术。

M-30是马德里市区最重要的环形交通快速干道。2004年起的M-30改造工程将多个路段转入地下，其中最拥堵的南部弧形路段修建一条5.9km隧道，并与进出城多条高速公路和城市交通干道形成6个立体交通枢纽（图1-5）。

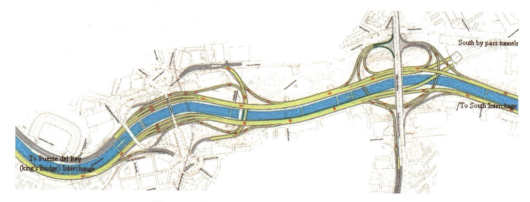

图1-5 改造后M-30隧道段与进城高速立交

与国外相比，我国城市地下道路建设发展历史较短。近些年来随着社会经济快速发展，城市化和机动化水平突飞猛进，许多大城市私人小汽车爆发式的增长给城市交通带来了更大挑战。为改善城市交通、打破江河、山岭等自然阻隔，拓展城市空间、带动江河两岸发展，我国上海、北京、广州、深圳及南京等许多大城市开展了地下道路的规划建设。

我国地下道路建设是从20世纪60年代开始的，1966年上海开始修建我国第一条地下道路——打浦路隧道（跨黄浦江），全长2.736km，限速40km/h，并于1971年6月建成通车。此后地下道路建设工程较少，在进入2000年后，出于对缓解交通拥堵、提高路网连通性等因素的考虑，全国多个城市开始修建地下道路。

图1-6 上海井字形地下通道规划

上海市先后建成了中心城区跨越黄浦江的翔殷路隧道、大连路隧道、新建路隧道、人民路隧道、延安路隧道等地下道路，以及中环线部分节点下穿隧道，如北虹路地道、漕宝路地道等。2010年建成开通的长江隧道，全长8.95km。截至目前，中心城区累计已建成地下道路约60km，其中跨江隧道约40km，占主要部分。另外，上海提出了以主干路为主的"井字形"地下通道规划（图1-6）。

北京规划的地下道路系统有快速路、主干路、次干路，另外在多个重点功能区建成了联系地下车库的地下交通环廊。地下快速路系统规划了低方案"两横两纵"和高方案"三横四纵"两个方案。局部下穿地下道路的规划中以主干路和次干路为主，主干路如已建成的穿越奥体公园的大屯路，规划的首体南路南延、学院南路、东大桥路南延等；次干路如已建成的穿越奥体公园的成府路，规划的北京站街、针织路南延、北辰东路南延等。已经建成的地下交通环廊有中关村西区、金融街、奥体中心区，正在建设的有奥体南区、CBD核心区、通州商务中心区的地下交通环廊，对解决重点功能区的交通及停车问题开辟了新的思路。

从2005年开始由北京市规划委组织，北京市规划院总负责，北京市市政设计总院、北京市城建设计总院、北京交通大学、北京工业大学等多家单位共同参与，对北京市《地下道路系统实施规划》进行研究，提出了包含"局部下穿道路规划"和"地下快速路系统远景规划"两套城市下穿道路体系，规划示意图见图1-7和1-8。

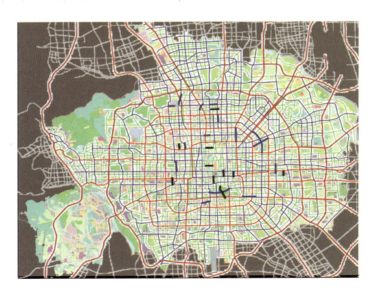

图1-7　北京局部下穿道路规划示意图

南京市地下道路建设也较多，2003年建成的玄武湖隧道全长2.66km，2005年建成的九华山隧道全长2.86km。2007年，城东干道两个路段采用隧道形式，总长2.48km。2009年长江隧道建成通车，全长6.165km，单向3车道。2012年城西干道高架拆除，改建部分地下道路，曾轰动一时，引发了广泛讨论，改造后的城西干道全线共设清凉门、水西门和集庆门3座隧道，隧道总长3.445km，占全线77%，改造后的城西干道将

图 1-8 北京地下快速路系统远景规划
(a) 低方案；(b) 高方案

为南京提供一条南北向的快速通道，提高城市内、外通行能力。

从全国范围内的地下道路建设情况来看、仍以穿越江河、山体等天然屏障的隧道和一些改善交叉口节点交通的下穿隧道为主，大多单点进出，系统性不强。随着上海市外滩隧道、北京市中关村地下环路、金融街地下环廊等一批新类型的系统性地下道路建设运营，尤其是上海市外滩隧道，在建设形式方面与以往地下道路存在显著差异，创造了多个国内首次，如首次采用单管双层双向多点进出的总体布置方案，在国内首次将地下道路建设和地下空间开发相结合。这些新类型的地下道路建设运营标志着我国城市地下道路发展进入了一个新时期，城市地下道路的系统性功能越来越强。

在规划设计中的上海市北横通道，穿越上海中心城区，全线 19km，其中地下段 8.7km，设置 3 对地下匝道服务沿线重点区域。工程项目建设需要处理与多条轨道交通及道路隧道的关系，最大限度地减少对地下各种大型管线的影响，近距离穿越多片高层建筑密集区，并且还需要实现与中环、南北高架等高速路的衔接，建设规模大、技术难度极高。北横通道工程的规划建设，标志着我国城市地下道路的技术水平正与国际化水准相接轨，也体现了我国城市地下道路的建设顺应了世界城市地下道路的发展潮流。

1.4.2 城市地下道路发展趋势

1. 地下道路功能、类型越来越多样化。

地下道路功能日趋多样化，从最早的克服地形障碍的功能，逐渐扩展为改善路网节点交通矛盾、完善路网，甚至解决核心区停车难题，通过地下车库联络道将各地块车库连通，为车库资源的共享创造了有利条件。

传统的地下道路以大、小车混合行驶为主，后来针对城市交通流中小客车比例高的特点，出现了小客车专用地下道路，既能满足绝大部分车辆通行的需求，又能大幅度节约工程经济成本。近几年来，为发展公共交通、鼓励公共交通出行，澳大利亚、美国等一些城市开始规划建设公交车专用地下道路，为公交系统提供专用地下快速通道，提高公共交通服务水平。

此外，地下道路横断面布置上也日趋多样，更加灵活，不再仅仅是单层形式，双层形式日趋增多，更合理、节约地利用地下空间。

2. 地下道路系统性越来越强，多点进出，地下网络化发展。

由于经济、自然环境等因素，很多大城市的骨干路网形态还不够完整，没有达到预期的规划路网的功能；即使路网形态已经完整，但由于规划设计、后期的土地不合理利用等，导致快速化的功能效应得不到很好发挥，需要进一步改造。因此，客观上城市的骨干道路还存在巨大的建设需求。另外，随着城市的发展，人口加速聚集，土地资源愈显珍贵，人们对环境品质的要求越来越高，而高架道路系统存在着噪声大、尾气污染、割裂地块等不足，因此，未来城市骨干道路的建设采用地下道路模式将越来越多，多点进出的系统性地下道路的应用前景广阔。

为进一步充分发挥地下道路的交通效益，地下道路网络化发展是必然趋势。地下路网由地下快速路、主干道、次干道及支路等各等级道路合理组成，各等级道路发挥自身交通功能，并通过合理衔接，与地下道路系统相结合，构成城市 3D 的道路网络，这将使城市道路的网络化效益得到最大程度发挥，大大缓解交通拥堵。此外，将大部分机动车交通引入地下，更多的地面道路资源得以释放，用于非机动车与行人，使之更加便捷、安全，或用于布置绿化景观，改善环境。未来地下道路网络化发展、舒适的地下行车必将使城市地上生活更美好。

3. 功能复合，综合开发。

传统的城市地下空间的发展模式大多是按功能分项规划建设，如地下道路、地下街、地铁、市政管道系统、地下商场、地下停车库等，多以满足自身的功能需要为设计出发点，相对孤立，较少考虑地下设施之间的整合，影响了地下空间的整体利用效率。重视各种地下空间设施的整合、一体化布置是未来的发展趋势，地下道路作为地下空间的重要设施之一，与其他设施的综合布置也是其发展重点。

地下道路功能复合的趋势体现在以下两方面：（1）地下道路自身的功能越来越复合化，不仅承担服务机动车功能，而且可与轨道交通同孔布置，形成路轨共用格局，还可以与高压电缆、输水管道、通信光缆等市政管线共管承担城市生命线功能，甚至可与泄洪隧道共同布置，解决城市的内涝问题。（2）地下道路在开发利用模式上，可以充分利用城市地下空间资源，与城市商业设施相结合，综合开发。将各种相关功能在空间上、时间上进行一体化布置，提高地下空间的利用率和使用效益，并能一定程度上解决地下空间开发利用不可避免的时序问题。

1.4.3 城市地下道路研究现状

城市地下道路虽然早在一个多世纪前就有人提出了设想，但真正走向实施不过才十来年的时间，世界上建设有真正意义上的地下道路（长大的地下快速路）的城市更是屈指可数，而 2007 年 3 月竣工建成的日本东京中央环状新宿线是世界上首条真正意义上的地下高速公路。因此，建造满足快速通行要求的城市地下道路的经验欠缺，缺乏系统的理论和技术支撑。

目前国内已建成或在建的地下道路以穿越江河打通阻隔的形式为主，一般长度较短，规模较小，除起点入口和终点出口外，中间一般不设进出口，也没有换气站，如南京鼓楼南北向地下立交工程南起中山路上的汉口路路口，北至中央路上的傅厚岗路口，全长 1152m。地下隧道全长 750m，南北引道共长 402m。隧道为双向四车道，采用双跨连拱结构，单洞宽 10m，中柱宽 1.5m，双向总宽 23.18m，洞高 7m。2008 年北京在奥运中心区市政配套工程中建成了地下环型交通联系通道，是当时国内最长的城市地下道路。北京其他在建或已投入使用的还有大屯路隧道、金融街地下环隧、中关村地下环隧等城市地下道路。现有的小规模城市地下道路和城市地铁等地下工程建设理论和技术难以支撑城市中心区深埋长大地下道路隧道建设安全的需求。

与一般城市地下结构不同，城市地下道路主线隧道具有距离长、断面大、埋深变化大、围岩富水且复杂多变等特征，隧道施工技术难度大、风险高。如果采用盾构法施工城市地下道路主线隧道，就北京城市地层而言，将面临在富水砂卵石地层中进行大直径盾构掘进的技术难题，但富水砂卵石地层的盾构施工是一个世界难题，刀具磨损快，换刀难度大，施工中存在极大的技术难度和安全风险，如目前正在施工的北京地下直径线工程就遇到了上述技术难题，导致工程进度严重滞后。此外，城市地下道路在引出线及互通立交处为分岔隧道和立交互通道，分岔隧道是一类由大跨变断面段、连拱段和小间距段共同构成的组合隧道形式，其线形设计上的多断面、多尺度和施工工序及围岩荷载频繁转换的特点导致其开挖支护体系在复杂应力空间中表现为一个难度自增殖系统，而地下立交隧道施工中亦存在上述特征，且立交隧道间施工的相互影响效应显著。此外，城市中心区地下道路的建造，无法避免邻近建筑密布的客观现实，施工过程中保证周边环境安全存在很大技术难度。

纵观国内外研究成果，在城市地下道路建造安全方面的关键技术问题没能得到有效的解决。"十一五"期间，通过立项研究，我们能够把握一般地下结构施工的基本力学规律，其建造方法也相对成熟。但随着城市地下道路建设的兴起和发展，这类基础设施由于结构复杂、开挖跨度大或埋深大，加之城市环境下围岩稳定性差等因素的综合作用，导致其施工过程中围岩及结构力学规律的复杂性远超过一般地下结构，因此施工的技术难度大，风险高，在建造过程中存在着许多瓶颈性技术难题。现有的规范、标准及相关研究成果难以满足复杂及大型城市地下道路安全建造的要求。

尽管美国的波士顿和日本的东京都已在城市中心区建成地下道路并正式通车运营，但在建设过程中均遇到了诸多困难，特别是波士顿的地下道路建设持续多年，其中最主要的原因就是工程施工的技术难度太大而不断出现问题。

由于地质条件的差异，我国建造城市地下道路将面临与波士顿和东京不同的技术难题，上述两地城市地下道路建设经验难以直接借鉴。我国部分城市已做出了地下道路建设规划，然而，保障城市中心区地下道路建造安全的诸多基础理论和关键技术尚不完善，为此，亟须开展城市地下道路建造安全控制理论与关键技术方面的研究工作，特别是应将建造安全风险很高的城市地下道路分岔和立交隧道列为研究的重点，并形成系统研究成果和关键技术，为城市地下道路安全建造提供技术支撑。

1.5 本书主要内容及意义

基于北京城市地层条件，针对城市地下道路暗挖隧道安全建造的关键问题开展系统研究工作，相关研究成果形成了本书的主要内容，具体包括以下方面：

1. 城市地下道路工程规划与技术指标

针对我国城市地下道路工程规划与技术标准研究尚不完善的现状，总结了城市地下道路的合理横纵断面、设计速度、车道宽度和分岔隧道过渡段形式、平面布置和变截面设计等技术指标的确定方法，为未来专项技术标准的编制奠定了技术基础。

2. 复杂城市隧道施工影响分区

城市地下道路在引出线分岔处及互通立交处不可避免地面临两条或多条隧道近接施工的技术难题，且隧道间净距越小，施工难度越大、安全风险越高。基于单一隧道施工对周围环境影响（包括对周围地层应力重分布的影响和对周围岩土体塑性区的影响）范围具有局限性原理，研究城市地下道路近接隧道施工影响的分区标准，根据该分区标准确定强影响区、弱影响区和无影响区，以便对城市地下道路近接隧道施工安全措施制定提供依据。

隧道城市地下道路网的建设，地下互通立交将成为制约城市地下道路建设的控制性工程，地下互通立交建造中立交隧道之间合理间距的确定是关系到围岩稳定和隧道结构安全的关键性问题。重点研究立交区主隧道之间的近接影响分区，以保证围岩和结构的稳定，尤其以被隧道包围的中心土体的稳定为原则，综合考虑地应力大小、围岩地质条件、主隧道断面形状和尺寸、施工方法等因素，提出包括上层（或下层）主隧道之间的水平合理净间距、交叉点上下层主隧道之间的垂直合理净间距。

3. 复杂城市隧道的安全性及其控制

地下立交通过隧道的空间立体交叉实现，整个立交区域结构与周围土体的受力异常复杂，这一点既与地下立交的布局形式有关，又与总体施工顺序和施工方案有关。研究立交隧道结构力学特性，并重点研究零距离立交隧道结构的力学特征及安全性评价方法；分析立交隧道施工的相互影响及围岩位移场、应力场和塑性区的分布规律，为立交隧道施工方案确定提供科学依据和参考。

针对立交隧道的工程特点，提出多种地下立交隧道主线隧道施工方案，并经过多重指标的综合对比分析，得出立交区域主线隧道的最优施工方案，包括上下隧道开挖顺序、工作面合理错距、隧道开挖方法选择等。重点研究地下立交隧道中存在的零间距上下重叠隧道的施工方法，给出该工法的关键工序及详细施工技术。根据围岩条件和立交隧道特点，提出施工过程围岩稳定性及结构安全性的控制技术。

4. 城市分岔隧道的安全性及其控制

分岔隧道一般采用大跨变断面隧道、连拱隧道和小间距隧道相结合的方式，分别针对这三种隧道结构形式分析隧道结构力学特性和围岩稳定性，并分析力学转换过程中的结构受力状态和围岩稳定性状态，重点研究施工过程中连拱隧道中墙的受力和变形规律及影响因素、小间距隧道中夹岩（土）的稳定性规律及影响因素、交叉部位主隧道拱形支撑切断后结构受力特征及围岩稳定性规律及影响因素。

从有利于施工和维护结构围岩稳定性的角度出发，研究分岔隧道变断面段的施工方法和小间距隧道的施工方法，分析隧道分岔点处采用小间距方案或先连拱后小间距方案的合理性，研究隧道分岔点处主隧道与匝道隧道连接点处的施工方法。根据分岔隧道多断面、多尺度和施工工序及围岩荷载频繁转换等特点，提出施工过程围岩稳定性及结构安全性的控制技术。

5. 城市地下道路主线隧道盾构安全施工关键技术

城市地下道路主线隧道一般具有埋深大、断面大、地层复杂以及周边环境影响控制严格等特点，通常适宜选择盾构法施工。对于北京、沈阳、成都等城市，在地下道路盾构隧道施工中往往会遇到富水砂卵石地层，将面临难于排出大直径卵石、刀盘扭矩过大、刀具磨损严重和低效率掘进等诸多问题。鉴于此，课题组基于北京地层条件，重点阐述城市地下道路主线隧道盾构施工中面临的盾构选型、刀盘刀具配置、开挖面稳定性以及环保型盾构泥浆配置等关键问题，以期对北京城市地下道路盾构隧道及类似工程施工提供参考。

6. 城市地下道路分岔与立交暗挖隧道建造安全技术指南

为了使本书中关于城市地下道路分岔与立交暗挖隧道安全建造关键技术的研究成果更加实用，在充分考虑对现行相关规范、规程及指南继承性的基础上，编制了《城市地下道路分岔与立交暗挖隧道建造安全技术指南》，并作为本书的附录，可供从事本领域设计和施工人员及大专院校师生参考。

2 城市地下道路工程规划与技术指标

近年来，国内学者就城市地下道路设计技术标准开展了一系列研究，通过借鉴国内外相关成果，结合我国工程实践，研究了地下道路的线形设计、交通工程设施以及安全防灾等方面的技术标准。其中，代表性的研究是上海市政工程设计研究总院（集团）有限公司负责编制的住房城乡建设部行业标准《城市地下道路工程设计规范》CJJ 221—2015，充分吸收总结了近年来国内城市地下道路设计的成熟经验，专门针对城市地下道路的交通流、交通组成、行车环境、建筑构造等特点，从城市地下道路总体设计、横断面、平纵线形、出入口、交通工程、附属设施以及防灾等方面提出了相应的技术要求。系统地研究并给出了小客车专用城市地下道路的技术标准，具体包括净空高度、车道宽度、紧急停车带宽度及最大纵坡等技术指标。从多方面较为系统地提出了城市地下道路的行车视距保障技术指标，包括地下道路内部分合流端的识别视距要求、满足驾驶人行车视距要求的加速车道长度设计标准、进出洞口的停车视距要求、洞口与路面道路交叉口或出口匝道等视距保障要求。

总体来看，城市地下道路的技术标准研究还不够全面和深入，地下道路的合理横纵断面选取、设计速度、车道宽度和分岔隧道过渡段形式、平面布置和变截面设计等技术指标尚需进一步研究，以便为未来专项技术标准的编制奠定技术基础，这对完善我国城市地下道路工程技术标准体系具有重要意义。

2.1 城市地下道路横断面

城市地下道路建设经济成本高、既有地下设施影响制约因素多、施工条件复杂，任何横断面要素的微小变化对工程的经济建设成本和可实施性都具有重要影响。世界道路协会隧道技术委员会早在1987年世界道路会议上提出："对于隧道工程设计，横断面尺寸上任何微小的增加都会引起额外巨额的工程造价，设计时应重点考虑具有经济性的横断面布置形式。"

因此，城市地下道路设计时应对横断面总体布置作充分研究，从经济、技术等方面对横断面布置方案进行综合比选，确定最优方案。

1. 横断面空间组成

道路横断面设计是在城市规划的红线宽度范围内，考虑道路功能等级、设计速度、交通流量、服务对象、地形等因素，确定横断面形式和各组成尺寸，以保证满足机动车、行人等安全、便捷畅通出行需求。城市道路横断面一般由机动车道、非机动车道、人行道、分车带、设施带、绿化等组成，特殊断面还包括应急车道、路肩和排水沟等。

相对于地面道路，城市地下道路的横断面组成更复杂，除满足交通通行空间外，还需为通风、照明、消防、监控等运营所需设施、设备及在应急情况下的逃生疏散、救援等提供必要的空间，同时还须考虑施工实际水平，预留结构变形、施工误差、路面调坡等余量。

城市地下道路横断面空间大致可分为交通通行空间、设施设备空间与安全空间。城市地下道路横断面设计的关键是如何在有限范围内合理布置这三种不同功能空间，既满足交通安全畅通的需求，又满足设备、设施的安装以及人员安全疏散的要求。

交通通行空间是建筑限界规定的范围，包含机动车道、路缘带等，部分城市地下道路包括人行道与非机动车道，特殊断面还包括紧急停车带以及检修道等。各组成部分的宽度应根据地下道路功能等级、设计速度，考虑经济成本以及施工难度等综合确定。

设备、设施空间主要是利用建筑限界之外上部、下部以及两侧与结构之间的空间，为通风、给排水、消防、供电照明、监控、内饰装修等附属设施提供安装空间。一般来说，地下道路内部的设施主要包含以传输功能为主的水管、电缆等管线类和通风、给排水等设备类两种。管线类宜采取集中布置，可设置专用管廊等。设备、设施空间设计应满足各自设备工艺要求，任何设备布置不得侵入建筑限界。此外，设备位置对未来养护的成本等有直接影响，设计时既要便于施工安装又要便于后期维护保养。

设备空间与交通通行空间之间应保留一定距离，如英国隧道设计对车行空间与设备空间之间的距离控制规定如下：竖向距离 A 为 0.25m，横向距离 B 为 0.6m。

安全空间是为紧急情况下的人员安全疏散以及救援提供的空间。安全空间可根据地下道路横断面形式选择上下层疏散楼梯、避难室、横通道等不同方式。例如，双层式地下道路可采用楼梯连接上、下层空间。不论采用何种安全疏散方式，安全空间的设置应综合考虑交通通行空间与设备空间的布置，协调处理好三者关系。

2. 与两端接线道路横断面关系

从行车安全、交通流连续性来看，两种道路衔接时断面宜保持一致和连续，但考虑到建设条件、工程造价、施工特点复杂等原因，地下道路内横断面形式在特殊情况下可以适当降低标准。从国内外实际工程以及相关规范、研究成果看，一般建议城市地下道路内的横断面形式应因地制宜，当条件受限时，经论证后可压缩断面。

一般来说，地下道路采用与两端接线道路不同标准时，主要针对两种情况。

（1）适当降低横断面宽度参数

地下道路的横断面相关组成宽度适当降低，如路缘带、安全带宽度等。这种情况应设置足够长度的过渡段，并通过设置警告标志等交通措施，使驾驶人逐渐适应。

《欧洲道路网隧道安全统一规定》中指出，当隧道与接线道路两端采用不同的车道数时，车道数变化的起点至洞口距离至少应满足车辆10s运行速度的距离，当条件受限制时，采取其他措施保证行车安全。我国《公路隧道设计规范》JTG D70/2—2004 规定，当隧道的建筑限界宽度小于两端接线道路宽度时，应设有 4s 设计速度行程的过渡段，与隧道洞口限界，保持隧道洞口内、外横断面顺势过渡。城市地下道路建议不同断面之间应设置宽度渐变段，渐变段长度应符合现行国家标准《道路交通标志与标线》GB 5768—2009 的规定，同时洞口外的 3s 行程内断面与隧道内的断面保持一致。

（2）适当降低横断面净高参数

地下道路在净高方面等也进行了适当降低，将大车分流，采用小客车专用标准。一般中长距离以上的地下道路采用小客车专用形式；但也出现了短距离的地下道路，采用小客车专用的形式。例如，在日本，下穿一条道路的短距离地下道路也允许采用局部下穿形成小客车专用通道，大车从地面或周边路网分流，这样可以有效节约施工周期，可以有效减小断面标准，节约工程成本。

这种情况下首先应满足交通通行的需求，地面上应具有保证大车能够通行的条件；且在分流前直至通过路口后全过程应设置完善的标志引导系统等，及时指引大车分流，从两侧地面道路或绕行道路通过。

当设计中需要考虑压缩断面时应进行经济技术论证。首先应从经济上论证压缩断面的必要性以及经济节约效益，进行不同方案的工程造价比较。其次，在技术论证上，需要充分结合道路的功能等级、设计速度、服务对象，从行车安全、行车舒适性等方面综合分析，并还应考虑两端接线道路是否有改、扩建提升道路等级的可能，压缩断面较大会造成地下道路成为交通拥堵的瓶颈路段。

3. 横断面设置

根据不同的地质、地形等建设条件，城市地下道路横断面形式可因地制宜、合理确定，此外横断面形式还受施工方法影响。

圆形隧道：受力性能好。盾构法施工的隧道，其断面多为圆形，管片制作简单，拼装方便。缺点是空间利用率低，空间浪费较大。已发展有双圆搭接形、三圆搭接形。目前，圆形隧道是国内外地下道路系统主体隧道形式的首选。

拱形断面：采用封闭的复合式衬砌。其优点是空间利用率较高，缺点是施工复杂，难度大。矿山法施工隧道多采用此形式，适用于短距离施工，在主体隧道转弯半径较小、埋深较深的情况下，多采用此种断面形式。

矩形断面：整体性能好，内空利用率高，受力性能较差。明挖法施工隧道多采用此形式，适用于短距离施工，在主体隧道转弯半径较小、埋深较浅的情况下，多采用此种断面形式。

考虑隧道功能需要，地质条件、施工方法等因素，国内外多推荐采用圆形隧道断面。出入口、风道等附属设施根据条件采用矿山法或明挖法施工。

根据隧道交通功能的需要，圆形隧道断面有单孔双层、双孔单层、双孔双层，两圆或三圆隧道等，由于双圆隧道、三圆隧道在施工过程中的应用不是太多，仅在日本应用较成功，在上海由于扭矩等问题使用效果不好，且费用较高，国内并没有大范围推广。至于双孔双层隧道，其与单孔双层的断面形式基本类似，是根据具体工程的交通需求而定。因此，在国内外地下道路系统的断面形式上，区间段横断面的形状一般有矩形断面和圆形断面。单层矩形断面一般包括：单层单矩形、单层双矩形、双层单矩形；圆形断面包括单层双圆形和双层单圆形。

一条道路宜采用相同形式的横断面。当道路横断面形式或横断面各组成部分的宽度变化时，应设过渡段。

4. 横断面参数确定方法

在选择隧道断面形状时，一般情况下作用在隧道上的地压大小和方向起主导作用。当顶压和侧压都不大时，可选用矩形或梯形断面；当顶压较大、侧压较小时，则应选用直墙拱形断面；当顶压、侧压都很大同时底鼓严重时，就必须选用诸如马蹄形、椭圆形或圆形等封闭式断面。同时要考虑适应围岩变形、施工方法等的影响，预留一定的富余量。前者属于几何因素，后者属于力学因素。

以上所述是选择主线隧道断面形状考虑的主要因素，它们彼此之间是相互联系而又相互制约的。当面临的条件要求不同时，这些因素的主次位置就会发生变化。因此，我们应该综合分析，抓住主导因素同时兼顾次要因素，来选择较为合理的主线隧道断面形状。

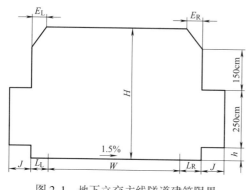

图 2-1　地下立交主线隧道建筑限界

由于各隧道所处自然环境（地形、地貌、地层岩性、地应力、岩土体强度与变形特性、地下水等）不尽相同，且从力学上进行隧道形状和结构受力的数值仿真模拟优化的计算工作量大、耗时多而且需要更高的知识和技能。因此，隧道断面的标准化是一项复杂的工作。在我国，隧道断面的标准化更多的是从几何因素来考虑，但依然并不完善。

城市地下道路隧道一般按 60km/h 和 80km/h 两种时速、单向 2 车道或 3 车道进行设计，其建筑限界如图 2-1 所示，各部分尺寸详见表 2-1。

主线隧道建筑限界尺寸（单位：m）　　　　　　　　　　表 2-1

设计时速（km/h）		车道宽度 W	左侧向宽 L_L	右侧向宽 L_R	检修道宽度		检修道高 h_1	建筑限界净宽
					左侧 J_L	右侧 J_R		
80	两车道	3.75×2	0.5	0.75	0.75	0.75	0.3	10.25
	三车道	3.75×3	0.5	0.75	0.75	0.75	0.3	14.0
60	两车道	3.5×2	0.5	0.75	0.75	0.75	0.25	9.75
	三车道	3.5×3	0.5	0.75	0.75	0.75	0.25	13.25

注：$E_L = L_L$，$E_R = L_R$。

在建筑限界确定基础上，隧道内轮廓既要满足功能需要，同时要使衬砌结构的受力最合理。在本书中，两车道主线隧道内轮廓采用单心圆、连接圆弧加仰拱形式，其内轮廓（图 2-2）的作图方法如下：

（1）作 ab 的垂直平分线，其与隧道中心线交点 O_1。

（2）以 O_1 为圆心，以 O_1b 加上 0.15m 的富余量为半径 R_1 做圆弧与建筑限界的地板延长线相交于 c 点。

（3）连接 O_1c，并自 c 点沿 O_1c 量取连接圆弧半径 R_2 得 O_2 点，以 O_2 为圆心，R_2 为半径作连接圆弧。

（4）在连接圆弧上取一点 d，连接 O_2d 使 O_1c 与 O_2d 夹角 $\varphi_2 = 60°$，延长 dO_2 与隧道中心线交与 O_3，以 O_3 为圆心，以 O_3d 为半径作仰拱圆弧即完成整个内轮廓制作。

内轮廓的控制几何参数的计算式如下：

$$R_1 = \sqrt{1.25^2 + \frac{B_1^2}{4}} + 0.15 \qquad (2\text{-}1)$$

$$R_3 = R_2 + \frac{(R_1 - R_2)\sin(90° + \varphi_1)}{\sin\varphi_3} \qquad (2\text{-}2)$$

$$\varphi_1 = \sin^{-1}\frac{H_1}{R_1} \qquad (2\text{-}3)$$

$$\varphi_3 = 90° - \varphi_1 - \varphi_2 \qquad (2\text{-}4)$$

连接圆弧的半径 R_2 和角度 φ_2 是影响结构中弯矩的重要部位，同时影响到仰拱半径 R_3 和 φ_2 的取值。在连接圆弧半径不变的情况下，φ_2 每减小 1°，φ_3 增加 1°，仰拱半径将减小 1m 左右。下面以设计时速 60km/h、两车道隧道为例，计算出 φ_2 与 R_3 关系曲线如图 2-3 所示。

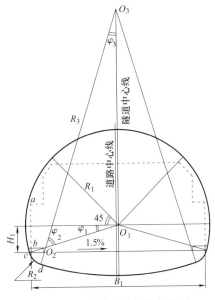

图 2-2　两车道隧道内轮廓断面

图 2-3 中仰拱半径随着连接圆弧段长度的减小而减小，这样既利于结构的受力又节省了支护材料，但同时却增大了仰拱的开挖深度，增加了施工工程量。通常情况下，在具体的岩土体和地应力条件下进行隧道形状选择时，需采用数值方法，通过对比一系列不同方案来确定出其最佳值。

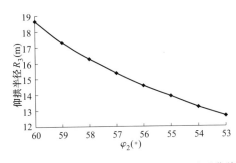

图 2-3　连接圆弧中心角与仰拱半径关系曲线

三车道主线隧道内轮廓采用三心圆、连接圆弧加仰拱形式，其内轮廓图（图 2-4）作图方法如下：

（1）作 ab 的垂直平分线，在垂直平分线上选择 O_1 点，使 O_1b 加上 0.15m 的富余量与两车道内轮廓半径 R_1 相同；

（2）以 O_1 点为圆心，以 R_1 为半径做圆弧与建筑限界的地板延长线相交于 c 点，与起拱线成 45°夹角的半径交于 e 点；

（3）延长 eO_1 与隧道中心线交于 O_4 点，以 O_4 点为圆心，以 O_4e 为半径作拱顶圆弧；

（4）连接 O_1c，并自 c 点沿 O_1c 量取连接圆弧半径 R_2 得 O_2 点，以 O_2 为圆心，R_2 为半径作连接圆弧；

（5）在连接圆弧上取一点 d，连接 O_2d 使 O_1c 与 O_2d 夹角 $\varphi_2 = 60°$，延长 dO_2 与隧道中心线交与 O_3，以 O_3 为圆心，以 O_3d 为半径作仰拱圆弧即完成整个内轮廓制作。

几何参数的计算式如下：

$$R_1 = \sqrt{H_1^2 + \frac{(B_1 - W)^2}{4}} + 0.15 \qquad (2\text{-}5)$$

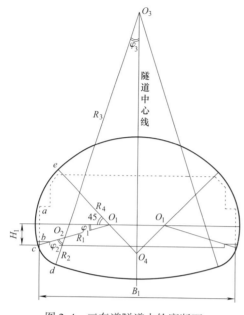

图 2-4 三车道隧道内轮廓断面

$$R_3 = R_2 + \frac{(R_1 - R_2 + W/2\cos\varphi_1)\sin(90° + \varphi_1)}{\sin\varphi_3}$$

$$(2-6)$$

$$R_4 = R_1 + \sqrt{2}W/2 \qquad (2-7)$$

$$\varphi_1 = \sin^{-1}\frac{H_1}{R_1} \qquad (2-8)$$

$$\varphi_3 = 90° - \varphi_1 - \varphi_2 \qquad (2-9)$$

其中 W 为一个车道宽度，当时速 60km/h 时，取 3.5m；当时速 80km/h 时，取 3.75m。

三车道连接圆弧参数的取值同两车道一样需通过优化分析。在没有条件进行相应的数值计算时，可参考《公路隧道设计规范》JTG D70—2004：连接圆弧半径两车道取 1.0m，三车道取 1.5m。

根据上述分析可以得出不同时速下的地下立交主线隧道断面轮廓几何参数（表2-2），其中 $\varphi_2 = 60°$。

地下立交主线隧道断面内轮廓要素 （单位：m） 表2-2

设计时速（km/h）		R_1	R_2	R_3	R_4	H_1	B_1
80	两车道	5.43	1.0	19.3	—	1.55	10.25
	三车道	5.43	1.5	25.8	8.08	1.55	14.0
60	两车道	5.18	1.0	18.6	—	1.5	9.75
	三车道	5.18	1.5	24.6	7.65	1.5	13.25

2.2 城市地下道路纵断面

城市地下道路的纵断面布置应根据地质、地形、地下设施障碍物等因素综合确定，还应考虑未来运营后的通风和节能。

结构顶部覆土厚度是控制地下道路纵断面线形布置的重要指标。影响结构顶部覆土厚度因素较多，应根据地下管网、地质条件、结构安全、施工工艺等确定，当作为人防工程时，还应考虑防空工程的最小覆土厚度。明挖法隧道主要应考虑路面铺装及地下管线的设置要求，一般不应小于2m。盾构法隧道工作井以及区间段的覆土厚度主要考虑盾构施工阶段和正常运营阶段的安全性，需保持一定的覆土厚度保证减少对地面建筑物沉降等影响以及足够的抗浮能力。沉管法隧道最小覆土厚度不应小于通航船只的锚击入土深度要求。上海市地方标准《道路隧道设计规范》DG/TJ 08—2033—2008 对于盾构法隧道工作井最小覆土厚度规定为不宜小于 0.65D，工作井之间区段的覆土厚度不宜小于 0.85D。

道路纵坡的选取应分别满足最大纵坡和最小纵坡的要求。最大纵坡是指能够保证车辆在道路上、下坡的过程中安全行驶，不致发生危险的纵坡最大限制值。它是纵断面线形设计的一项重要指标，直接影响路线长度、行驶舒适性、安全与工程经济性等。道路最大纵坡主要依据车辆的动力特性、道路等级、自然条件、运营经济性等因素确定。

地下道路纵坡、运行速度对汽车尾气排放具有显著影响。对于地下道路，最大纵坡的确定还应考虑对未来运营车辆尾气的排放、通风等影响。

目前国内外相关规范对地下道路的最大纵坡规定如下。

1. 《城市道路工程设计规范》CJJ 37—2012 规定：当隧道长度大于 100m 时，隧道内的道路最大纵坡不宜大于 3.0%；当受条件限制时，经技术、经济论证后最大坡度可适当加大，但不应大于 5.0%。

2. 《公路隧道设计规范》JTG D70—2004 规定：隧道最大纵坡一般不应大于 3%，受地形等条件限制时，高速公路、一级公路中的中、短隧道可适当加大，但不宜大于 4.0%；短于 100m 隧道纵坡可与隧道外接线道路相同。

3. 挪威隧道设计根据交通量确定最大纵坡，如表 2-3 所示。当设置超车道时，纵坡可在此基础上增加 1%。

挪威隧道最大纵坡 表 2-3

	双向交通		单向交通	
AADT	0 ~ 1500	> 1500	< 15000	> 15000
最大纵坡（%）	8	7	7	6

4. 美国《隧道设计手册》指出，隧道最大纵坡不宜超过 4%；确实需要提高时，可适当提高，但不宜大于 6%。

5. 其他国家隧道最大纵坡规定如表 2-4 所示。

其他国家隧道的最大纵坡规定 表 2-4

国家	捷克	丹麦	埃及	芬兰	日本	荷兰	瑞典	土耳其
最大坡度（%）	3.75	3.20	5.10	7(50km/h) 5(50km/h)	5(60km/h)	4.5 (特殊情况为 6)	>6	3

通过上述对比，各国对隧道最大纵坡规定差异较大。相比之下，我国公路隧道规范对最大纵坡的规定比较严格，最大纵坡一般为 3%，不应超过 4%。城市地下道路设计时如采用该标准将存在一定问题：纵坡限制过小，且洞口的路线坡度应与隧道内坡度相同，从而导致隧道外路线必须增加展线长度以克服高差，必然会增加路线长度和隧道长度，增加工程造价；另外，受既有地面和地下设施制约影响因素，采用公路隧道最大纵坡标准规定会使得工程无法实施，尤其对于洞口敞开段，需要较大的纵坡，达到与地面道路良好的衔接。

城市交通中客运交通（中小型）所占比例大，车辆性能好，爬坡能力强，纵坡适当放宽不会对车辆运行速度产生较大影响。目前上海、北京、广州、南京等城市都有纵坡超过4%的地下道路，运营状况良好。

现行的《城市道路工程设计规范》CJJ 37—2012 对隧道的最大纵坡适当放宽，规定为一般不超过3%，当受条件限制时，经技术经济论证后最大纵坡可适当加大，不宜大于5.0%，以适应目前城市地下道路建设。但是只笼统地给出最大纵坡，没有与道路的设计速度相对应，导致不同设计速度都遵循相同的最大纵坡限制值。

现有规范中关于隧道的规定，主要针对穿越江河、山体等障碍物的隧道或地下立交等，通常是地面道路上一个节点或路段，同时一般是交通功能等级较高的道路才会采取隧道形式，此类道路的设计速度通常较高，从国内外已运营的城市道路来看，设计速度一般40km/h以上。但是随着城市地下道路发展，出现一些新类型地下道路，如地下车库联络道，相当于城市支路网补充，功能等级低，设计速度为20km/h。对于这种设计速度低的地下道路最大纵坡应该进一步放宽。

综上所述，结合国内外现有规范对隧道最大纵坡的规定，城市地下道路设计速度大于或等于50km/h的极限纵坡限制值应不超过5%，这与《城市道路工程设计规范》CJJ 37—2012 相关规定保持一致。但考虑到其他类型的城市地下道路设计需求，设计速度小于或等于40km/h的最大纵坡可采用与地面道路相同的标准，最后给出城市地下道路纵坡取值，如表2-5所示。

城市地下道路机动车道最大纵坡 表2-5

设计速度（km/h）	80	60	50	40	30	20
一般值（%）	3	4	4.5	5	7	8
最大值（%）	5			6		8

对于长度小于100m的城市地下道路纵坡设计可采用与地面道路相同的技术标准。设置非机动车道的城市地下道路纵坡应满足《城市道路路线设计规范》CJJ 193—2012 中非机动车道要求。

城市地下道路设计应尽量采用较小的纵坡，综合考虑各种机动车辆动力性能、道路等级、设计速度以及地形条件等，当纵坡大于最大纵坡的推荐值时，应限制坡长，但不得超过最大纵坡限制值。除快速路外，当受地形条件或其他特殊情况限制，如采用小汽车专用爬坡车道，经技术论证后可在极限值基础上增加1%，但应进行费用与效益评估的经济技术论证。

以上海外滩隧道为例（图2-5），南段主线纵断面设计主要控制因素有：中山东二路地下空间开发、已建的延安路南线隧道和北线隧道。北段线路纵断面设计主要控制因素有：三座人行地道桩基、沿线的地下管线标高、地铁2号线区间隧道顶标高、苏州河防汛墙桩基、外白渡桥工程桩基和规划地铁12号线区间隧道顶标高等。

沿线控制因素多，给纵断面布置带来很大困难。纵断面设计除了充分考虑控制因素外，还需充分考虑隧道的排水与行车安全性、舒适性以及规划管线的横穿要求等。

南段外滩隧道的最小竖曲线半径为1200m，最大纵坡为4.8%，最小纵坡为0，位于地下空间开发区域。北段盾构段和暗埋段的最大纵坡均为5%，最小竖曲线半径均为1500m，盾构段的最小纵坡为0.3%，开挖段最小纵坡为0.5%。

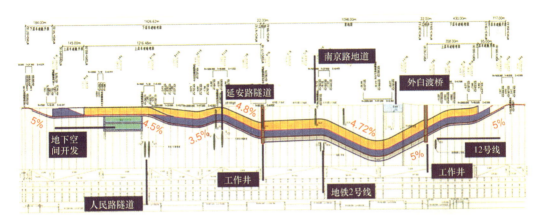

图 2-5　上海外滩隧道纵断面布置图

2.3　城市地下道路设计速度

设计速度指在气候条件良好、车辆行驶只受道路本身条件影响时，具有中等驾驶技术水平的人员能够安全、熟练驾驶车辆的速度。设计速度是决定道路几何线形的基本依据，如平曲线、竖曲线的半径、超高、视距、车道宽度等技术指标都直接或间接与设计速度相关。

城市地下道路的设计速度、功能等级宜与两端接线的地面道路相同，具体设计速度的选择应根据道路交通功能、通行能力、工程造价、运营成本、施工风险、控制条件以及工程建设性质等因素综合论证确定。

1. 短距离的城市地下道路应与两端接线道路采用相同的设计速度。

短距离的地下道路由于距离较短，若采用不同的设计速度，需要在短距离范围内频繁改变运行速度，不利于行车安全。此外，还会给过渡段和交通标志的设置带来困难。

2. 除短距离地下道路外，其他地下道路的设计速度一般不应大于80km/h。

考虑到工程经济性、行车安全，或受建设条件限制等因素，城市地下道路设计速度不宜过高。过高的设计速度直接关系到地下道路的平、纵、横线形标准，将大大增加工程建设难度和造价，同时运营费用也将增加。日本东京湾海底隧道曾做过详细比较，如其他参数相同，仅是车速由80km/h提高到100km/h，照明设备费将提高60%～61%，营运电耗将提高63%～66%。

从国内外已运营的城市地下道路设计速度来看，一般都不大于80km/h，如表2-6所示。采用80km/h的设计速度能够满足未来一定时间内交通需求，保证一定的服务水平。

但考虑到城市地下交通长远发展需求、建设成本大、建成后再改建难度较大，同时为充分发挥地下道路高容量、高速、安全和舒适的特点，地下道路必须具备良好的道路几何线形条件和行车条件。因此，地下道路设计速度也不宜过低，尤其对于两端接线道路设计速度较低的道路，在地下道路段不应再降低设计速度标准，否则未来容易成为交

23

通瓶颈路段。

部分国家城市地下道路设计速度　　　　表 2-6

国家/地区	名称	设计速度（km/h）
新加坡	KPE 地下高速路（Kallang-Paya Lebar Expressway）	70
澳大利亚	悉尼跨城市隧道（The Cross City Tunnel）	80
澳大利亚	布里斯班机场连接通道（AirPort Link）	80
马来西亚	吉隆坡 SMART 隧道（SMART Tunnel）	60
美国	西雅图阿拉斯加地下道路（Alaskan Way Viaduct Replacement Project）	80
瑞士	南部连接通道（The Southern Link）	70
日本	东京中央环状线新宿线	60
法国	A86 西线隧道（A86 Weastern Tunnel）	70
德国	易北河隧道（Elber Tunnel）	80
中国	上海外滩隧道	40
中国	上海外环隧道	80

2.4　城市地下道路车道宽度

从国外地下道路规划和设计来看，车道宽度介于 3.25~3.75m。具体情况见如表 2-7 所示。

各国（组织）车道宽度取值表　　　　表 2-7

国家或组织	设计速度（km/h）	车道宽度（m）
日本	60	3.25
	80~120	3.50
荷兰	90	3.25
	120	3.50
挪威	80~100	3.45
法国	80~100	3.50
德国	70~100	3.50
	110	3.75
瑞士	80	3.50
	120	3.75
奥地利	80~100	3.50
西班牙	90~120	3.50
丹麦	90~120	3.60
美国		3.60
英国	120	3.65

国家或组织	设计速度(km/h)	车道宽度(m)
爱尔兰	80	3.65
欧洲地下道路安全指导(草稿)	—	>3.50
PLARC	100	>3.50
新加坡	—	3.70

国外地下道路边缘带宽度取值见表2-8。

国外地下道路路缘宽度取值 表 2-8

国家	路缘带宽(m)
挪威	0.3
澳大利亚	>0.25
丹麦	0.5
德国	0.25
都柏林港隧道	0.25
荷兰	0.5(速度90km/h)
	0.8(速度120km/h)
Jack Lurch 隧道	0.15

国外一些国家或者项目的路缘石高度见表2-9。

国外地下道路路缘石高度取值 表 2-9

国家或项目	路缘石高度(m)
德国	0.07
英国	0.075
Jack Lurch 隧道	0.075
挪威	0.10
都柏林港隧道	0.15
澳大利亚	0.18
瑞士	0.18
西班牙	0.15~0.20
法国	0.25
日本	0.25

地面道路路侧带是指车行道边界与路权边界线之间的空间，主要用来设置人行道、管线、标志牌、交通信号灯、停车咪表、自行车道等，国外路权边界线相当于我国的红线。地下道路路侧带是指路缘带靠检修道侧边界与建筑结构实体之间的空间，主要用来设置检修道、标志牌、交通信号灯等。各国地下道路路侧带宽度取值如表2-10所示。

国家或项目	设计速度（km/h）	路侧带（m）
瑞士	80～120	1.00
英国	120	1.00
都柏林港隧道	80	0.85
Jack Lurch 隧道	80	0.975
德国	70～100	1.00
澳大利亚	80～100	1.00
日本	60～80	0.25
丹麦	90～120	1.00
挪威	80～100	1.00
法国	80～100	0.75
西班牙	90～120	0.75

英国隧道设计标准中提出，地面道路在超高不大的情况下，道路采用 2.5% 横坡来排除地面积水，地下道路的横坡采用 2.5% 来排除墙体洗涤用水和意外的地下水渗出。

国外紧急停车带设置有两种方式，即间断设置方式和全线设置方式。间断设置方式是每隔一定的间距设置停车带，挪威规定间距一般在 250～500m，过渡段长 6m，中间停车段长度因车辆装载的类型不同而异，供小汽车车辆停车的为 12m，供重型铰接车车辆停车的为 32m，宽度一般为 3m。日本在长隧道中采用 500～1500m 不等的间距。间断设置方式，每隔一定的间距横断面变化，加大施工难度。全线设置方式是沿道路方向全长设置紧急停车带，一些发达国家在全长设置紧急停车道，经常采用的方式是结合硬路肩设置，将硬路肩加宽到可供车辆停靠的宽度，如美国、瑞典等。

2.5　城市地下道路分岔隧道过渡段选型

分岔隧道是一类由大跨变断面段、连拱段和小净距段共同构成的组合隧道形式，其线形设计上的多断面、多尺度和施工工序及围岩荷载频繁转换的特点导致其开挖支护体系在复杂应力空间中表现为一个难度自增殖系统。分岔隧道是一种新型隧道结构形式，目前尚无相应的设计、施工技术规范和标准可循。而且与山岭分岔隧道相比，城市地下道路分岔隧道具有断面和结构更加复杂，地质条件更差和环境影响敏感性更强等特点。

2.5.1　分岔隧道建设与研究现状

我国分岔隧道的建设现状具有如下特征：

1. 分岔隧道目前在国内外建成并投入使用的例子不多，且多为岩石隧道，施工方法多采用钻爆法。

2. 分岔隧道涉及分离段、小净距段、连拱段和大跨段施工，复杂的受力结构、频繁的工序转换给施工带来了一定的难度。刘伟（2001）将分离隧道、小净距隧道和连拱隧道 3 种结构形式的一些技术指标进行了对比（表 2-11）。杨明举（2001）考虑到山区隧道受线路连接及引线占地等因素制约，提出了独立式双洞、连拱隧道及小净距隧道的组合设计的概念，以此线形布置充分发挥三种不同隧道形式的优势并规避短处。

连拱、小净距与分离隧道的比较 表 2-11

隧道形式	双洞最小净距	占地宽度	接线难度	施工难度	工期要求	工程造价	质量控制	爆破震动	环境保护	适用条件
连拱	0	$2B+3m$	较小	较大	$(2\sim3)T$	$(1.5\sim3)M$	较难	需控制	可降低边坡	短隧道
小净距	$3m\sim1.5B$	$2B+(3m\sim1.5B)$	较小	较大	$(2\sim3)T$	$(1.5\sim3)M$	中等	需控制	可降低边坡	短隧道或条件较好长隧道
分离式	$1.5B\sim5B$	$2.5B\sim7B$	较大	较小	T	M	较易	不控制	可能出现高边坡	各种隧道

注：B 为隧道单洞宽度，T 为工期，M 为工程造价。

3. 在理论研究方面，关于分岔隧道稳定性、中墙受载模式、变速段线形优化及支护与开挖优化的研究报道还不多。赵秋林（2000）提出了铁路分岔隧道设计相关尺寸建议值；黄宣明（2007）进行了大型地下立交分岔大断面的施工关键技术研究，对多断面隧道衬砌的台车选型和改造工艺进行了探讨；王汉鹏（2007）在其博士论文中以沪蓉西高速八字岭分岔隧道为背景，基于全岩柱理论提出了中墙稳定性判定方法，并采用其推导的弹塑性损伤有限元结合模型实验、现场监控量测进行了对比研究，确定了连拱段左右洞错开施工的最优方案；张晓燕（2009）采用数值建模技术分析了分岔隧道不同洞身段的围岩变形与应力分布特点，给出了相应的支护形式及参数建议。

4. 分岔隧道中墙的合理厚度和在施工过程中的稳定性应该是问题研究的重点。国内外不少学者采用理论公式、模型试验、数值计算和现场监测等方法研究了中墙的应力和稳定性。常用的理论公式有综合经验公式法、直接荷载确定法和普氏法。此外，一些学者采用模型试验、数值计算和现场监测的方法研究了连拱隧道的中墙受力，但这些方法费用高、周期长、过程复杂。因此，有必要研究中墙承载模型和稳定性评价方法。

2.5.2 分岔隧道过渡段平面布置方式

变速段隧道是为了主线隧道与匝道隧道之间车速的平稳过渡而设置的。该段长度与主线隧道设计时速、车辆发动机的减（加）速性能、匝道隧道设计时速有关，若主线隧道设计时速为 v_1，匝道隧道设计时速为 v_2，则分流前减速隧道段的长度：

$$L_b = L_0 + \frac{v_1 t}{3.6} - \frac{1}{2}a_1 t^2 + \frac{1}{25.92a_2}\left|(v_1 - 3.6a_1 t)^2 - v_2^2\right| \qquad (2-10)$$

式中：L_0——对应公路路线规范渐变段长度；

t——发动机持续减速时间，通常取 3 秒；

a_1、a_2——分别为发动机和制动器的减速度；L_0、t、a_1、a_2 参照表 2-12 取值。

汇合前加速隧道长度：

$$L_b = L_0 + \frac{v_1 t}{3.6} + \frac{v_1^2 - v_2^2}{25.92a_2} \qquad (2-11)$$

式中：a 为平均加速度，取 $1 m/s^2$，其他参数从表 2-12 中取。

主车道设计时速 （Km/h）	匝道设计时速 （Km/h）	减速度（m/s²）		L_0（m）
		a_1	a_2	
80	40	0.8	1.6	70
60	30	0.6	1.2	60

    由主线隧道向匝道隧道分流、或由匝道隧道向主线隧道汇流的过渡段是地下互通立交中最关键、也是结构最复杂的部分。该段长度不仅要满足车速匀速过渡的要求，同时还要完成车道的加减，即在有限长度内从 2（或 3）车道主线隧道断面扩大到 3（或 4）车道的大断面，或从 3（或 4）车道大断面缩小到 2（或 3）车道的主线隧道断面，这种断面变化的方式包括突变式、渐变式和台阶式三种。

    当车辆由主线隧道分流到匝道隧道或由匝道隧道汇合到主线隧道时，就会产生分岔与汇流问题，二者均涉及两条隧道之间的平面交叉，这是构成地下互通立交的关键点，也是结构最复杂、施工最困难的点，这涉及工程建设风险和造价等重要问题。因此在研究分岔部位的过程中，应该与地下互通立交自身独有的运行环境相结合。

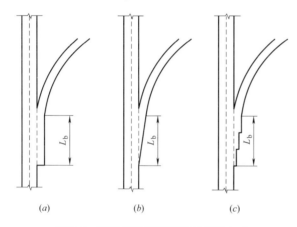

    同地面上常见的立交桥一样，根据行车需要，地下立交在隧道分岔点之前（分流时）或之后（汇合时）应该设置一段变速车道。该段在地面立交中是通过渐进扩大路面宽度（直接式减速，用于分流）或先平行后渐进缩小路面宽度（平形式加速，用于汇合）来实现，相对容易；但是在地下互通立交中则需要通过改变隧道的跨度来实现。鉴于隧道自身的施工、支护特点，是采取突变式、台阶式还是渐变式来改变隧道的跨度，需要从施工、工

图 2-6 变速段隧道结构平面布置方式
（a）突变方式；（b）渐变方式；（c）台阶方式

程量和结构与围岩稳定等角度进行分析论证。三种变速段隧道结构平面布置方式如图 2-6 所示。

    三种布置形式各有自己的优缺点（表 2-13），目前应用比较广泛的是台阶方式。

布置方式	优点	缺点
突变方式	断面结构形式少、工序简单、有利于组织施工	开挖工程量大，变速段为大跨度隧道，施工难度大
渐变方式	开挖工程量比较小	隧道跨度将会连续变宽，很难实施整体式模注衬砌
台阶方式	开挖工程量介于上述两种方案之间	隧道跨度分段加宽，要用多个不同规格模板台车，存在多个交点易形成围岩，结构受力集中

2.5.3 分岔隧道过渡段选型

工程经验及理论分析结果均表明，介于突变和渐变之间的台阶过渡从设计和施工角度来说是一种最好选择，每一台阶隧道建筑限界的净宽不同，则断面内轮廓尺寸将不同，但形状是相似的。因此，北京城市地下道路分岔隧道宜采用台阶过渡形式，如图2-7所示。

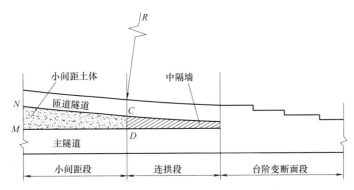

图 2-7　主线隧道与匝道隧道小间距段示意图

根据行车的平稳转换，提出自扩大断面处起至连接匝道隧道圆曲线处止的曲线线形采用回旋线形式，如图2-8所示从 O 点到 B 点。

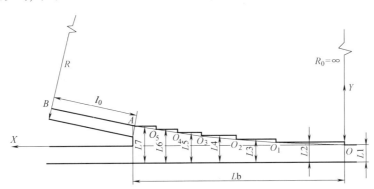

图 2-8　变速段台阶式过渡示意图

从曲率半径无穷大逐渐过渡到匝道隧道的圆曲线半径 R，则台阶点 O_1、O_2……均应位于 OAB 的回旋线上。以 O 点为坐标原点，建立如图2-8所示坐标系，则回旋线的参数方程为：

$$\begin{cases} x = l - \dfrac{l^3}{40r^2} \\ y = \dfrac{l^2}{6r} - \dfrac{l^4}{336r^3} \end{cases} \tag{2-12}$$

上式中：x、y 为回旋线上任意点坐标；l 为圆点到点（x、y）的回旋线长度；r 为点（x、y）处回旋线曲率半径。

假定匝道隧道净宽为 $D_{匝}$，连拱段采用复合式中隔墙，最小宽度取 2.0m（见《公路隧道设计规范》JTG D 70—2004），二次衬砌厚度 0.6m，初次衬砌 0.3m，则从图 2-8 中可以得到，匝道隧道与主线隧道分岔点 A 处坐标为：

$$\begin{cases} x_A = L_b \\ y_A = 2.0 + (D_{匝} + 0.5 + 0.3 + 0.1)\cos\varphi_B \approx 2.9 + D_{匝} \end{cases} \quad (2\text{-}13)$$

将公式（2-13）代入到公式（2-12）可求得回旋线 OA 段的长度 l_{OA}，AB 段回旋线长度仍然按匝道隧道回旋线长度取值，则 OAB 回旋线长度为 l_{OA} 加 l_0，由此得回旋线参数：$A^2 = R(l_{OA} + l_0)$，将 $r = A^2/l$ 代入公式（2-12），可得回旋线参数方程为：

$$\begin{cases} x = l - \dfrac{l^5}{40A^4} \\ y = \dfrac{l^3}{6A^2} - \dfrac{l^7}{336A^6} \end{cases} \quad (2\text{-}14)$$

由图 2-8 可知，从 O 点到 A 点隧道总的扩挖宽度为 $L7 - L1 = y_A$，每次隧道扩挖（即台阶宽度）取相同 Δd（Δd 取值不大于 2.0m），则台阶数为 $m = y_A/\Delta d$，可得 O_1、O_2……点的纵坐标为：$y_{O_i} = i \cdot \Delta d\,(i = 1，2，3……)$，代入公式（2-14）第 2 式可得到 l_{O_i}，将 l_{O_i} 代入公式（2-14）第 1 式可得到 x_{O_i}。

综上可得变速段台阶布置时每台阶隧道开挖宽度和台阶长度计算公式：

（1）每一台阶隧道开挖宽度：$D_{匝i} = L1 + m \cdot \Delta d$；　　　　　　　　　　（2-15）

（2）每一台阶长度：$l_i = x_{O_i} - x_{O_{i-1}}$。　　　　　　　　　　　　　　　（2-16）

2.5.4　分岔隧道变截面设计

由主线隧道向匝道隧道分流、或由匝道隧道向主线隧道汇流的过渡段是地下互通立交中最关键、也是结构最复杂的部分。该段长度不仅要满足车速匀速过渡的要求，同时还要完成车道的加减，即在有限长度内从 2（或 3）车道主线隧道断面扩大到 3（或 4）车道的大断面，或从 3（或 4）车道大断面缩小到 2（或 3）车道的主线隧道断面，这种断面变化的方式包括突变式、渐变式和台阶式三种。

分析表明：介于突变和渐变之间的台阶过渡从设计和施工角度来说是一种最好选择，每一台阶隧道建筑限界的净宽不同，则断面内轮廓尺寸将不同，但形状是相似的，如图 2-9 所示。

以分流前的变断面为例，假定主线隧道建筑限界净宽为 B_1，每一台阶隧道建筑限界净宽增量为 ΔB（一般采用等量递增），其他建筑限界几何参数不变，共有 n 个台阶，则每一台阶建筑限界净宽为：

$$B_i = B_1 + (i-1)\Delta B\,(i = 1,2,\cdots\cdots,n) \quad (2\text{-}17)$$

因此，每一台阶断面内轮廓几何尺寸计算公式为：

$$R_{1i} = \sqrt{H_{1i}^2 + \frac{B_1^2}{4}} + 0.15 \quad [2\text{-}18\,(a)]$$

$$R_{3i} = R_{2i} + \frac{(R_{1i} - R_{2i} + (i-1)\Delta B/2\cos\varphi_{1i})\sin(90° + \varphi_{1i})}{\sin\varphi_{3i}} \quad [2\text{-}18\,(b)]$$

$$R_{4i} = R_{1i} + \sqrt{2}(i-1)\Delta B/2 \quad [2\text{-}18\ (c)]$$

$$\varphi_{1i} = \sin^{-1}\frac{H_{1i}}{R_{1i}} \quad\quad [2\text{-}18\ (d)]$$

$$\varphi_{3i} = 90° - \varphi_{1i} - \varphi_{2i} \quad [2\text{-}18\ (e)]$$

其中，φ_{2i} 和 R_{2i} 的取值通过优化计算来确定，不具备优化计算条件，可按以下经验公式取值。$\varphi_{2i} = 60°$，$R_{2i} = 1.0 + (0.2 \sim 0.4)(i-1)$。

2.5.5 分岔隧道总体施工顺序

分岔隧道总体施工顺序有两种可选方案（图 2-10）：一是从台阶变断面到连拱再到小间距，其中台阶变断面由小断面到大断面；二是从小间距到连拱再到台阶变断面，其中台阶变断面由大断面到小断面。

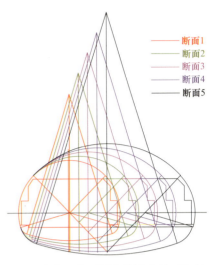

图 2-9　变断面段不同台阶隧道断面轮廓

断面1
断面2
断面3
断面4
断面5

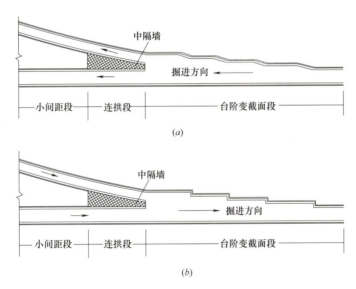

(a)

(b)

图 2-10　分岔部位总体施工顺序示意图
(a) 方案一；(b) 方案二

1. 方案一

采用从主线隧道断面按着设计台阶长度，依次扩大开挖断面直到分岔点达到最大断面，然后采用三导洞法，先施工中导洞和中隔墙，错开一定距离，再施工主线隧道和匝道隧道，最后进入小间距段，先施工主线隧道，同时对小间距土体进行注浆加固，再施工匝道隧道。

"方案一"台阶段从小断面到大断面，在台阶处超前支护将变得十分困难。由于城市地下土体自稳能力差，必须在超前小导管注浆的前提下分步开挖，在小断面到大断面的台阶处，需要在小断面掌子面周边把即将开挖的大断面超前支护做出来。在大小断面共边墙的一侧不存在问题，但在扩挖的一侧则必须加大超前导管的外插角，若在一个进尺内（或一榀拱架内，一般 0.5m）由小断面扩大到大断面，则最末端的超前导管外插角将达到 60 多度。一般情况下，小导管外插角 5°~10°，不大于 30°，搭接长度不小于 1.0m，否则超前预支护效果不好。若按最大 30° 外插角，0.5m 一榀拱架，则需 3~4 榀拱架才能由小断面扩大到大断面，相应台阶变成渐变的斜坡，如图 2-10（a）所示。因此，该方案在变断面台阶处，扩大断面一侧要求超前导管外插角需逐渐加大，同时要加工制作 2~3 榀过渡钢拱架，增加了施工难度。但当分岔点处大断面形成后，后面的连拱、小间距施工将非常方便。

2. 方案二

采用主线隧道与匝道隧道同时掘进，至小间距段做好小间距段土体的注浆加固，并在开挖面错开一定距离，推进至连拱段，采用三导洞法先施工中导洞和中隔墙，然后施工主线隧道，错开一定距离施工匝道隧道，推进至分岔点形成大断面，然后按照设计台阶长度依次缩小开挖断面。

"方案二"从小间距到连拱、从连拱到台阶大断面存在着一个过渡，如从小间距到连拱将由原来两条分离隧道各自施工，变为连拱段三导洞施工，并且要先施工中导洞和中隔墙，必须由主线隧道或匝道隧道横向开挖进入到中导洞位置，使局部开挖断面加大，小间距土体受力更加集中，易导致土体失稳。从连拱到大断面相对容易一些，一旦大断面形成，在台阶段从大断面到小断面，将不存在如"方案一"那样的超前支护难题，可以很容易形成如图 2-10（b）所示台阶状。

总之，以上两种总体施工顺序方案各有优缺点，但是相对而言，"方案二"更好。本研究以下章节将按照"方案二"的顺序分别阐述分岔部位小间距段、连拱段、台阶变断面段的施工技术方法。

3　复杂城市隧道施工影响分区

近接施工问题已成为当前地下工程施工中重要的且不可回避的问题，已经引起国内外专家学者的极大关注。在城市繁华地区或特定地段修建地下道路及综合开发、利用地下空间时，由于地质条件、施工技术和城市建筑物的限制，暗挖隧道往往以双孔或多孔隧道形式出现。在一定的施工水平下当两隧道近接到一定程度时，无论采取何种施工方法和辅助手段，都存在相互影响的问题，且随着两隧道净距越来越小，施工难度也急剧增大。单一隧道施工时，其对周边环境的影响总是局限于一定范围内。因此，从地下结构自身建设安全性与地下道路隧道施工、运营环境影响等角度综合考虑其技术经济因素，进而确定城市地下道路立交隧道的合理间距是北京城市地下交通与空间开发的规划、设计和施工必须解决的重要问题。立交隧道间距选择过大，会导致道路线形变差，影响行车速度和安全；而间距过小，则隧道施工及运营的相互影响大，又会使得隧道在施工以及运营期间发生危险。

根据近接影响随净距衰减的原理，可以对近接隧道进行分区。国内外学者就隧道影响分区和合理间距优化方面做了大量的研究，尤其是浅埋暗挖重叠隧道和盾构隧道影响分区有相对较为详尽的研究。这些方法和成果，尤其是工程实践，为隧道间距优化与施工技术研究积累了丰富的资料，打下了较好的基础。但这些研究主要集中在一般山岭隧道或城市地铁隧道，且多为分离式双线隧道。而关于城市地下道路隧道近接影响分区，以及城市地下道路立交隧道合理间距的文献却鲜见报道。

本章基于北京城区地质条件的分层概化，采用数值模拟方法研究北京城市地下道路近接隧道施工影响分区和立交隧道合理间距，以期为北京城市地下道路设计和施工提供参考。

3.1　影响分区方法与准则

3.1.1　影响分区方法

近接施工的影响不仅存在着局域性，而且在局部的范围内应力重分布是有梯度变化的，这也表明影响程度是不同的，基于工程类比法，将隧道近接影响分为强影响区、弱影响区和无影响区，并根据各区的特征，制定相应的设计与施工对策，如表3-1所示。

3.1.2　影响分区准则

在城市地下道路隧道近接施工影响的研究中，主要研究的对象是既有隧道，侧重于后建隧道对既有隧道结构的影响范围、影响程度等问题。后建隧道施工时不可避免的再次扰动地层，引起地层位移、应力重的分布，严重时会使先建洞室周边围岩塑性区范围扩大。随着两洞室净距增大，影响逐渐减小，当洞室净距离增大到某一定值时，其影响可忽略不计。

隧道近接度分区及其特征与对策 表 3-1

分区	特征	对策
强影响区	新建隧道对既有隧道的影响较大甚至巨大，处理不当会产生严重危害	必须采取针对性的设计及施工方案，并根据既有隧道结构抵抗附加应力和变形的能力来决定是否采取其他措施，同时应对既有隧道和新建隧道工程实施安全风险管理
弱影响区	新建隧道对既有隧道有一定影响，但影响较弱	一般以采用针对性的设计和施工方案为对策，并根据既有隧道结构抵抗附加应力和变形的能力来决定是否采取其他措施
无影响区	新建隧道对既有隧道基本无影响	不需考虑近接施工的影响

近接影响程度按后建隧道开挖后的基准隧道支护结构的附加应力为标准进行判定，即以基准隧道单独开挖后的支护结构拉、压应力为基准，将后建隧道开挖完成后支护结构拉压应力增量即附加拉、压应力作为判定标准。日本铁路隧道近接施工指南中，从结构物稳定出发，后建隧道对既有隧道的影响以应力增加的容许值为基准。提出若基准隧道有不影响隧道功能的损伤时，拉应力的容许增加值为 0.5MPa，压应力的容许增加值为 2.0MPa；若基准隧道是健全时，拉应力的容许增加值 1.0MPa，压应力的容许增加值为 5.0MPa。

隧道施工势必引起地层变形，从而造成先建（或既有）结构产生附加位移。附加位移的量值表征了隧道近接影响程度，可以用其作为影响分区的判定准则。同时，理论与工程经验均表明，附加位移中的倾斜量（即不协调位移或差异位移）对结构安全性的影响更加显著。因此本书同时取后建隧道施工影响下先建隧道支护结构最大附加位移值和最大附加倾斜量作为近接影响分区判定准则。

本书所针对的北京城市地下道路隧道属城市公路隧道，因此可以借鉴城市地下工程的经验，将新建隧道施工引起基准隧道支护结构发生 30mm 附加变形作为强、弱影响分区标准，将 20mm 附加变形作为弱、无影响分区标准；将附加位移引起的结构倾斜 2‰ 和 1.2‰ 分别作为强、弱影响和弱、无影响分区标准。据此，北京城市地下道路隧道近接施工影响分区指标和标准如表 3-2 所示。

近接影响分区指标和标准 表 3-2

影响分区	附加应力准则		附加位移准则		塑性区准则
	附加压应力 ΔP（MPa）	附加拉应力 ΔT（MPa）	附加位移 Δd（mm）	附加倾斜 Δl（‰）	两洞间塑性区净距 d_p
强影响区	$\Delta P \geqslant 2.0$	$\Delta T \geqslant 0.5$	$\Delta d \geqslant 30$	$\Delta l \geqslant 2.0$	$d_p = 0$
弱影响区	$1.2 \leqslant \Delta P < 2.0$	$0.3 \leqslant \Delta T < 0.5$	$20 \leqslant \Delta d < 30$	$1.2 \leqslant \Delta l < 2.0$	$0 < d_p \leqslant 0.5D$
无影响区	$\Delta P < 1.2$	$\Delta P < 0.3$	$\Delta d < 20$	$\Delta l < 1.2$	$d_p > 0.5D$

3.2 影响分区计算与确定

3.2.1 北京城区地质情况

北京地层除缺失奥陶系上统、志留系、泥盆系、石炭系下统、二叠系和白垩系上统外,其余地层均有露出。第四系为一套冲洪积成因的松散沉积物,地面以下为人工填土,其下为第四纪全新世冲洪积地层,厚度约为6.0m,以下为晚更新世冲洪积地层。剖面上沉积韵律分布比较明显。

为便于数值模拟,将北京城区地质情况进行了分层概化,整个地区地层层序基本如下(个别区域地段地层稍有缺失):

1. 人工填土层

该层主要包含:粉土填土层和杂填土层,该层厚度概化为10.0m。

2. 新近沉积层

该层主要包含:粉土、粉质黏土、粉细砂、圆砾卵石,该层厚度概化为10.0m。

3. 第四纪全新世冲洪积层

该层主要包含:粉土、粉质黏土、黏土、粉细砂、中粗砂,该层厚度概化为20.0m。

4. 第四纪晚更新世冲洪积层

该层主要包含:圆砾卵石、中粗砂、粉细砂、粉质黏土、黏土、粉土、细中砂,该层厚度概化为40.0m。

5. 第三系沉积岩

第四系下伏基岩为第三系基岩(砾岩、黏土岩为主),基岩面埋深在50~80m。平安大街附近约200m长线路的隧道断面和围岩岩性为上半部分为第四纪卵石、黏性土层,下半部分为第三纪基岩的组合地层。

3.2.2 影响分区计算

1. 计算工况

北京城区位于永定河洪积冲积扇形地的脊背上,地表层为第四纪洪冲积物,主要是砂卵石、砂粉土及黏性土呈互层分布,构造较有规律。通过对北京城区地质情况的地质勘察,整个地区地层层序主要包括人工填土层、新近沉积层、第四纪沉积层上层、第四纪沉积层下层、第三纪沉积岩。为便于进行计算分析,且不失一般性,本书对北京城区地层分布进行了分层概化。

针对北京城市地下道路三车道公路隧道,将基准隧道埋深固定为45m(北京城市地下道路隧道埋深),根据后建隧道与基准隧道的方位关系(相对位置)和净距不同进行组合,共得到了34种组合,如图3-1和表3-3所示。采用FLAC3D软件建立平面应变模型。隧道直径取$D=14$m。

隧道近接影响分区数值模拟计算工况　　　表 3-3

计算工况	方位角度	两洞净距 L
工况 1~5	$-90°$	$1.0D$、$1.5D$、$2.0D$、$2.5D$、$3.0D$
工况 6~10	$-60°$	$1.0D$、$1.5D$、$2.0D$、$2.5D$、$3.0D$
工况 11~15	$-30°$	$1.0D$、$1.5D$、$2.0D$、$2.5D$、$3.0D$
工况 16~20	$0°$	$1.0D$、$1.5D$、$2.0D$、$2.5D$、$3.0D$
工况 21~25	$30°$	$0.5D$、$1.0D$、$1.5D$、$2.0D$、$2.5D$
工况 26~30	$60°$	$0.5D$、$1.0D$、$1.5D$、$2.0D$、$2.5D$
工况 31~34	$90°$	$0.5D$、$1.0D$、$1.5D$、$2.0D$

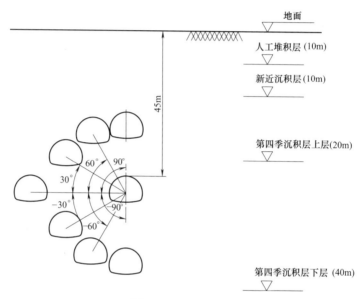

图 3-1　地层剖面图

2. 计算思路与参数

计算思路为先全断面开挖支护基准隧道，计算平衡后提取支护结构各节点拉、压应力和位移，然后开挖支护后建隧道，计算平衡后再次提取基准隧道支护结构各节点拉、压应力和位移，并取两次应力和位移差值，即附加应力（ΔP_i 和 ΔT_i）和附加位移（Δd_i）。将支护结构各节点附加拉、压应力和附加位移的最大值即 max（ΔP_i）、max（ΔT_i）和 max（Δd_i）作为下表中的 ΔP、ΔT 和 Δd 进行影响分区判定，同时提取该节点的坐标（x_0，y_0），并计算该节点与其他各节点（x_i，y_i）的附加倾斜 Δl_i。

$$\Delta l_i = \frac{(\Delta d - \Delta d_i) \times 1000}{\sqrt{(x_0 - x_i)^2 + (y_0 - y_i)^2}}‰ \tag{3-1}$$

提取 Δl_i 的最大值 max（Δl_i）作为下表中的 Δl 进行影响分区判定。

数值模拟中在隧道开挖后立即施作初期支护，不考虑二次衬砌的作用。假定 5 种地层均为理想弹塑性材料，且满足摩尔库仑屈服准则，两个水平方向的地层侧压力系数均为 0.5。计算采用的物理力学参数取值如表 3-4 所示。

名称	弹性模量（MPa）	泊松比	容重（kN/m³）	黏聚力（kPa）	内摩擦角（°）	厚度（m）
地层1	10	0.4	18	10	20	10
地层2	20	0.35	20	12	27	10
地层3	50	0.30	21	10	35	20
地层4	80	0.30	21	10	38	40
地层5	200	0.26	23	50	40	50
支护	10000	0.20	25	—	—	0.3

模型物理力学参数 表3-4

3. 附加应力计算结果与分析

数值模拟得到了34种工况下后建隧道开挖引起的基准隧道附加应力变化，如图3-2所示（鉴于篇幅限制，每个角度给出了2种工况，图中附加拉、压应力分别画在隧道轮廓线的内侧和外侧）。分别提取各种工况附加压应力和附加拉应力的最大值，得到附加应力与两隧道间距的关系曲线，如图3-3、3-4所示。

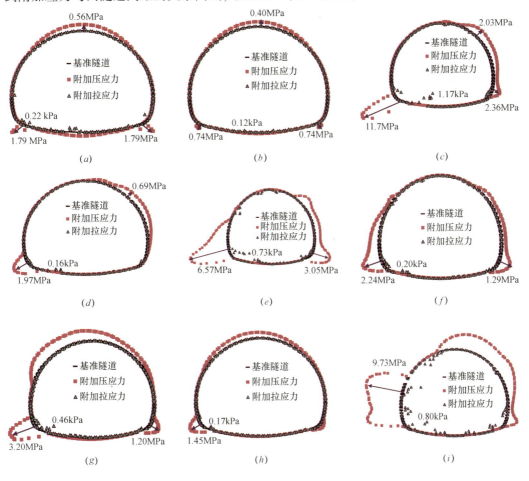

图3-2　后建隧道开挖引起的基准隧道附加应力

(a) −90°, 1D; (b) −90°, 2D; (c) −60°, 1D; (d) −60°, 2D; (e) −30°, 1D (f) −30°, 2D;
(g) 0°, 1D; (h) 0°, 2D; (i) 30°, 0.5D

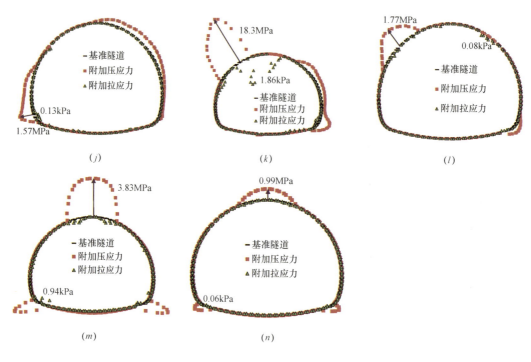

图 3-2　后建隧道开挖引起的基准隧道附加应力（续）

(j) 30°，1.5D；(k) 60°，0.5D；(l) 60°，1.5D；(m) 90°，0.5D；(n) 90°，1.5D

（1）附加压应力是后建隧道开挖引起基准隧道支护结构附加应力中的主要形式，而附加拉应力很小，几乎可以忽略。34 种工况中附加拉应力和附加压应力的最大值分别为 1.86kPa 和 16.3MPa，前者远远小于近接影响分区中弱影响区与无影响区的分区标准 0.3MPa，而后者远远超出了强影响区与弱影响区的分区标准 2.0MPa。

（2）当两隧道间方位关系一定时，随着两隧道间净距的不断增大，附加压应力和附加拉应力均不断降低直至趋向于零。可见，当工程空间环境与设计条件允许时，通过适当增加近接工程间的距离，可以有效地降低近接施工风险。

（3）受后建隧道开挖影响，基准隧道支护拱脚截面、与后建隧道最为邻近的截面是附加应力较为集中的区域。这是由于拱脚截面处的曲率半径最小，是隧道结构应力集中区，而邻近截面受后建隧道的开挖扰动影响最为直接和显著，在出现较大挤出附加变形的同时势必出现较大的附加应力。因此，当后建隧道位于基准隧道的斜下方时，拱脚截面同时成了邻近截面，势必在拱脚处引起较大的应力集中；随着后建隧道水平位置的不断提升，附加压应力的最大值也由拱脚截面不断提升，经历"拱脚截面——侧墙截面——拱肩截面"后直到"拱顶截面"。然而，尽管基准隧道支护结构附加应力最大值位置随两隧道间方位关系改变而改变，可是拱脚截面仍出现一定的应力集中。

（4）总体而言，后建隧道开挖引起的基准隧道支护结构附加压应力和附加拉应力最大值出现在隧道横断面的同一位置，即多在与后建隧道的邻近截面，有些工况甚至出现了附加拉应力和附加压应力最大值集中在同一截面的情况。

（5）三车道公路隧道的断面形式相对扁平，在围岩荷载作用下往往出现"蝴蝶状"的塑性区形式和内力分布形式，拱脚截面和拱肩截面容易出现应力集中区。因此两隧道间净距一定且当后建隧道与基准隧道方位关系为倾斜状时，基准隧道支护结构附加应力要明显大于两隧道位于水平或上下重叠位置的状态。

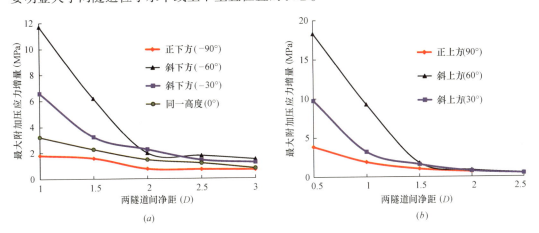

(a)

(b)

图3-3　后建隧道开挖引起的基准隧道附加压应力

（a）后建隧道在基准隧道下方；（b）后建隧道在基准隧道上方

（注：图中标注是指后建隧道与基准隧道的方位关系）

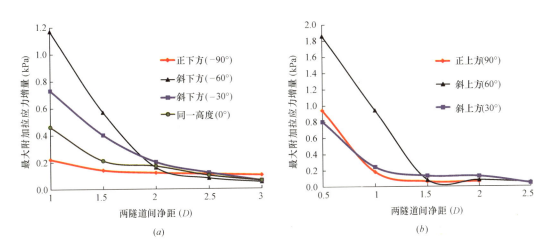

(a)

(b)

图3-4　后建隧道开挖引起的基准隧道附加拉应力

（a）后建隧道在基准隧道下方；（b）后建隧道在基准隧道上方

4. 附加位移计算结果与分析

数值模拟得到了34种工况下后建隧道开挖引起的基准隧道附加位移变化，如图3-5所示（鉴于篇幅限制，每个角度给出了2种工况）。分别提取各种工况附加位移与附加倾斜的最大值，得到其与两隧道间距的关系曲线，如图3-6、3-7所示。可以看出：

（1）当两隧道间方位关系一定时，随着两隧道间净距的不断增大，附加位移和附加倾斜均不断降低直至趋向于零。可见，当工程空间环境与设计条件允许时，通过适当增加近接工程间的距离，可以有效地降低近接施工风险。

（2）总体而言，受后建隧道开挖影响，基准隧道支护结构附加位移最大值多出现在与后建隧道最为邻近的截面。经分析认为，邻近截面受后建隧道的开挖扰动（应力释放）影响最为直接和显著，因此，在隧道近接施工中应作为中夹地层的加固，降低近接施工风险。

（3）当后建隧道和基准隧道上下重叠时，受后建隧道开挖影响，基准隧道支护结构出现了显著的整体沉降（或隆起），即附加位移较大但附加倾斜较小。因此，对于上下重叠隧道近接施工应加强控制先建结构的整体变形。

（4）当后建隧道和基准隧道位于同一水平高度时，由于地层侧压力系数较小，且三车道公路隧道扁平形的断面形状对限制侧向变形更加有利，后建隧道施工引起的基准隧道支护结构附加位移和附加倾斜均较小。相对而言，城市地下道路近接隧道位于同一水平高度时的近接施工影响较小。

（5）当两隧道方位关系为倾斜状时，相对于其他两种方位，基准隧道支护结构在较大附加位移的同时出现了显著的附加倾斜。由此可见，两隧道间净距一定时，当后建隧道与基准隧道方位关系为倾斜状时的近接施工影响要大于上下重叠隧道或位于同一水平高度的平行隧道。

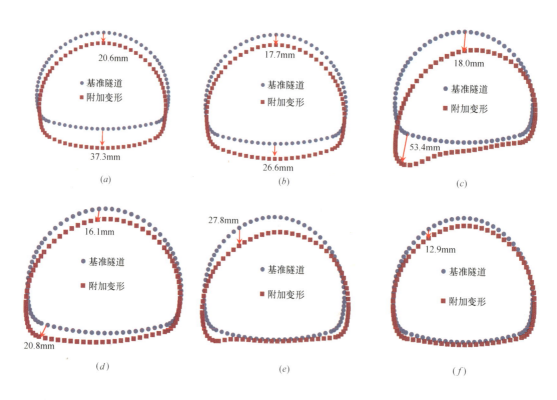

图3-5　后建隧道开挖引起的基准隧道附加位移
（a）－90°，1D；（b）－90°，2D；（c）－60°，1D；
（d）－60°，2D；（e）－30°，1D；（f）－30°，2D

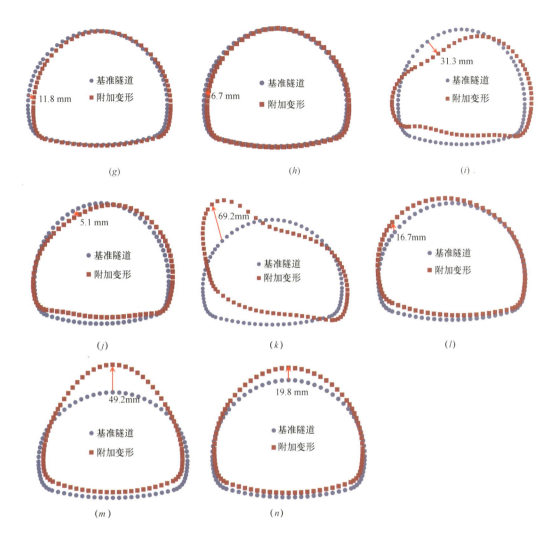

图 3-5　后建隧道开挖引起的基准隧道附加位移（续）

(g) 0°, 1D；(h) 0°, 2D；(i) 30°, 0.5D；(j) 30°, 1.5D；
(k) 60°, 0.5D；(l) 60°, 1.5D；(m) 90°, 0.5D；(n) 90°, 1.5D

3.2.3　影响分区划分

1. 基于附加应力的影响分区

根据数值计算结果和本书制定的近接影响分区标准可知，如果按照附加拉应力来判定，则所有工况均可以归为无相互影响；如果按照附加压应力来判定，采用线性内插法可得到各方位角度强、弱影响区分区标准和弱、无影响区分区标准。后建隧道位于基准隧道正下方（90°）和斜下方（−60°）两种方位对应的标准分别为（0.54D、1.72D）和（2.0D、3.4D）。鉴于地质条件的高度复杂性和计算程序的局限性，数值模拟很难准确地给出定量结果，而作为规律性研究更具有实际意义，且考虑到后建隧道在基准隧道

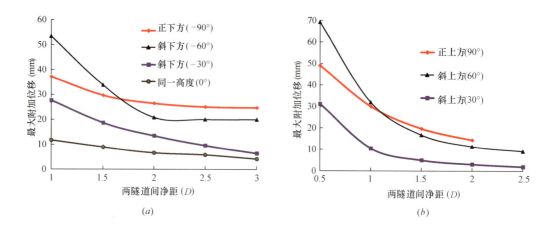

图 3-6　后建隧道开挖引起的基准隧道附加位移

（a）后建隧道在基准隧道下方；（b）后建隧道在基准隧道上方

（注：图中标注是指后建隧道与基准隧道的方位关系）

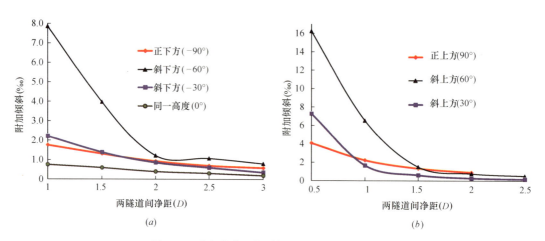

图 3-7　后建隧道开挖引起的基准隧道附加倾斜

（a）后建隧道在基准隧道下方；（b）后建隧道在基准隧道上方

正下方施工时，基准隧道的沉降控制成为一个重要问题。另外，对于弱影响区的范围小于 0.5D 的情况取 0.5D，如对于两隧道方位角度为 30° 和 60° 情况，根据数值计算结果知，弱影响区的范围分别为 0.4D（1.4D ≤ d < 1.8D）和 0.2D（1.5D ≤ d < 1.7D）。综上，对上述几种工况进行适当修正，得到如表 3-5 所示的近接影响分区结果。

基于附加应力的隧道近接影响分区结果　　　　表 3-5

方位角度	强影响区	弱影响区	无影响区
−90°	$d \leq 1.5D$	$1.5D \leq d \leq 2.5D$	$d \geq 2.5D$
−60°	$d \leq 2.0D$	$2.0D \leq d < 3.0D$	$d \geq 3.0D$
−30°	$d \leq 2.1D$	$2.1D \leq d < 3.0D$	$d \geq 3.0D$
0°	$d \leq 1.7D$	$1.7D \leq d < 2.4D$	$d \geq 2.4D$

方位角度	强影响区	弱影响区	无影响区
30°	$d \leqslant 1.4D$	$1.4D \leqslant d < 1.9D$	$d \geqslant 1.9D$
60°	$d \leqslant 1.5D$	$1.5D \leqslant d < 2.0D$	$d \geqslant 2.0D$
90°	$d \leqslant 1.0D$	$1.0D \leqslant d < 1.5D$	$d \geqslant 1.5D$

2. 基于附加位移的影响分区

根据数值计算结果和近接影响分区标准，采用线性内插法可得到基于附加位移和附加倾斜的各方位角度强、弱影响区分区标准和弱、无影响区分区标准，如表3-6所示。

隧道近接影响分区结果　　　　　　　　　　　　　　　　表3-6

方位角度	附加位移准则		附加倾斜准则	
	强弱分区	弱无分区	强弱分区	弱无分区
−90°	1.49D	—	0.74D	1.66D
−60°	1.65D	2.50D	1.86D	2.01D
−30°	0.88D	1.43D	1.13D	1.69D
0°	—	—	—	—
30°	0.53D	0.77D	0.97D	1.23D
60°	1.06D	1.39D	1.45D	1.69D
90°	1.01D	1.49D	1.14D	1.67D

3. 基于洞周围岩塑性区的影响分区

由计算结果可知（表3-7），随着两隧道距离接近，隧道周围地层塑性区范围不断加大。

塑性区净距计算结果汇总表　　　　　　　　　　　　　　表3-7

两洞连线水平角度	两洞净距 L	塑性区净距（m）	与跨度比例
−90°	1.0D、1.5D、2.0D、2.5D、3.0D	0、11、20、27、34	0.0、0.8、1.4、1.9、2.4
−60°	1.0D、1.5D、2.0D、2.5D、3.0D	0、5、11、21、26	0.0、0.4、0.8、1.5、1.8
−30°	1.0D、1.5D、2.0D、2.5D、3.0D	0、5、15、22、32	0.0、0.4、1.0、1.5、2.2
0°	1.0D、1.5D、2.0D、2.5D、3.0D	3、3、19、27、32	0.0、0.2、1.3、1.9、2.2
30°	0.5D、1.0D、1.5D、2.0D、2.5D	0、2、5、11、19	0.0、0.1、0.3、0.8、1.3
60°	0.5D、1.0D、1.5D、2.0D、2.5D	0、0、0、0、5	0.0、0.0、0.0、0.0、0.3
90°	0.5D、1.0D、1.5D、2.0D	0、0、7、17	0.0、0.0、0.5、1.2

当两隧道位于同一水平面且净距为1.0D时，隧道间塑性区连通，近接影响非常严重；两隧道净距为1.5D时，既有隧道塑性区变化较小，但后建隧道塑性区仍有一定程度增长，尽管其增长幅度较小，但也必须引起足够重视，故把1.5D作为是强影响区和弱影响区的分界；两隧道净距为2.0D时，既有隧道塑性区几乎不受后建隧道影响，且

两隧道塑性区分布于单隧道开挖时近似一致，故可以把 2.0D 作为弱影响区和无影响区的分界。

当两隧道位于同一竖直面内且净距为 0.5D 时，隧道间塑性区连通，近接影响非常严重；两隧道净距为 1.5D 时，既有隧道塑性区变化较小，但后建隧道塑性区仍有一定程度的增长，尽管其增长幅度较小，但也必须引起足够重视，故可以把 1.5D 作为强影响区和弱影响区的分界；两隧道净距为 2.0D 时，既有隧道塑性区几乎不受后建隧道影响，且两隧道塑性区分布于单隧道开挖时近似一致，故可以把 2.0D 作为弱影响区和无影响区的分界。

两隧道连线成其他角度时可以按同样方法分析隧道间净距对地层塑性区范围的影响，得到以地层塑性区分布为依据的暗挖隧道近接影响分区，如表 3-8 所示。

以地层塑性区为依据的立交隧道近接影响分区　　　　　　　　表 3-8

两洞连线的水平角度	近接影响分区		
	强影响区域	弱影响区域	无影响区域
两洞连线 −90°	$L \leq 1.5D$	—	—
两洞连线 −60°	$L \leq 1.5D$	$1.5D < L \leq 2.0D$	$L > 2.0D$
两洞连线 −30°	$L \leq 1.5D$	$1.5D < L \leq 2.0D$	$L > 2.0D$
两洞连线 0°	$L \leq 1.5D$	$1.5D < L \leq 2.0D$	$L > 2.0D$
两洞连线 30°	$L \leq 1.0D$	$1.0D < L \leq 2.0D$	$L > 2.0D$
两洞连线 60°	—	—	—
两洞连线 90°	$L \leq 1.5D$	$1.5D < L \leq 2.0D$	$L > 2.0D$

4. 综合考虑三种情况的影响分区

鉴于地质条件的高度复杂性和计算程序的局限性，数值模拟很难准确地给出定量结果，而作为规律性研究更具有实际意义。出于安全性考虑，综合分区阈值取两种准则的较大值（小数点后取值采用进一法），且对于弱影响区的范围小于 0.5D 的情况取 0.5D，得到如表 3-9 和图 3-8 所示的近接影响分区。

北京城市地下道路暗挖隧道近接施工影响分区结果　　　　　　表 3-9

两洞连线水平角度	强影响区	弱影响区	无影响区
−90°	$d \leq 1.5D$	$1.5D \leq d \leq 2.5D$	$d \geq 2.5D$
−60°	$d \leq 2.0D$	$2.0D \leq d < 3.0D$	$d \geq 3.0D$
−30°	$d \leq 2.1D$	$2.1D \leq d < 3.0D$	$d \geq 3.0D$
0°	$d \leq 1.7D$	$1.7D \leq d < 2.4D$	$d \geq 2.4D$
30°	$d \leq 1.4D$	$1.4D \leq d < 1.9D$	$d \geq 1.9D$
60°	$d \leq 1.5D$	$1.5D \leq d < 2.0D$	$d \geq 2.0D$
90°	$d \leq 1.5D$	$1.5D \leq d < 2.0D$	$d \geq 2.0D$

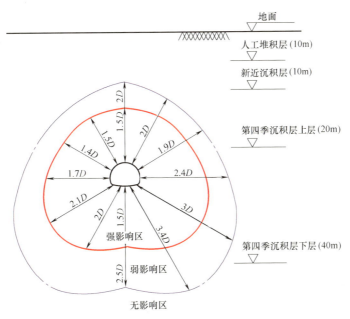

图 3-8　北京城市地下道路暗挖隧道近接施工分区示意图

3.3　立交隧道合理间距

针对北京城市地下道路三车道公路隧道，采用 FLAC3D 软件建立竖向交叉的三维模型，上下层均为分离式隧道，4 条隧道均采用暗挖台阶法施工（图 3-9），上下层隧道间净距分别取 2m、0.25D（D 为隧道开挖跨度，取 14m）、0.5D、1D 和 2D，同一层两隧道间的水平净距分别取 2m、0.5D、1D、2D、3D 和 4D。为简化分析，不考虑上下层隧道间水平净距不同的情况。这样经过组合共需计算 30 种工况。

鉴于三维模型网格极为复杂（图 3-10），计算非常耗时，为提高计算效率同时又满足计算精度要求，立交隧道施工方案简化为先同时开挖上层隧道，待开挖贯通后同时开挖下层隧道，开挖进尺统一取 4m。为便于分析施工影响，隧道支护结构不考虑二次衬砌的作用，仅考虑初期支护对控制围岩变形的作用，且数值模拟中在隧道开挖后立即施作支护结构。

应予指出，根据北京城区地质情况勘察结果，本研究提出的北京地层分层方法和计算参数是偏于保守的。数值模拟中假定 5 种地层均为理想弹塑性材料，且满足摩尔库仑屈服准则，其基本物理力学参数取值参见上面章节。假定两个水平方向的地层侧压力系数均为 0.5。

3.3.1　上下层隧道竖向间距影响分析

1. 地表沉降

数值模拟得到了立交隧道竖向间距对地表沉降的影响规律。计算结果表明，除水平

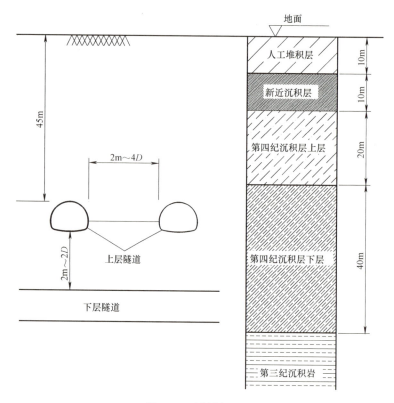

图 3-9　地层剖面图

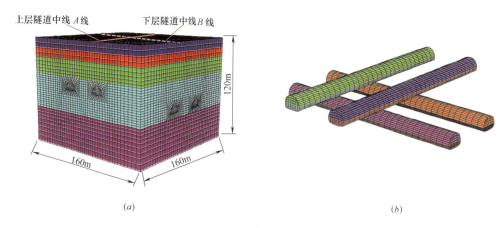

（a）　　　　　　　　　　　　　　　　（b）

图 3-10　数值模型网格

（a）模型整体网格；（b）立交隧道网格

间距 2m 的情况外，当水平间距一定时（图 3-11），随着竖向间距的增大，地表中心点沉降值存在一个先增大后减小并趋于稳定的过程，地表中心点沉降最大值出现在竖向间距为 0.5D 时的情况。总体而言，立交隧道竖向间距对地表中心点沉降的影响不大。因此，从控制地表沉降角度而言，立交隧道的竖向间距优化的意义不大。

2. 立交区域拱顶沉降

图3-12给出了立交隧道竖向间距对立交区域拱顶沉降的影响曲线,可以看出:除水平间距2m的情况外,当水平间距一定时,随着竖向间距的增大,立交隧道(无论上层隧道还是下层隧道)拱顶沉降存在一个先增大后减小并趋于稳定的过程,拱顶沉降最大值出现在竖向间距为0.5D时的情况。

对比图3-12(a)和图3-12(b)发现,受上层隧道开挖造成底部地层应力释放的影响,当竖向间距和水平间距一定时,立交隧道上层隧道拱顶沉降量

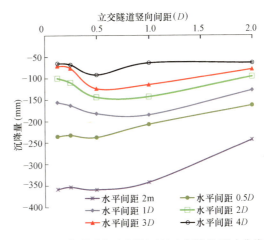

图3-11 立交隧道竖向间距对地表沉降的影响曲线

要普遍大于下层隧道。因此,对于立交隧道而言,上层隧道的拱顶沉降是隧道沉降变形控制的重点。

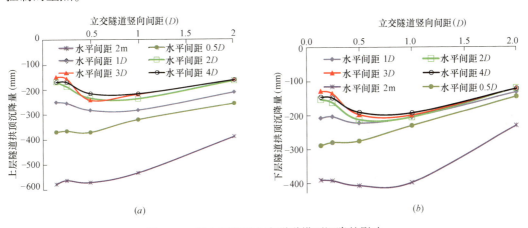

(a)   (b)

图3-12 竖向间距对立交隧道拱顶沉降的影响

(a) 上层隧道拱顶沉降 vs 竖向间距;(b) 下层隧道拱顶沉降 vs 竖向间距

3. 立交区域隧道水平变形

图3-13给出了立交隧道竖向间距对立交区域隧道水平变形的影响曲线,可以看出:与地表沉降和拱顶沉降的规律类似,立交隧道竖向间距改变对水平变形的影响仍不明显,且总体表现出先增大后减小的趋势,如对于上层隧道,水平变形随竖向间距变化的变化量很小,而对于下层隧道,除立交隧道水平间距较小(水平间距2m和0.5D两种情况)情况外,水平变形随竖向间距变化的变化量也很小。因此,从控制立交隧道水平变形的角度而言,竖向间距的变化影响不大。

4. 合理间距建议

根据以上分析,竖向间距改变对北京城市地下道路立交隧道地表沉降、立交区域洞周变形和塑性区范围的影响相对较小,且对于围岩变形存在一个最不利的竖向间距。根

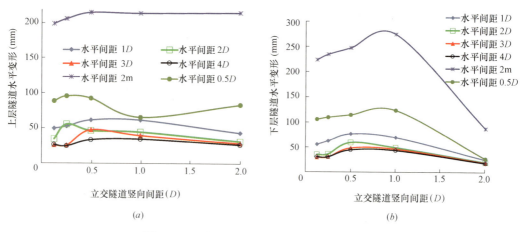

图 3-13　竖向间距对立交隧道水平变形的影响

(a) 上层隧道水平变形 vs 竖向间距；(b) 下层隧道水平变形 vs 竖向间距

据本研究近接影响分区的结论，如果条件允许的话，上下层隧道之间的净距应尽可能在1.5D以上，尽可能降低上下层之间的近接影响。

隧道的上下交叉穿越，国内外均有不少建成实例，尤其地铁网络比较发达的城市，不同线路地铁隧道的上下交叉穿越是不可避免的。从建成实例看，上下隧道之间净间距从零到几米、十几米均有。近年来，无论是在已有隧道基础上的下穿施工，还是上下隧道均为新建，上下零间距已有成功案例，如北京5号线地铁隧道零间距下穿2号线鼓楼车站，厦门机场路地下立交钟鼓山隧道与万石山隧道交叉点处零间距施工等，表明从建设技术上，不论间距多大，不论是上穿、下穿，还是同时建设，若没有其他制约因素，多大间距均可以，且可保证围岩与结构的稳定。对于地下立交来说，上下层隧道之间的间距关系到立交的建设规模和造价，上下层隧道间距越大，则匝道隧道就越长，工程量就越大。工程实践表明，地下立交隧道同期规划建设时，采取一定的施工工艺，不仅可保证上下隧道的顺利建设，而且可减少对岩土体的多次扰动。

3.3.2　同层隧道水平间距影响分析

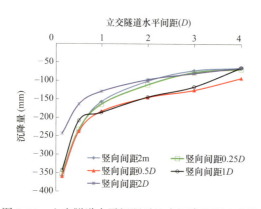

图 3-14　立交隧道水平间距对地表沉降的影响曲线

1. 地表沉降

数值模拟得到了立交隧道水平间距对地表沉降的影响规律。计算结果表明，与立交隧道竖向间距相比，立交隧道水平间距的改变对地表沉降的影响更加明显。当竖向间距一定时（见图3-14），随着立交隧道水平间距的增大，地表中心点沉降值不断减小，且当立交隧道间距超过1.0D后地表中心点沉降值减小幅度放缓。因此，从控制地表沉降角度而言，立交隧道的

48

水平间距宜取大于 1.0D。

在立交隧道施工影响下，地表出现了显著的沉降槽（盆），立交区域正位于槽（盆）底（本研究将上下层隧道交叉区域称为立交区域）。鉴于篇幅限制，考虑到立交隧道水平间距对地表沉降影响更为显著，这里仅给出上下层隧道竖向间距为 1.0D 时，不同水平间距时上下层隧道相应的地表中线（A 线和 B 线）沉降槽曲线，如图 3-15 所示。可以看出，随着水平间距的减小，立交区域不断减小但区域内的最大沉降量不断增加，而受立交区域施工影响较为显著的区域相对保持不变，集中在距立交中心点 3.0D 的圆形区域，而距立交中心点 5.0D 外的区域基本不受影响。

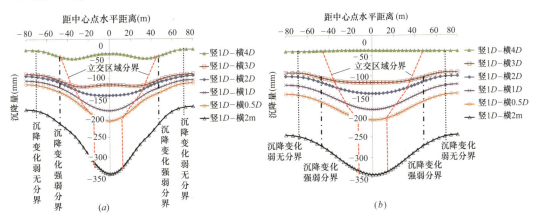

图 3-15　立交隧道地表沉降槽曲线

（a）上层隧道中线；（b）下层隧道中线

2. 立交区域拱顶沉降

图 3-16 给出了立交隧道水平间距对立交区域拱顶沉降的影响曲线，可以看出：与地表沉降规律类似，立交隧道拱顶沉降受水平间距的影响更加显著。当竖向间距一定时，随着立交隧道水平间距的增大，立交隧道沉降值不断减小，且当立交隧道间距超过 1.0D 后地表中心点沉降值减小幅度放缓并趋于稳定。因此，从控制立交隧道拱顶沉降

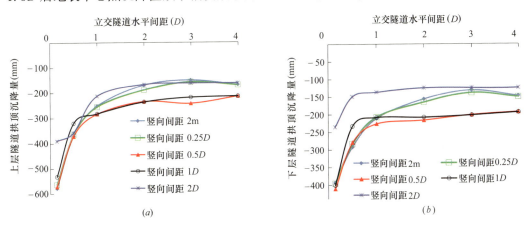

图 3-16　水平间距对立交隧道拱顶沉降的影响

（a）上层隧道拱顶沉降 vs 水平间距；（b）下层隧道拱顶沉降 vs 水平间距

角度而言，立交隧道的水平间距同样宜取大于 1.0D。

同样，立交隧道水平间距越小，立交区域就越小而受立交施工影响较为显著的区域相对保持不变，集中在距立交中心点 3.0D 的圆形区域，而距立交中心点 5.0D 外的区域基本不受影响。

3. 立交区域隧道水平变形

图 3-17 给出了立交隧道水平间距对立交区域隧道水平变形的影响曲线，可以看出：与地表沉降和拱顶沉降规律类似，立交隧道水平变形受水平间距的影响更加显著。当竖向间距一定时，随着立交隧道水平间距的增大，立交隧道水平变形量不断减小，且当立交隧道间距超过 1.0D 后立交隧道水平变形量减小幅度放缓并趋于稳定，其中下层隧道尤为明显。因此，从控制立交隧道水平变形角度而言，立交隧道的水平间距同样宜取大于 1.0D。

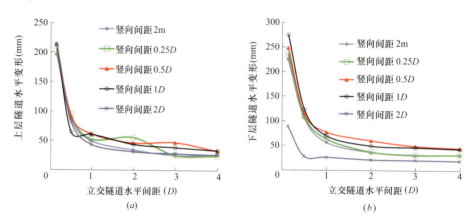

图 3-17　水平间距对立交隧道水平变形的影响
（a）上层隧道水平变形 vs 水平间距；（b）下层隧道水平变形 vs 水平间距

4. 塑性区分布

同样，立交隧道水平间距对地层塑性区分布的影响更为明显。鉴于篇幅限制，仅给出竖向间距为 1.0D（包括水平间距为 2m、0.5D、1.0D、2.0D、3.0D 和 4.0D）时立交隧道塑性区分布图，如图 3-18 所示。可以看出：

（1）当竖向间距一定时，随着立交隧道水平间距的增大，两洞之间近接施工影响逐渐降低。当水平间距仅为 2m 时，立交隧道 4 个洞室开挖引起的塑性区已经完全贯通并与地表塑性区完全贯通，立交隧道出现了大面积的塑性区破坏区；当水平间距为 0.5D 时，立交隧道 4 个洞室开挖引起的塑性区仍相互贯通但不再与地表塑性区贯通，立交隧道塑性区破坏范围有所减小；当水平间距为 1.0D 时，立交隧道 4 个洞室开挖引起的塑性区仍相互贯通但贯通区集中在立交隧道拱肩和拱脚位置，出现了明显的"X"形贯通破坏区；当水平间距超过 2.0D（包含 2.0D）后，立交隧道 4 个洞室内开挖引起的塑性区相互独立，出现了 4 个"X"形的塑性破坏区。因此，从控制立交隧道塑性区范围角度而言，立交隧道的水平间距同样宜取大于 1.0D。

（2）当水平间距一定时，随着立交隧道竖向间距的增大，两洞之间近接施工影响

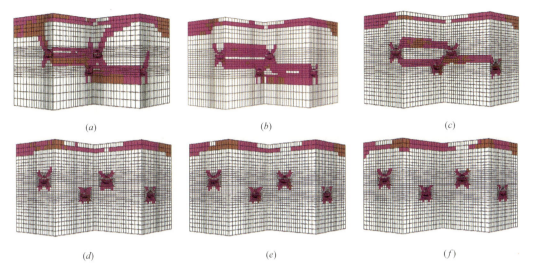

图 3-18 竖向间距为 1D 情况下立交隧道塑性区分布（阴影部分为塑性区）

（a）水平间距 2m；（b）水平间距 0.5D；（c）水平间距 1D；

（d）水平间距 2D；（e）水平间距 3D；（f）水平间距 4D

也逐渐降低，只是没有水平间距的影响那么明显。总体而言，从控制立交隧道塑性区范围角度而言，竖向间距的变化影响不大。

（3）同样，立交隧道水平间距越小，立交区域就越小而受立交施工影响较为显著的区域相对保持不变，集中在距立交中心点 3.0D 的圆形区域，而距立交中心点 5.0D 外的区域基本不受立交影响。

5. 合理间距建议

无论从地表沉降、洞周变形还是立交区域塑性区控制，北京城市地下道路立交隧道水平间距均宜取 1.0D 以上。

3.4 安全性控制对策

3.4.1 基本原则

1. 若既有隧道位于新建隧道的无影响区范围内，不需考虑近接施工影响。

2. 若既有隧道位于新建隧道的弱影响区范围内，新建隧道对既有隧道有一定影响，但影响较弱，一般以采用针对性的设计和施工方案为对策，并根据既有隧道结构抵抗附加应力和变形的能力来决定是否采取其他措施。

3. 对于强影响区，新建隧道对既有隧道的影响较大甚至巨大，必须采取针对性的设计及施工方案，并根据既有隧道结构抵抗附加应力和变形的能力来决定是否采取其他措施，同时应对既有隧道和新建隧道工程实施安全风险管理。

4. 近接隧道施工控制的重点在于减小后建隧道施工引起既有隧道结构的差异沉降，从而避免其结构破坏。

3.4.2 两隧道同一水平面

工程经验及本章计算结果均表明，当两隧道位于同一水平面且净距较小时，两个隧道同时开挖引起地层变形相互影响较大，地表最大沉降量约为单洞地表最大沉降量的1.5 倍甚至更大，且与单洞开挖相比，塑性区明显增大，两洞之间塑性区已经连通，近接影响非常严重。

随着两隧道净距的增大，地表沉降的最大值不再是两隧道间的中线，而是各自拱顶对应地表点，但是沉降值比单洞开挖地表沉降值要大。与单洞开挖相比，先建洞室塑性区变化较小，但后建洞室塑性区仍有一定程度的增长，但比超小间距时已经减小很多，近接影响较小，但必须重视。

而随着两隧道净距的进一步增大，两个隧道开挖对土体的相互扰动很小，地层变形沉降槽曲线可以看作两个单洞开挖的叠加，与单洞开挖相比，先建洞室塑性区几乎不受后建洞室的影响，而且两洞的塑性区分布与单洞开挖时近似一致，两平行隧道的互相影响很小，近接影响可忽略不计。

针对两隧道水平施工应力场及位移场特点，制定以下相应的对策：

1. 利用超前施工的区间隧道探明围岩条件，减小由于地质条件不确定性引起的施工方法选取不当，进而探索开挖对总沉降值的影响大小，优化开挖方法及支护参数。

2. 严格遵循"管超前、严注浆、短进尺、强支护、快封闭、勤量测、早成环、环套环"的施工原则进行开挖支护。

3. 尽量增大两隧道水平间距，减小施工相互间影响，同时保持开挖错距，避免群洞效应造成地层沉降过大。

4. 对处于强影响区内的隧道，在优化开挖方法的基础上，应对两隧道之间的土层进行加固处理，当两隧道的间距非常小时，中间岩柱压力将非常大，若围岩类别较低，则可能出现破坏。为此，可在既有隧道内提前向新建隧道侧施做对拉锚杆或锚索，或采用隧道内侧小导管注浆、对打锚杆等措施来提高中隔土层的强度及稳定性，以减小隧道施工过程中的地层沉降及隧道周边围岩塑性破坏范围。

5. 在影响范围内，由于隧道受力形态变异，发生偏转，呈非对称性分布特征。因此，设计要针对这一特征进行支护参数调整，建议采用非等参支护，即沿洞周并非完全均匀布设支护，如锚杆的长度及密度要跟围岩受力状态相匹配，二衬钢筋在两洞相对处应加强。

3.4.3 两隧道同一竖直面

与位于同一水平面的两隧道施工相比，一上一下两隧道施工控制的难点在于下侧隧道施工对上部隧道的影响，而如何控制地层沉降是控制的关键，因而，应从以下方面制定相应的控制对策：

1. 合理的施工顺序：竖直暗挖隧道应根据地层条件采用合理的施工顺序，以控制地表下沉和对周边构筑物的影响。

2. 制定合理的地层沉降标准值及过程控制标准值：依据地层和结构的变位分配原

理，参考既往资料、理论分析及工程特点，拟定相应施工方案下的既有隧道结构变形及稳定性控制方案，包括每个施工步序下的控制目标值。

3. 隧道初期支护背后回填灌浆：因施工影响，初期支护与围岩之间不可避免地存在一定的空隙，为控制围岩松动区扩大引起地表沉降，初期支护完成后及时进行初期支护背后回填灌浆，以实现初期支护与围岩的密贴。

4. 洞内注浆加固中夹地层：当新建隧道下穿既有隧道施工时，可采取二次注浆加固措施。二次注浆加固一方面是为了弥补超前注浆的不足，另一方面也是保护隧道结构的有效措施。其基本方法是：先从新建隧道内朝下方注浆，以减少其本身的沉降，使其处于稳定状态；然后在与既有隧道交叉的地方，通过隧道壁上的注浆孔朝左右和斜上方注浆，对既有隧道进行注浆加固。注浆分多次进行，以避免对既有隧道产生过大的骤升作用，注浆量的大小根据既有隧道的沉降大小进行调节，对沉降较大对应的方位多注浆。

3.4.4　其他情况

对于两隧道除位于同一水平面或竖直面以外的其他情况，隧道施工主要的控制重点在于减小后建隧道施工引起的既有隧道结构的差异沉降过大、进而避免产生破坏。计算发现，两个隧道净距较小时，群洞效应造成地层沉降过大，且容易引起地层的整体沉降。随着两隧道净距的扩大，地层变形的叠加效应减弱。当两隧道净距较小时，与单洞开挖相比，塑性区明显增大，两洞之间塑性区已经连通，近接影响非常严重；随着两隧道净距的扩大，两洞之间塑性区逐渐减小。

综合以上分析，应针对两隧道除水平、竖直以外的其他情况制定以下控制对策：

1. 结合具体的地层条件及施工方法，预测后施工隧道施工造成先施工隧道的差异沉降，并依据预测结果优化施工工法及支护参数。

2. 对处于强影响区内的隧道，为减小隧道施工影响的塑性破坏区范围沟通，可在两隧道之间地层进行注浆加固。

4 复杂城市隧道的安全性及其控制

城市隧道施工不可避免地扰动地层，无论是采用浅埋暗挖法或盾构法，或者是其他施工方法，都要引起岩土体向开挖空间的运动。实际隧道施工过程中，开挖岩土体的体积与竣工隧道体积之差称为地层损失，周围岩土体在弥补地层损失过程中，发生地层运动，引起岩土体及地表发生移动及变形。岩土体是一种成因复杂的天然介质，承受长期的地质作用，当其因开挖而发生大量运动时，个别岩土体块的运动是非常复杂的，然而地表移动及变形观测表明，岩土体总的运动趋势有着明显的规律性。对于同一断面来说，由于施工开挖时间的不同，每次开挖后，隧道的变形及周边土体的应力分布都随着开挖的扰动发生变化。同样，地表产生沉降的范围及其沉降量均在不断地变化之中。

国内外大量地下工程实例和理论分析表明，不同的施工方法和开挖顺序对地层变形有很大影响，采用不同的施工方法会对地层造成不同的扰动，进而产生不同的地层变形和沉降，因此有必要根据隧道的断面大小和断面形状、隧道埋深、地质情况、地下水情况等选择最优的施工方法和开挖顺序，以达到减少开挖对地层的扰动，控制地层沉降和地表变形的目的。

4.1 大断面隧道常用施工方法及其适用性

4.1.1 我国大断面隧道常用工法

我国大断面隧道施工多采用以双侧壁导坑法、CRD 法为主的分部开挖法，虽然可以有效的控制围岩变形，保证施工安全性，但也存在施工效率低下，成本高，工期长等突出问题。在此背景下，我国隧道专家经过大量工程实践，创造性地提出了针对大断面软弱围岩快速施工的三台阶七步开挖法（下文简称三台阶七步法）。三台阶七步法以弧形导坑开挖为基本模式，分上、中、下三台阶留核心土和七个开挖面，各部位的开挖与支护沿隧道纵向错开，平行推进的隧道施工方法，具有施工空间大，方便机械化施工，工序转换灵活，效率高等优点。大断面软弱围岩隧道常用施工方法的优缺点对比如表 4-1 所示。

大断面隧道常用施工方法优缺点 表 4-1

施工方法	优点	缺点
预留核心土台阶法	灵活多变,适用性强;台阶法开挖具有足够的作业空间和较快的施工速度。台阶有利于开挖面的稳定性,尤其是上部开挖支护后,下部作业则较为安全;预留核心土时有利于掌子面的稳定,工程造价低,施工速度快	上下部作业互相干扰,应注意下部作业时对上部稳定性的影响,台阶开挖会增加对围岩的扰动次数等;预留的核心土对施工有一定的影响,不利于大型机械的使用;地层沉降量大

施工方法	优点	缺点
双侧壁法	每个分块都是在开挖后立即各自闭合,施工安全性好,控制地层沉降的能力强	开挖断面分块多,扰动大,初次支护全断面闭合的时间长,速度较慢,成本较高
CD法	施工有中壁支撑,把隧道分成两部分,施工安全度较高,控制地层变形较好	工序多,相互影响大,机械出渣影响比较大,效率比较低,工序间的转换慢,施工相互干扰较大,成洞速度比较慢,工程造价高,且施工时易造成围岩长时间暴露,要根据围岩量测数据拆除中壁,仰拱和二衬施工相对滞后
CRD法	有利于控制拱顶沉降和地表变形	工序多,相互影响大,机械设备难于展开
三台阶七步法	工序少,相互影响小,出渣快,机械设备效率比较高,上、中、下导坑一次成形,围岩暴露时间短,安全能保证,施工进度有很大提高,工序相互转换快,工程造价低,成洞速度比较快	有一定的安全风险,对突发事件(如初期支护大变形)的应对能力较差,须加强施工期间地质超前预报和施工监测的力度。按照此方法施工,仰拱和二衬必须紧跟开挖,确保施工安全。须有可靠的地质超前预报系统和施工中监控量测系统,及时根据量测数据反馈结果来指导施工

4.1.2 工法适用性评价

1. 预留核心土台阶法

在软弱、松散的土层中修建大断面隧道工程,由于预留核心土和临时仰拱闭合法能及时封闭上半断面成环,有利于控制地层变形,但预留核心土台阶法控制地层变形的能力毕竟有限,适用于隧道跨度较小且对地层沉降要求较小的情况。

2. 双侧壁法

工程经验表明,不管是上部导坑开挖引起的地面沉降值还是最终地面沉降值,双侧壁法的地面沉降值通常要小于其他常用工法的沉降值。然而,双侧壁法顶部弧形导坑开挖具有一定风险性,且双侧壁法两侧弧形导洞内的钢支撑(或格栅支撑)往往难以控制在同一断面内,顶部弧形导坑开挖后,钢支撑若无法联成整体,则支护承载能力大为降低。

3. CD法

CD法将大断面隧道分成左右两个导坑,能够有效地控制地层沉降,但控制水平变形能力相对较差。

4. CRD法

CRD法在CD法的基础上增加了临时仰拱,因此各个局部封闭成环时间短,隔墙仰拱在阻止结构初期的下沉方面,起了关键作用。且与其他分部开挖法相比,CRD工法步步封闭成环;各施工阶段风险性较小,且相对而言,CRD工法各工作面可同时作业,有利于安排工序和劳力,互相干扰小;但CRD工法施工工序复杂、隔墙拆除困难、成本较高、进度较慢,一般在软弱围岩中修建大断面地下结构物(如停车场),且地表下沉要求严格时才使用。

根据以上分析,对软弱围岩隧道的工法适用性进行综合评价,如表4-2所示。

地质条件	II 级	III 级	IV 级深埋（硬质岩）	IV 级深埋（软质岩）	IV 级（浅埋）	IV 级（偏压）	V 级（深埋）	V 级（浅埋）	V 级（偏压）
台阶法	○	△	△	△	△	○	—	—	—
三台阶七步法	—	—	○	○	○	△	△	○	○
CD 法	—	—	—	○	○	△	△	△	○
CRD 法	—	—	—	—	○	○	○	△	○
双侧壁法	—	—	—	—	—	—	○	○	△

注：△ 为推荐使用，○ 为可使用，— 为不适用，在工点设计中可根据实际情况作相应调整。

4.2　立交隧道施工方法优化

4.2.1　施工方案比选

　　针对北京城市地下道路三车道公路隧道，采用 FLAC3D 软件建立竖向交叉的三维模型，上下层均为分离式隧道，4 条隧道均采用暗挖法施工，其中上层隧道埋深固定为 45m，上下层隧道间净距取 $1.0D$（D 为隧道开挖跨度，取 14m），同一层两隧道间的水平净距取 $3.0D$。

　　根据上文分析并结合立交隧道的特点，数值模拟计算以下 4 种工况：双侧壁法、CRD 法、CD 法和预留核心土台阶。根据圣维南原理和实际需要，整个模型计算范围为 $160m \times 160m \times 120m$（长×宽×高），计算模型网格划分如图 4-2 所示。

图 4-1　地层剖面图

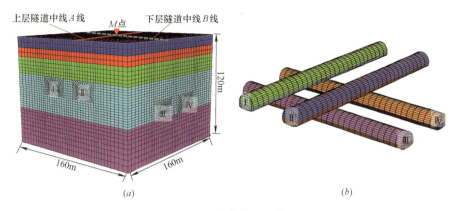

图 4-2　数值模型网格

（a）模型整体网格；（b）立交隧道网格

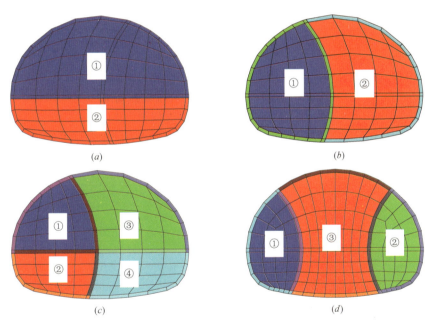

图 4-3　各工法开挖顺序

（a）台阶法；（b）CD 法；（c）CRD 法；（d）双侧壁法

　　立交隧道 4 座隧道的施工步序为：Ⅰ—Ⅱ—Ⅲ—Ⅳ，其中每座隧道的开挖顺序如图 4-3 所示。数值模拟中仅考虑初期支护的作用，不考虑二次衬砌的作用。假定 5 种地层均为理想弹塑性材料，且满足摩尔库仑屈服准则，两个水平方向的地层侧压力系数均为 0.5。计算采用的物理力学参数取值参见上面章节。

4.2.2　施工方案对比分析

1. 地表沉降

（1）就各工法地表中心点最终沉降量（如图 4-4 所示）而言：双侧壁法（40mm）＜

57

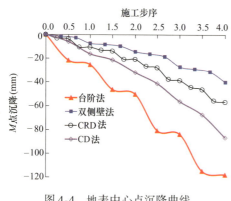

图 4-4　地表中心点沉降曲线

CRD 法（56mm）＜ CD 法（87mm）＜ 台阶法（118mm）。因此，就控制地表沉降的能力而言，双侧壁法和 CRD 法要明显强于其他两种工法。

（2）无论哪种工法，上半断面开挖对地表沉降的影响最为直接和明显，如台阶法的①部开挖，CRD 法的①部和③部开挖，双侧壁法的③部开挖；相对而言，CD 法的①部和②部开挖引起的地表沉降量较为均匀。因此，上半断面施工是地表沉降控制的关键，下半断面施工重在及时支护封闭，减少上部支护的悬空时间。

（3）图 4-5 给出了立交隧道地表沉降槽曲线。可以看出，上层隧道中线（A 线）在立交区域受到了下层隧道施工影响，地表沉降显著增大，形成了一个宽度较大但坡度较缓的"V"形沉降槽，最大沉降出现在地表中心点（M 点）；而下层隧道中线（B 线）则在立交区域受到了上层隧道施工的影响，形成了一个宽度较小但坡度较陡的"W"形沉降槽，最大沉降不再出现在地表中心点，而是位于上层两分离隧道拱顶的正上方，且地表沉降量越大这种现象越明显。这种现象是因为上层隧道埋深浅，对地表沉降的影响更为明显；而下层隧道埋深大，对地表沉降影响相对较小但影响范围大。

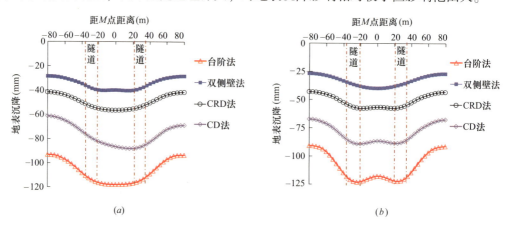

图 4-5　立交隧道地表沉降槽曲线
（a）上层隧道中线（A 线）；（b）下层隧道中线（B 线）

（4）图 4-6 给出了立交隧道地表沉降等值线云图。可以看出，与一般的单层隧道不同，上、下层隧道中线（A 线和 B 线）分别受到上、下层隧道施工的影响，均发生了比较明显的整体沉降，其中立交区域同时受到了上、下两层隧道的影响，沉降量要显著大于非立交区域，且相对而言上层隧道中线（A 线）两侧的沉降量要略大于下层隧道中线（B 线）两侧的沉降量，在地表形成了一个明显的"椭球形"沉降盆。

（5）总体而言，各工法施工均会在立交区域产生明显的地表沉降，且随着同层两

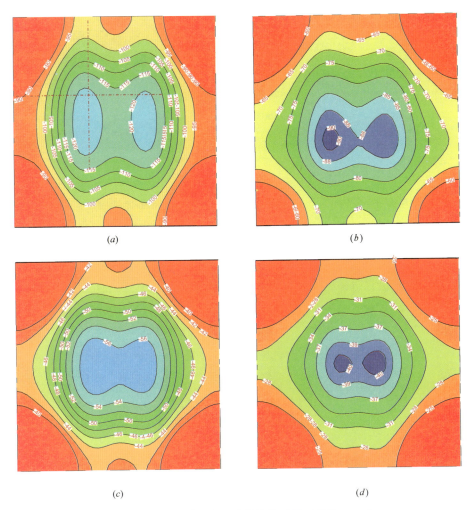

图 4-6　立交隧道地表沉降等值线云图（单位：mm）

(*a*) 台阶法；(*b*) CD 法；(*c*) CRD 法；(*d*) 双侧壁法

分离隧道水平间距的减小，地表沉降会加剧增大。因此，为很好的控制城市地下道路立交隧道施工引起的地表沉降，建议在立交区域采用 CRD 法和双侧壁法。

2. 洞周变形

立交隧道洞周变形曲线如图 4-7 所示。可以看出：

（1）就各工法拱顶最大沉降量而言：双侧壁法（97mm）＜ CRD 法（115mm）＜ CD 法（180mm）＜台阶法（217mm）。因此，就控制立交隧道拱顶沉降的能力而言，双侧壁法和 CRD 法要明显强于其他两种工法。

（2）上、下层隧道拱顶沉降表现出了截然不同的特征，其中上层隧道在立交区域受到了下层隧道施工的影响，拱顶沉降量增大，形成了一个宽度较大但坡度较缓的"W"形沉降槽，最大沉降位于上层两分离隧道拱顶的正上方，且地表沉降量越大这种现象越明显；而下层隧道在立交区域由于上层隧道开挖引起的应力释放而出现明显的"隆起"，形成了一个宽度较小但坡度较陡的"W＋W"形沉降槽，"隆起"的极值点位

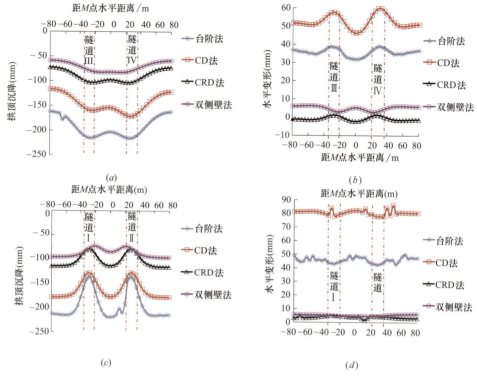

图 4-7　立交隧道洞周变形

(a) 上层Ⅰ号隧道拱顶沉降；(b) 上层Ⅰ号隧道水平变形；

(c) 下层Ⅲ号隧道拱顶沉降；(d) 下层Ⅲ号隧道水平变形

于上层两分离隧道的正下方，且拱顶沉降量越大，这种"隆起"现象越明显。因此，城市地下道路立交隧道拱顶沉降变形会在立交区域出现明显的差异沉降，而较大的差异沉降势必影响支护结构的安全稳定，且相对而言，台阶法和 CD 法引起的差异沉降比 CRD 和双侧壁法更加显著。

（3）就各工法洞周最大水平变形量而言：CRD 法（4mm）＜双侧壁法（6mm）＜台阶法（49mm）＜ CD 法（80mm）。因此，就控制立交隧道洞周侧向变形的能力而言，双侧壁法和 CRD 法要明显强于其他两种工法，与沉降变形所不同的是 CRD 法控制侧向变形能力要强于双侧壁法，带有临时仰拱的台阶法控制侧向变形的能力要强于 CD 法。

（4）除 CRD 法外，上层隧道洞周水平变形表现出与拱顶沉降相类似的特征，在立交区域受到下层隧道施工的影响，在下层隧道的正上方水平变形量加大，立交中心区水平变形量略有减小，形成了一个宽度较小且坡度较缓的"W＋W"形曲线，而 CRD 法由于各部开挖支护封闭成环，隧道水平变形量相对较小且分布均匀，在立交区域的波动最小；下层隧道洞周水平变形量要明显大于上层隧道，但在立交区域的波动要远小于上层隧道。

（5）4 种工法中，CD 法施工引起的洞周侧向变形和拱顶沉降基本相当，这主要是由于中隔墙将扁平形的隧道断面划分为两个可以很好地适应地应力特征的"立鸭蛋形"

开挖部。

（6）总体而言，由于隧道断面大，且北京城区地质条件相对较差，各工法施工均会引起立交隧道产生明显的洞周变形，尤其是沉降变形。建议在立交区域采用能够同时很好控制拱顶沉降和水平变形的 CRD 法和双侧壁法。

3. 塑性区

（1）各工法施工引起的立交隧道塑性区体积所占百分比（如图 4-8 所示）由大到小依次是台阶法、CD 法、CRD 法和双侧壁法。就控制塑性区能力而言，同样双侧壁法和 CRD 法优于其他两种工法。

（2）图 4-9 给出了立交隧道塑性区分布图。可以看出，无论哪种工法，立交隧道塑性区主要集中在地表地层和每条隧道洞周区域，且在洞周拱脚和拱肩区域塑性区相对扩展较深，在洞周形成了"X"形的塑性破坏区。

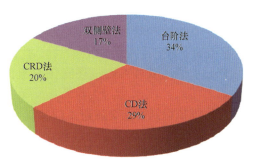

图 4-8　各工法施工引起的立交隧道
塑性区体积百分比

总体而言，由于隧道断面较大和北京城区地质条件较差，各工法施工均会引起立交隧道产生明显的塑性破坏区，且当立交隧道同一层两分离隧道的间距减小时，塑性区范围会更大，甚至贯通。建议在立交区域采用能够很好控制塑性变形的 CRD 法和双

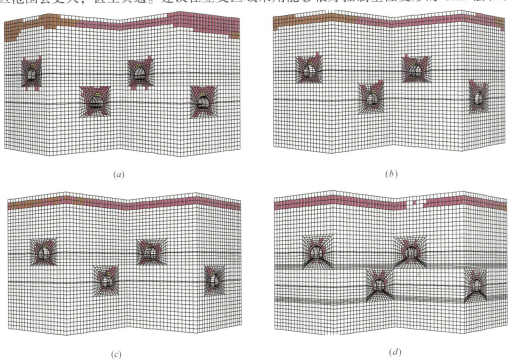

(a)　　　　　　　　　　　　　　　　　　(b)

(c)　　　　　　　　　　　　　　　　　　(d)

图 4-9　立交隧道塑性区分布图
（a）台阶法；（b）CD 法；（c）CRD 法；（d）双侧壁法

侧壁法。

4.2.3 立交隧道施工顺序优化

根据立交隧道上下两层4座隧道的位置关系和几何对称性（参见图4-2）可知，立交隧道可能的施工顺序如下：

工序1：Ⅰ—Ⅱ—Ⅲ—Ⅳ。

工序2：Ⅲ—Ⅳ—Ⅰ—Ⅱ。

工序3：Ⅰ—Ⅲ—Ⅱ—Ⅳ。

工序4：Ⅲ—Ⅰ—Ⅳ—Ⅱ。

采用数值模拟对4种工序施工引起的地层变形进行计算。各工序均采用台阶法施工。

数值模拟得到了立交隧道不同施工顺序对地表沉降的影响规律。其中地表中心点（M点）随开挖步序的关系曲线和立交隧道地表沉降槽曲线分别如图4-10和图4-11所示。可以看出：

1. 立交隧道各部开挖引起的应力释放是造成地层变形的主要原因，而施工顺序对最终变形量的影响很小。

2. 相对而言，下层隧道开挖引起地表中心点沉降量要略大于上层隧道。

3. 因此，立交隧道4个洞室的开挖顺序改变对地层变形的影响不大。工程实践中可根据具体环境和施工便利性选择施工顺序。

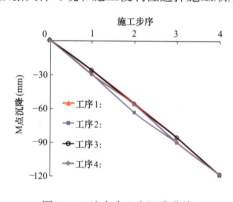

图4-10　地表中心点沉降曲线

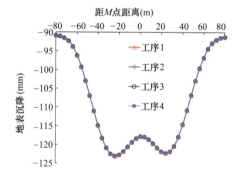

图4-11　立交隧道地表沉降槽曲线（B线）

4.3　立交隧道围岩稳定性分析

通过上节数值模拟可知，由于隧道断面大且北京城区地质条件较差，无论哪种工法，城市地下道路立交隧道施工均会引起较大的地表沉降、洞周变形和塑性区范围。因此在立交区域施工宜选择控制地层变形能力较强的CRD法和双侧壁法。因此，本节讨论CRD法施工影响下的立交隧道围岩稳定性特性，包括洞周变形特征、围岩应力特征、塑性区演化与分布特征、支护结构受力特性。

4.3.1 立交隧道围岩变形特征

为更加系统和直观地反映立交隧道的总体变形特征，数值模拟得到了 4 条隧道全部施工完成后立交隧道地层变形沿 A 线剖面等值线云图、立交隧道地层变形沿 B 线剖面等值线云图和立交隧道地层变形剖面三维等值线云图（包括竖向变形和总变形）如图 4-12 ~ 图 4-14 所示。可以看出：

1. 由于两个水平方向的侧压力系数较小（均等于 0.5），竖向变形成了立交隧道总变形的主导变形，竖向变形云图和总变形云图等值线基本一致。

2. 沿 A 线剖面图和沿 B 线剖面图分别反映了下层和上层隧道施工引起的地层变形。对比可以看出，立交隧道围岩变形主要集中在开挖轮廓线附近，其中上层隧道施工对地表沉降的影响更为直接和明显，而下层隧道施工对地层变形的扰动范围更大。

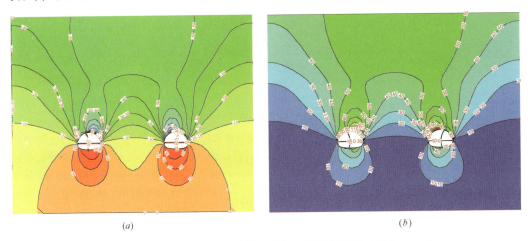

(a)　　　　　　　　　　　　　　　　(b)

图 4-12　立交隧道地层变形沿 A 线剖面等值线云图（单位：mm）

（a）竖向变形；（b）总变形

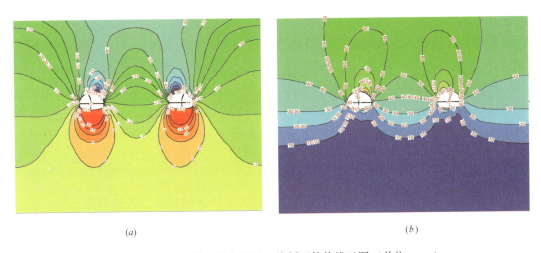

(a)　　　　　　　　　　　　　　　　(b)

图 4-13　立交隧道地层变形沿 B 线剖面等值线云图（单位：mm）

（a）竖向变形；（b）总变形

3. 由于隧道开挖断面大、地层条件差，尽管采用了 CRD 分部开挖法，立交隧道仍然产生了较大的围岩变形，最大沉降达 160mm，出现在 CRD③开挖部的上方。因此，立交隧道 CRD③开挖部的施工应是立交隧道地层变形控制的关键步序。

4. 立交区域先后受到了 4 条隧道的开挖扰动，出现了较为复杂的变形特征，在上层隧道上方形成了一个"瓶颈状"的沉降特征，该瓶颈的瓶口形状像一个"苹果"。

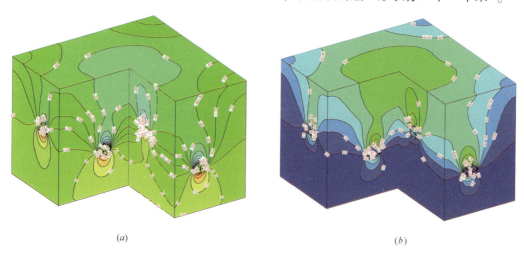

(a)　　　　　　　　　　　　　　　　(b)

图 4-14　立交隧道地层变形剖面三维等值线云图（单位：mm）
(a) 竖向变形；(b) 总变形

4.3.2　立交隧道塑性区演化与分布特征

数值模拟得到了立交隧道不同施工步序对塑性区分布的影响规律，如图 4-15 所示。可以看出：

1. 随着开挖步序的不断推进，立交隧道拱顶沉降不断增大。由于立交隧道 4 条隧道均采用步步封闭、控制地层变形效果较好的 CRD 法施工，洞周塑性区范围得到了有效控制。因此，就立交隧道地层塑性区控制而言，采用 CRD 法是完全可行和合理的。

2. 立交隧道塑性区主要集中在地表地层和每条隧道洞周区域，且在洞周拱脚和拱肩区域塑性区相对扩展较深，在洞周形成了"X"形的塑性破坏区。地表地层 10m 内为人工堆积层，地质条件最差，在立交隧道施工影响下易出现塑性破坏区。竖向应力为主导的地应力条件和公路隧道扁平的断面形状造成了洞周"X"形的塑性破坏区。

3. 总体而言，由于隧道断面较大和北京城区地质条件较差，各隧道施工均会引起立交隧道产生明显的塑性破坏区，且当立交隧道同一层两分离隧道的间距减小时，塑性区范围会更大，甚至贯通。因此，为很好的控制城市地下道路立交隧道施工引起的塑性区范围，应做好每一条隧道中的每一步开挖工序的地层塑性区控制。

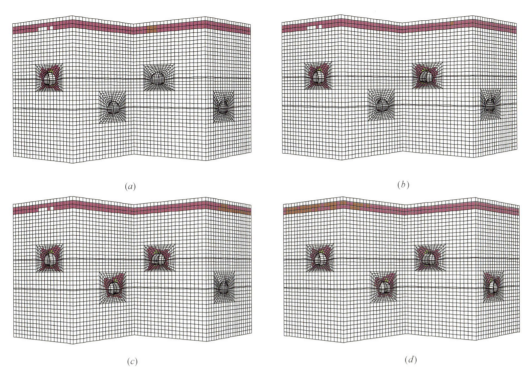

图 4-15　立交隧道塑性区云图

(a) 开挖隧道 Ⅰ；(b) 开挖隧道 Ⅱ；(c) 开挖隧道 Ⅲ；(d) 开挖隧道 Ⅳ

4.3.3　立交隧道支护结构受力特性

数值模拟得到了立交隧道支护结构的主应力分布图（拉为正），鉴于篇幅限制，这里仅给出立交隧道施工完成后支护结构主应力分布如图 4-16 所示。可以看出：

1. 由于隧道开挖断面大，且支护结构刚度和强度都要远大于围岩物理力学参数，支护结构的尽快施作和封闭可以有效地控制围岩变形，但它的副作用是要使支护结构承受围岩应力释放产生的较大围岩压力，如立交隧道施工完成后，支护结构最大拉应力达到了 19.7MPa，最大压应力则达到了 22.2MPa。

2. 相比于一般台阶法，CRD 法增设的竖向临时支撑和横向临时支撑，虽有效地控制了围岩变形，但也承受了较大的围岩压力，即临时支撑（包括与初期支护相邻的节点）成了显著的应力集中区，如拉应力主要集中在临时支撑与初期支护相邻的节点截面，尤其竖向临时支撑与初期支护相邻的拱顶截面和拱底截面，而压应力则分别主要集中在 CRD①部和 CRD②部竖向临时支撑的中间部位。

3. 立交隧道支护结构应力分布沿隧道洞周环向各截面的差异较大，出现了上述的应力集中区，而沿隧道纵向的差异性较小，包括立交区域与非立交区域的差异性。因此，立交隧道支护结构设计与荷载计算可以参照一般城市公路隧道的荷载计算方法。

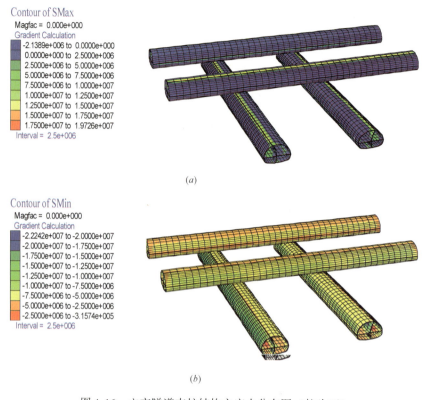

图 4-16　立交隧道支护结构主应力分布图（拉为正）

（a）最大主应力；（b）最小主应力

4.4　渗流作用下立交隧道开挖面稳定性分析

开挖面稳定性分析是近些年隧道工程界的研究热点之一。在含水地层中开挖隧道时，破坏了初始应力平衡和地下水平衡，在水头差的作用下地下水会向着开挖面渗流从而产生作用于开挖面的渗流力，影响开挖面的稳定性。

鉴于城市交通线网的要求，北京城市地下道路局部段（甚至较大区段）势必在地下水位以下施工，甚至会有些埋深较深的区段在承压水地层中施工。富水条件下的隧道埋置于地下水之下，地下水类型众多，水源补给充足，当地层渗透性较强时，渗流作用势必严重影响开挖面的稳定性，本节讨论地下水渗流作用下隧道开挖面围岩的稳定性问题，为保持城市地下道路隧道开挖面稳定的支护参数设计提供参考。

4.4.1　隧道开挖面稳定性分析方法

国内外学者在进行隧道开挖面失稳破坏模式研究时提出了多种计算模型，包括局部（微观）破坏分析模型和整体稳定分析模型。前者主要分析开挖面单个颗粒（岩块）或局部区域的破坏引起相邻颗粒（岩块）随后失去稳定，逐渐发展演化为开挖面的整体失稳；后者主要通过首先假定开挖面的破坏模式，利用塑性极限分析法或极限平衡法建立滑移体的力学方程，得到维持开挖面稳定的需求支反力。地下水渗流作用下的隧道开挖面失稳破坏往往是局部（微观）破坏基础上的整体失稳。

隧道开挖面稳定性分析方法包括理论解析、数值模拟、模型试验和现场测试等多种，其中理论分析方法具有简洁方便、精度高、物理概念清晰，力学模型明确，是其他研究手段研究思路制定和研究结论升华的基础；而数值分析方法对于复杂边界条件问题具有较大优势。因此，本节主要讨论隧道开挖面稳定性分析的理论解析方法和数值分析方法。

隧道开挖面稳定性理论分析方法在进行解析公式推导时都是基于相对较为规则的圆形隧道断面和假定的滑动破裂面，且不能考虑渗流场与应力场等的耦合作用，在工程应用中存在一定的局限性。而数值分析法在求解边界条件和本构关系复杂的问题上具有较大的优势。为验证上文深埋隧道开挖面围岩稳定性研究解析公式的适用性，可采用数值分析方法进行对比分析。

采用有限差分程序 FLAC3D 软件进行深埋隧道开挖面围岩稳定性的数值模拟分析。FLAC3D 可以模拟多孔介质中的流体流动，比如地下水在岩土体中的渗流问题，既可以单独进行流体计算，也可以将流体计算同固体力学模拟并行完成，以便获得流体—固体耦合作用效果。

在强透水层中开挖隧道，衬砌渗透性往往远小于围岩；而且对于复合式衬砌，一般要求二次衬砌施作前初期支护变形基本稳定且不渗不漏，因此本次计算仅考虑初期支护对围岩稳定性的控制作用和堵水作用，且认为初期支护是不透水的。

为便于比较分析，并考虑该工程隧道埋深较大，极限分析上限法中取地面超载 $\sigma_\mathrm{s} = \sigma'_\mathrm{v}$。同时为分析渗流作用对深埋隧道开挖面稳定性的影响，将不考虑渗流的计算结果与之进行对比分析。不考虑渗流作用时，根据隧道开挖面稳定性的理论分析方法，采用饱和重度 γ_sat 和滑移体上覆地层竖向总压应力 σ_v 分别代替 4 种理论计算公式中的浮重度 γ' 和上覆地层有效竖向压应力 σ'_v，地层侧压力系数 $K_0 = 0.5$，其中

$$\sigma_\mathrm{v} = \gamma_\mathrm{w} h_\mathrm{w} + \frac{\gamma_\mathrm{sat} B - c}{K_0 \tan\varphi}(1 - e^{-\frac{K_0 t \tan\varphi}{B}}) \qquad (4\text{-}1)$$

式中：水的重度 $\gamma_\mathrm{w} = 10 \mathrm{kN/m}^3$，其他符号及意义同前。

鉴于流固耦合计算非常耗时，根据对称性，数值模拟截取整体模型的四分之一，以提高计算效率，且本节重在讨论开挖面的稳定性，数值模拟中认为上、下层隧道均沿纵向掘进 40m。

为便于与理论解析方法进行对比分析，数值模拟中主要考虑如下 4 种工况：

1. 工况 1：全断面开挖，不考虑渗流。
2. 工况 2：全断面开挖，考虑渗流。
3. 工况 3：CRD 法开挖，不考虑渗流。
4. 工况 4：CRD 法开挖，考虑渗流。

4.4.2　全断面开挖不考虑渗流时计算结果与分析

立交隧道采用全断面法施工掘进 40m 后，通过数值模拟计算得到工况 1 中上层隧

道和下层隧道的塑性区分布及开挖面位移等值线图，如图4-17所示。立交隧道开挖后，围岩塑性区集中在隧道洞周以及开挖面前方约8m（1.28倍洞径）区域。

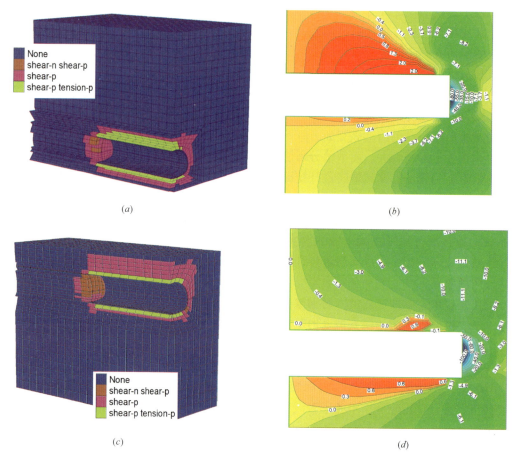

图4-17　全断面开挖不考虑渗流（工况1）数值模拟计算结果
（a）上层隧道模型塑性区；（b）上层隧道开挖面位移等值线（单位：mm）；
（c）下层隧道模型塑性区；（d）下层隧道开挖面位移等值线（单位：mm）

不考虑渗流作用时，各种计算方法得到维持开挖面稳定的极限支护压力 σ_T 和滑移角 θ 如表4-3所示。可以看出，由于模型中滑移体上覆地层竖向总应力 σ_v 较大，造成采用极限平衡法计算的楔形体模型、二维对数螺旋线模型和条分法得到的开挖面极限支护压力大于极限分析上限法的计算结果；由于没有考虑隧道开挖面的三维效应，根据二维对数螺旋线模型和条分法计算得到的极限支护压力大于其他两种方法的计算结果；4种理论分析方法计算得到的开挖面滑移角 θ 以楔形体模型最大，条分法最小，其他两种方法居中；采用数值模拟法（逐渐减小支反力）计算得到隧道开挖面极限支护压力为0，即开挖面可以自行稳定。

4.4.3　全断面开挖考虑渗流时计算结果与分析

考虑渗流作用时，在立交隧道掌子面不施加支护力条件下，立交隧道采用全断面法

不考虑渗流作用时的极限支护压力 σ_{T} 和滑移角　　　　表 4-3

计 算 方 法	上层隧道		下层隧道	
	极限支护压力 σ_{T}（MPa）	滑移角 θ（°）	极限支护压力 σ_{T}（MPa）	滑移角 θ（°）
极限分析上限法	0.01	69	0.01	70
楔形体模型	0.04	73	0.05	74
二维对数螺旋线模型	0.05	85	0.06	87
条分法	0.07	65	0.09	67
数值分析法	0.00	—	0.00	—

施工掘进 40m 后，通过数值模拟计算得到工况 2 中上层隧道和下层隧道的塑性区分布
及开挖面位移等值线图，如图 4-18 所示。可以看出，隧道开挖后，围岩塑性区集中在
隧道洞周，以及开挖面前方约 12～16m（1.92～2.56 倍洞径）区域。

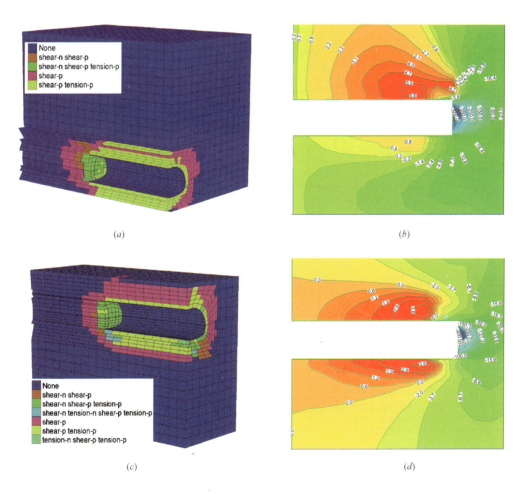

图 4-18　全断面开挖考虑渗流（工况 2）数值模拟计算结果
（a）上层隧道模型塑性区；（b）上层隧道开挖面位移等值线（单位：mm）；
（c）下层隧道模型塑性区；（d）下层隧道开挖面位移等值线（单位：mm）

由图 4-17 和图 4-18 可知，无渗流时上层隧道和下层隧道开挖面最大挤出变形分别为 94.45mm 和 113.04mm；渗流作用下上、下层隧道开挖面最大挤出变形分别为 563.45mm 和 412.72mm，变形值近似为无渗流时的 4～5 倍；渗流引起隧道开挖面土体发生抗拉破坏，塑性区范围相对无渗流时更大。计算结果表明渗流对立交隧道开挖面稳定性影响作用明显，如果不在开挖面施加支护力，渗流作用会引起隧道开挖面失稳。

考虑渗流作用后，作用于隧道开挖面的渗流力势必影响开挖面的稳定性，因此如何准确计算渗流力是一个关键问题。作用于隧道开挖面的渗流力与地层孔隙水压力的分布相关，然而由于隧道开挖面边界条件较为复杂，很难给出孔隙水压力分布的解析解。使用 FLAC3D 有限差分程序计算稳态地下水渗流条件下深埋隧道孔隙水压力分布。图 4-19 和图 4-20 分别给出了数值差分程序得到的隧道开挖面附近孔隙水压力等值线图

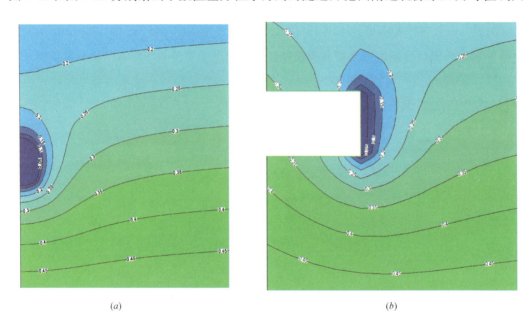

(a)   (b)

图 4-19　隧道开挖面附近孔隙水压力分布（单位：MPa）
(a) 横断面；(b) 纵断面

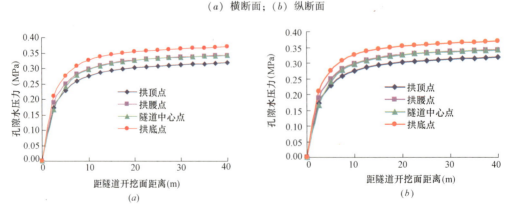

(a)   (b)

图 4-20　立交隧道各点孔隙水压力纵向分布曲线
(a) 上层隧道；(b) 下层隧道

和开挖面各点孔隙水压力沿隧道纵向的分布曲线。

根据不考虑渗流开挖面稳定性分析结果可知，4 种理论模型开挖面滑移角 $\theta \in$ [68°，85°]，即开挖面滑移范围约在开挖面前方 2.5m 左右，则滑移体中心点约在开挖面隧道中心点前方 1.3m 左右。结合图 4-19 和图 4-20，并考虑便于比较分析，统一取 4 种理论模型的渗流力 $\sigma_{SFx} = 0.15\text{MPa}$。

考虑渗流作用时，各种计算方法得到维持开挖面稳定的极限支护压力 σ_T 和滑移角 θ 如表 4-4 所示。可以看出，考虑渗流作用时，4 种理论分析方法计算得到的极限支护压力 σ_T 的大小相近，相差不大，以极限分析上限法和二维对数螺旋线模型的最小，小于楔形体模型和条分法模型计算得到的结果；4 种理论分析方法计算得到的开挖面滑移角 θ 以二维对数螺旋线模型最大，条分法最小，其他两种方法居中；采用数值模拟法（逐渐减小支反力）计算得到隧道开挖面极限支护压力为 0.12MPa，开挖面不能自稳。

考虑渗流作用时的极限支护压力 σ_T 和滑移角 θ 表 4-4

计 算 方 法	上层隧道		下层隧道	
	极限支护压力 σ_T(MPa)	滑移角 θ(°)	极限支护压力 σ_T(MPa)	滑移角 θ(°)
极限分析上限法	0.18	71	0.22	72
楔形体模型	0.19	75	0.23	77
二维对数螺旋线模型	0.18	89	0.22	89
条分法	0.19	67	0.23	69
数值分析法	0.12	—	0.15	—

考虑渗流作用后，各种计算方法得到的维持开挖面稳定的极限支护压力 σ_T 比不考虑渗流作用均有所增大，如图 4-21 所示。不考虑渗流作用，数值分析法、极限分析上限法、二维对数螺旋线模型、楔形体模型、条分法模型计算得到 σ_T 依次增大；考虑渗流作用后，计算得到的 σ_T 增大明显。

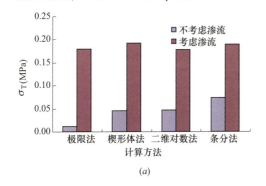
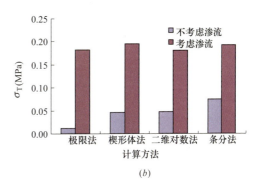

(a)   (b)

图 4-21 立交隧道极限支护力 σ_T 对比图
(a) 上层隧道；(b) 下层隧道

考虑渗流作用后，如果不在开挖面施加支护力，则开挖面不能自稳，尽管在开挖面施加了 0.14MPa 的支护压力，隧道开挖面仍发生了较大的挤出变形，变形最大值达到

32.56mm。考虑渗流作用后，开挖面前方变形即超前变形影响范围明显增大，远大于不考虑渗流作用时的1倍隧道洞径；与不考虑渗流作用时开挖面的变形相比，考虑渗流作用后，由于重力作用和地下水的渗流作用，开挖面前方最大位移的位置向上部地层产生了转移。另外，4种理论分析方法中极限分析上限法的计算结果与数值模拟结果最为接近，表明其在求解考虑渗流作用后的隧道开挖面稳定性问题方面具有较高的精度。

4.4.4　CRD法施工不考虑渗流时计算结果与分析

在立交隧道掌子面不施加支护力且不考虑渗流作用下，立交隧道采用CRD法施工掘进40m后，通过数值模拟计算得到工况3中上层隧道和下层隧道的塑性区分布及开挖面位移等值线图，如图4-22所示。隧道开挖后，围岩塑性区集中在隧道洞周以及开挖面前方约4~8m（0.64~1.28倍洞径）区域，掌子面前方塑性区范围约为全断面法施工时的0.33~0.50倍。

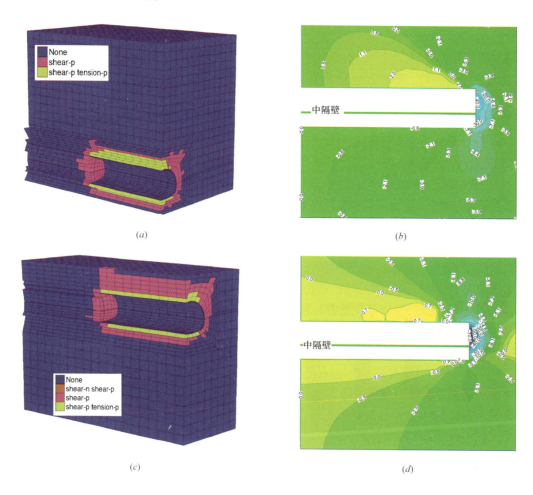

(a)　　　　　　　　　　　　　　(b)

(c)　　　　　　　　　　　　　　(d)

图4-22　CRD法施工不考虑渗流数值模拟计算结果
（a）上层隧道模型塑性区；（b）上层隧道开挖面位移等值线（单位：mm）；
（c）下层隧道模型塑性区；（d）下层隧道开挖面位移等值线（单位：mm）

4.4.5　CRD法施工考虑渗流时计算结果与分析

图4-23和图4-24分别给出了隧道开挖面附近孔隙水压力等值线和CRD法施工考虑渗流时位移矢量图。考虑渗流作用时，在立交隧道掌子面不施加支护力条件下，立交隧道采用CRD法施工掘进40m后，通过数值模拟计算得到工况4中上层隧道和下层隧道的塑性区分布及开挖面位移等值线图，如图4-25所示。立交隧道开挖后，围岩塑性区集中在隧道洞周以及开挖面前方约12m（1.92倍洞径）区域，掌子面前方塑性区破坏范围小于考虑渗流时全断面法施工的计算结果。

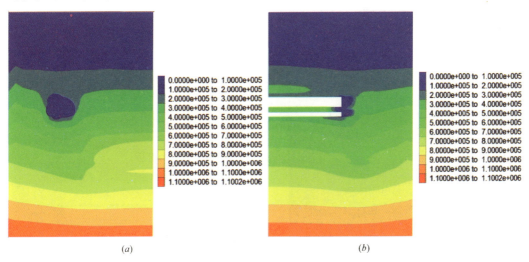

图4-23　CRD法施工孔隙水压力分布（单位：Pa）

（a）横断面；（b）纵断面

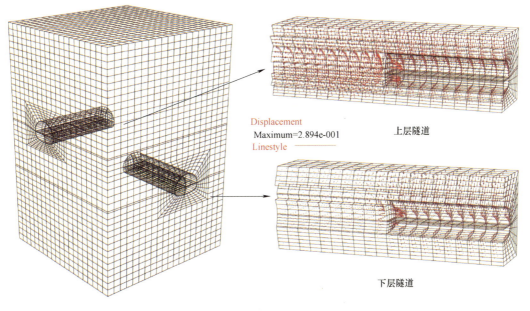

图4-24　CRD法施工考虑渗流时位移矢量图

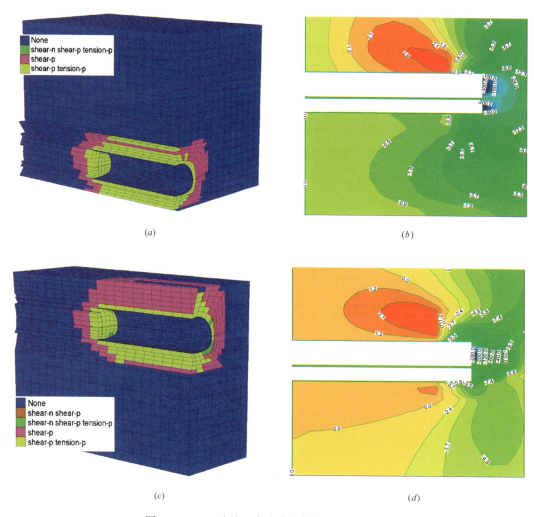

图 4-25　CRD 法施工考虑渗流数值模拟计算结果

(a) 上层隧道模型塑性区；(b) 上层隧道开挖面位移等值线（单位：mm）；
(c) 下层隧道模型塑性区；(d) 下层隧道开挖面位移等值线（单位：mm）

采用全断面法和 CRD 法分别施工时隧道开挖面各点变形情况如表 4-5 所示。采用全断面法和 CRD 法施工开挖面挤出变形对比如图 4-26 所示。相比于全断面法施工，采用 CRD 法施工能够显著降低立交隧道结构变形。无渗流时，下层隧道采用 CRD 法施工开挖面挤出变形相比全断面法降低了 32.27%；存在渗流时，全断面法施工引起上层隧道开挖面产生了 563.45mm 的挤出变形，采取 CRD 法施工使最大挤出变形降低了 251.58mm（约 44.65%），表明 CRD 法施工比全断面法有利于实现开挖面的稳定性，但渗流作用下对立交隧道开挖面挤出变形依然很大，CRD 法施工引起上层隧道开挖面最大挤出变形 311.87mm。

CRD 法施工上层隧道和下层隧道各点变形对比如图 4-27 所示。渗流作用下 CRD 法施工引起上层隧道拱顶沉降 109.92mm，比采取全断面法施工时增加了 50.03mm（约

CRD 法施工不施加支护力时隧道开挖面各点变形对比（单位：mm）　　表 4-5

施工方法	变形类型	上层隧道		下层隧道	
		无渗流	有渗流	无渗流	有渗流
全断面法施工	挤出变形	95.45	563.45	113.04	412.72
CRD 法施工	挤出变形	49.56	311.87	75.27	299.51
	拱顶沉降	59.89	109.92	61.68	103.18
	拱腰收敛	15.25	46.70	17.01	55.20
	拱底回弹	19.67	23.38	24.81	27.12

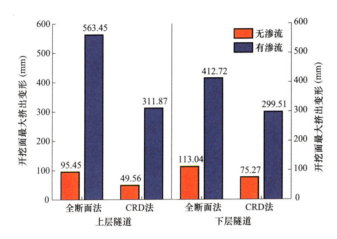

图 4-26　全断面法和 CRD 法施工开挖面挤出变形对比

83.54%）；CRD 法施工引起下层隧道拱腰水平位移 55.20mm，比采取全断面法施工时增加了 36.19mm（约 224.51%），变形增加效果显著；渗流作用下 CRD 法施工引起上层隧道拱底回弹 23.38mm，比全断面法施工时增加了 3.71mm（约 16.86%）。因此，渗流作用下 CRD 法施工对开挖面挤出变形影响效果最为显著，其次是拱腰收敛和拱顶沉降，对拱底回弹变形的影响程度最小。

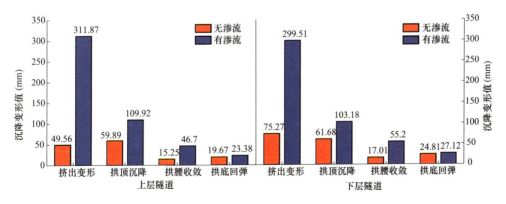

图 4-27　CRD 法施工开挖面各点变形对比

4.4.6 埋深对立交隧道开挖面稳定性影响

1. 计算工况

为分析埋深对立交隧道开挖面稳定性的影响，数值模拟针对上节 CRD 法开挖，考虑渗流的情况，补充 4 种分析工况，如表 4-6 所示，设定上层隧道埋深分别为 20m、26.0m、32.3m 和 36.7m，并以隧道埋深为 45.0m 时 CRD 法开挖工况为基础数据进行对比。

数值模拟计算工况   表 4-6

计算工况	工况 5	工况 6	工况 7	工况 8
隧道埋深	36.7m	32.3m	26.0m	19.7m

2. 计算结果与分析

考虑渗流作用时，在掌子面不施加支护力条件下，立交隧道采用 CRD 法施工掘进 40m 后，通过数值模拟计算得到工况 5 至工况 8 情况下上层隧道开挖面附近孔隙水压力分布情况如图 4-28 和图 4-29 所示。隧道埋深对孔隙水压力分布具有一定影响，总体上，地下水朝隧道开挖面方向流动，隧道掌子面处孔隙水压力为零；随着上层隧道埋深由 36.7m 逐步降低，地下水位线越来越靠近上层隧道，上层隧道受地下水渗流影响程

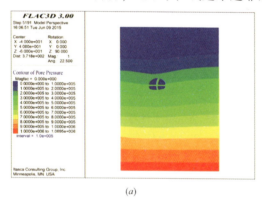
(a)

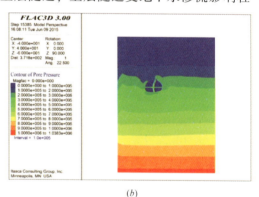
(b)

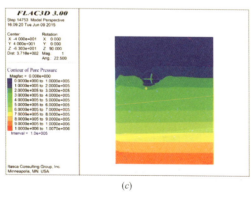
(c)

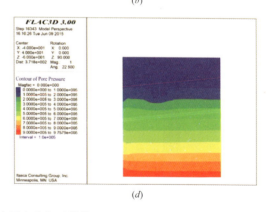
(d)

图 4-28 上层隧道孔隙水压力分布（单位：Pa）

（a）埋深 36.7m；（b）埋深 32.3m；（c）埋深 26.0m；（d）埋深 19.7m

度大于下层隧道；随隧道埋深减小，工况 5～8 情况下上层隧道拱顶处孔隙水压力逐步降低，上层隧道拱顶处孔隙水压力分别为 286105Pa、212600Pa、179511Pa、106586Pa、44564Pa，而下层隧道在埋深 32.3m 时孔隙水压力最大，下层隧道拱顶处孔隙水压力分别为 304901Pa、338126Pa、549696Pa、486316Pa、398027Pa。隧道拱顶孔隙水压力随埋深变化情况如图 4-30 所示。

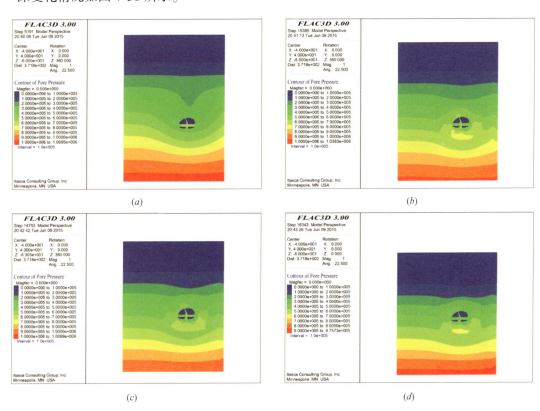

图 4-29　下层隧道孔隙水压力分布（单位：Pa）

（a）埋深 36.7m；（b）埋深 32.3m；（c）埋深 26.0m；（d）埋深 19.7m

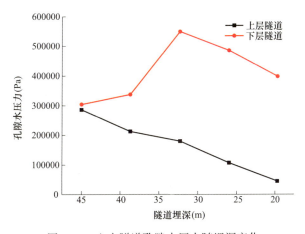

图 4-30　立交隧道孔隙水压力随埋深变化

与图 4-25（工况 4）类似，立交隧道开挖后，地下水渗流作用导致掌子面前方出现剪切和抗拉破坏，工况 5~8 围岩塑性区集中在隧道洞周以及开挖面前方约 8~12m（1.28~1.92 倍洞径）区域，掌子面前方塑性区破坏范围小于工况 4 的计算结果。随隧道埋深逐渐降低，地下水位线越来越靠近上层隧道，上层隧道掌子面前方塑性区破坏范围有逐渐减小趋势，当隧道埋深为 26.0m 时，上层隧道掌子面前方塑性区破坏范围减小至 8m，如图 4-31 所示。下层隧道洞周破坏范围显著大于上层隧道，下层隧道拱顶上方塑性区范围约 7.3m，随隧道埋深逐渐降低，下层隧道拱顶上方塑性区范围有逐渐减小的趋势，但下层隧道掌子面前方塑性区破坏范围总体上变化幅度不大，如图 4-32 所示。

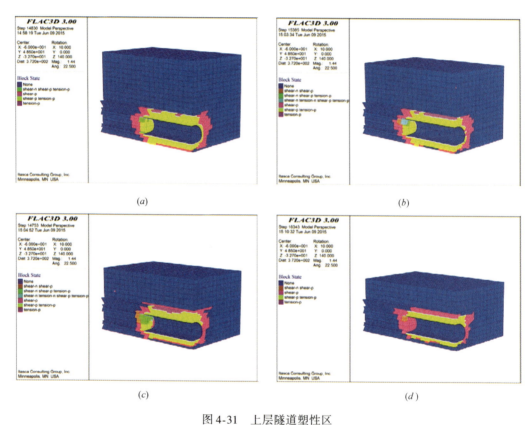

图 4-31　上层隧道塑性区
（a）埋深 36.7m；（b）埋深 32.3m；（c）埋深 26.0m；（d）埋深 20m

考虑渗流作用时，在掌子面不施加支护力条件下，立交隧道采用 CRD 法施工掘进 40m 后，工况 5~8 中上层隧道和下层隧道的开挖面挤出变形位移等值线图，如图 4-33 和图 4-34 所示。不同埋深条件下的上（下）层隧道开挖面挤出变形具有相似的变化规律，在中隔壁作用下，立交隧道上半断面的挤出变形显著大于其下半断面，中隔壁对隧道掌子面具有支撑作用，抑制掌子面的挤出变形的发展，中隔壁与掌子面接触的邻近部位挤出变形量要小于掌子面其余部位。随隧道埋深逐渐降低，工况 4~8 情况下立交隧道掌子面最大挤出变形逐步减小，上层隧道最大挤出变形分别为 311.87mm、

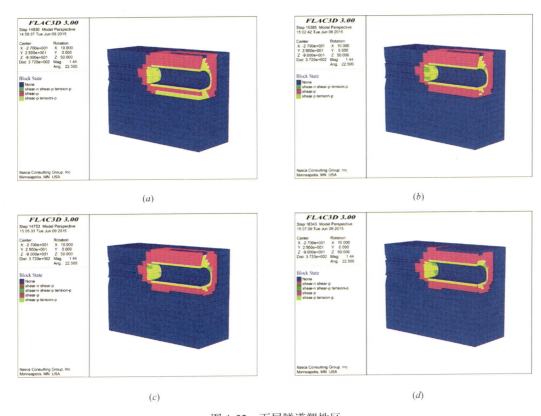

(a)

(b)

(c)

(d)

图 4-32 下层隧道塑性区

（a）埋深 36.7m；（b）埋深 32.3m；（c）埋深 26.0m；（d）埋深 20m

266.33mm、272.22mm、176.97mm、50.29mm，下层隧道最大挤出变形分别为 299.51mm、275.36mm、242.63mm、211.04mm、190.83mm。立交隧道掌子面最大挤出变形随埋深变化情况，如图 4-35 所示。

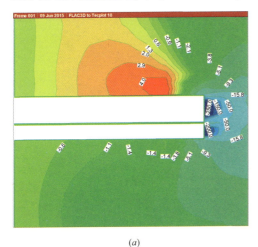

(a)

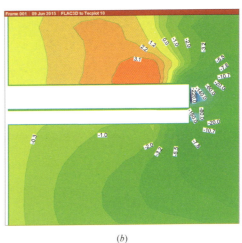

(b)

图 4-33 上层隧道等值线图（单位：mm）

（a）埋深 36.7m；（b）埋深 32.3m

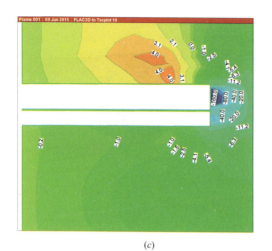
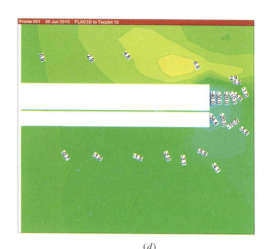

(c)

(d)

图 4-33　上层隧道开挖面位移等值线图（单位：mm）（续）

（c）埋深 26.0m；（d）埋深 19.7m

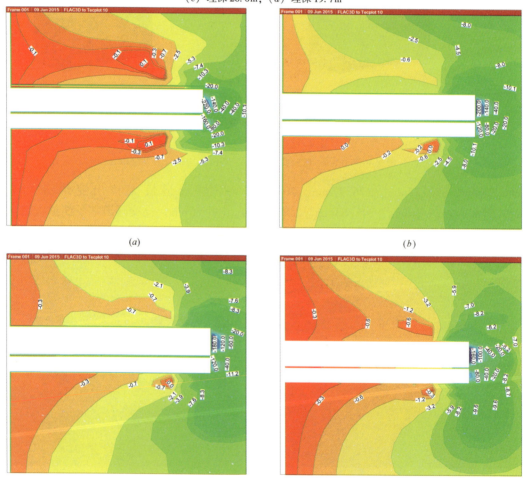

图 4-34　下层隧道开挖面位移等值线图（单位：mm）

（a）埋深 36.7m；（b）埋深 32.3m；（c）埋深 26.0m；（d）埋深 19.7m

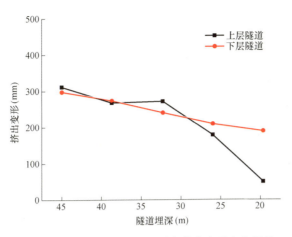

图 4-35 不同埋深下开挖面最大挤出变形变化规律

立交隧道采用 CRD 法施工时开挖面各点变形情况见表 4-7 和图 4-36 所示。在地下水渗流作用下掌子面挤出变形显著大于隧道拱顶沉降、拱腰收敛和拱底回弹。下层隧道掌子面挤出变形与隧道埋深线性关系显著，且随隧道埋深的降低逐渐减小，而上层隧道线性关系并不明显。隧道埋深为 45.0m 和 36.7m 时上、下层隧道挤出变形量相差不多，随埋深的减小两者的差距愈加明显，隧道埋深为 32.3m 和 26.0m 时上、下层隧道挤出变形相差分别为 29.59mm 和 32.07mm，当隧道埋深为 19.7m 时上、下层隧道挤出变形相差 140.54mm，表明渗流作用下对不同埋深情况的立交隧道挤出变形效果影响显著，随隧道埋深减小，上、下层挤出变形差值变化越大。

立交隧道开挖面各点变形对比（单位：mm）   表 4-7

隧道类型	变形类型	隧道埋深				
		45.0m	36.7m	32.3m	26.0m	19.7m
上层隧道	挤出变形	311.87	266.33	272.22	176.97	50.29
	拱顶沉降	109.92	96.03	96.621	72.50	40.19
	拱腰收敛	46.70	41.85	40.79	27.58	15.78
	拱底回弹	23.38	20.79	21.06	14.16	15.62
下层隧道	挤出变形	299.51	275.36	242.63	211.04	190.83
	拱顶沉降	103.18	93.35	81.10	70.67	64.73
	拱腰收敛	55.20	46.07	39.69	34.11	30.55
	拱底回弹	27.12	34.33	36.02	36.16	36.50

对上（下）层隧道掌子面各点变形数据进行线性回归，分析不同埋深条件下隧道开挖面各点变形的变化规律，如图 4-37 所示。上层隧道和下层隧道开挖面各点变形与埋深线性拟合的参数见表 4-8 和表 4-9 所示。隧道掌子面挤出变形、拱顶沉降和拱腰收敛与隧道埋深线性效果显著，掌子面各点变形随隧道埋深减小而降低；相比于上层隧道，下层隧道掌子面各点变形与埋深线性关系更为明显，下层隧道挤出变形拟合方程的

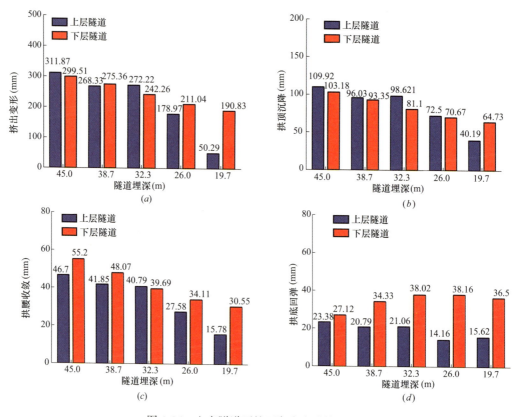

图 4-36　立交隧道开挖面各点变形结果对比

（a）挤出变形；（b）拱顶沉降；（c）拱腰收敛；（d）拱底回弹

校正决定系数为 0.99；拱底回弹线性拟合效果较差，其中，下层隧道拱底回弹拟合方程校正决定系数仅为 0.48。因此，立交隧道在渗流作用下采用 CRD 法施工时，根据拟合直线的斜率可以判断出掌子面挤出变形随隧道埋深变化幅度最大，拱顶沉降次之，而拱腰收敛变化幅度最小，拱底回弹与隧道埋深线性效果不显著。

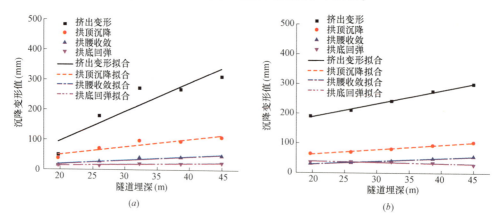

图 4-37　不同埋深下立交隧道开挖面各点变形规律

（a）上层隧道；（b）下层隧道

上层隧道开挖面各点变形与埋深之间线性关系 表4-8

编号	变形类型	拟合方程 $y = a + bx$ 参数确定			
		截距	斜率	校正决定系数	残差平方和
1	挤出变形	-96.31	9.67	0.80	6472.92
2	拱顶沉降	0.26	2.57	0.81	426.92
3	拱腰收敛	-4.32	1.20	0.87	62.28
4	拱底回弹	7.69	0.35	0.73	12.45

下层隧道开挖面各点变形与埋深之间线性关系 表4-9

编号	变形类型	拟合方程 $y = a + bx$ 参数确定			
		截距	斜率	校正决定系数	残差平方和
1	挤出变形	99.87	4.45	0.99	44.28
2	拱顶沉降	31.72	1.57	0.98	10.95
3	拱腰收敛	9.19	1.00	0.97	6.21
4	拱底回弹	46.38	-0.36	0.48	32.62

5 城市大跨隧道的安全性及其控制

在城市地下道路交通流组织中，分岔隧道往往是连接地下道路与地面道路的纽带，其中大跨段是城市地下道路分岔隧道这一结构形式中重要的组成部分，并具有超大的开挖断面特征，围岩应力变化和围岩与结构相互作用关系复杂，大跨段隧道断面面积大，单洞四车道公路隧道净断面面积通常都大于 $220m^2$。由于超大跨隧道复杂的力学特性，再加上城市隧道工程与地质环境的高度复杂性，在其设计和施工过程中尚没有统一的规范，而且超大跨隧道断面形式、衬砌结构参数以及施工工艺等方面的研究还比较少，可以借鉴的工程实例并不多，还有很多关键性的问题亟待解决。鉴于此，本章围绕城市大跨隧道的安全性及其控制这一核心问题，对断面扁平率优化、施工工法比选、支护与围岩施工过程力学特性分析等内容开展研究。

5.1 大跨隧道支护结构设计

5.1.1 一般原则

1. 根据大跨段的结构形式可以将其分为有、无中央分隔墙两种形式。对于无中隔墙的方案，左右洞的通风设计应联合考虑；对于有中隔墙的方案，通风设计过程中也应考虑两洞室之间的影响。

2. 当根据隧道通风需要必须设置中央分隔墙时，可以将其设计为仅仅分隔功能的轻型结构，也可以将其设计为能够承担一定变形荷载的承重结构。但中隔墙可能承担荷载时，应根据地质条件、结构刚度及施工工序等方面综合分析确定承担变形荷载的比例，根据承担的设计荷载进行内力分析，强度校核和稳定性验算。

3. 分岔隧道大跨段的支护采用复合式衬砌方案，即衬砌分两次或三次施作，一般条件下Ⅱ级与Ⅲ级围岩宜采用两层支护方案，Ⅳ级与Ⅴ级围岩可采用三层支护方案。

初期支护：对Ⅱ、Ⅲ级围岩地段由径向锚杆、钢筋网及喷射混凝土组成，对于Ⅳ、Ⅴ级围岩地段由工字钢拱架（钢筋格栅）、径向锚杆、钢筋网及喷射混凝土组成。

二次衬砌：对于两层衬砌方案，二次衬砌仅承担少量围岩变形荷载，对于三层衬砌方案，二层衬砌是对初级支护的补充加强，与初期支护共同组成主要承载结构。二次衬砌可采用型钢拱架混凝土或钢筋拱架混凝土结构。

三次衬砌：一般情况下三次衬砌可采用素混凝土结构，当围岩压力荷载较大需要第三层衬砌承担部分荷载时，可采用钢筋混凝土，其合理施作时间应严格按照监控量测数据进行，应尽可能发挥初期支护与二次衬砌的承载能力。

初级支护应边开挖边施作，三层支护方案的二次衬砌应在洞室开挖完成后及时施作甚至在施工开挖过程中分步施作。如果开挖完成后初期支护在后续施工期间不能完全稳定洞室，应立即施作二次支护，最后在确定洞室周边收敛变形基本稳定的条件下进行三次支护施工。

4. 大跨段支护参数应根据实际地形地质条件，结合拟定的施工开挖方法进行围岩稳定分析或进行结构强度校核后确定。

5.1.2 设计建议

北京城市地下道路分岔隧道大跨段由于其超大的开挖跨度和特殊的工程环境，结构支护设计与一般围岩隧道也有较大的不同。通过大跨段衬砌结构承载力计算，总结其受力特征，并提出相关设计建议如下：

1. 由于北京城市地下道路大跨段开挖跨度及开挖断面超大，地层条件相对较差，隧道开挖后势必引起较大的围岩压力，从而造成支护结构承受较大的内力。应基于荷载结构模型的计算结果并结合工程经验，综合确定大跨段支护结构的设计参数。

2. 在大跨段开挖阶段，较大的围岩压力引起初期支护（含临时支撑）产生较大的内力，安全系数普遍较低。建议工程条件允许时应考虑及时施作刚度、厚度均较大的二次衬砌，与初期支护联合承载抵抗较大的围岩压力。且鉴于隧道围岩压力超大，建议二次衬砌强度、刚度达到设计要求后再进行临时支撑的拆除。

3. 鉴于大跨段开挖阶段，初期支护（含临时支撑）的安全性较低，而且之所以安全性较低主要因为混凝土的抗拉能力较差所致，而初期支护（含临时支撑）中的钢架能够发挥较大的抗拉作用，因此，在进行初期支护（含临时支撑）设计时应适当缩短钢架间距，且喷混凝土尽量选择高性能材料。同时开展大跨段初期支护锚杆承载力试验，根据试验结果调整锚杆设计参数，充分发挥锚杆的承载能力。

4. 在大跨段二次衬砌施作阶段，尽管二次衬砌分担了较大的围岩压力，降低了初期支护内力，提高了其安全系数，可是鉴于围岩压力较大，初期支护拱部的安全性仍较低，不满足安全性要求，因此，建议适当加大超前小导管长度，减小环向间距并严格注浆。

5. 大跨段二次衬砌施做后，承受了较大的内力，尤其拱顶和拱肩截面弯矩很大，因此，大跨段二次衬砌应严格按照承载结构设计，并适当增大设计厚度和配筋率、提高混凝土设计标号和钢筋标号。

6. 大跨段三次衬砌作为安全储备，并承受一定的流变变形荷载，应尽量在二次衬砌变形稳定后施作，采用素混凝土结构。

5.2 大跨隧道施工优化及稳定性分析

5.2.1 施工工法优化

我国大断面隧道施工多采用以侧壁导坑法、CRD 法为主的分部开挖法，根据北京城市地下道路分岔隧道大断面段的实际情况，提出建议的备选施工工法如表5-1所示。其中表5-1中工法1（CRD法）和工法2（双侧壁法）是我国大断面隧道施工的常规工法，工法3和工法4结合了前两种工法。各层地层、支护结构和临时支撑的力学参数同前。

城市地下道路分岔隧道大断面段建议备选施工工法　　　表 5-1

施工工法	示意图	施工步序
工法1： CRD法	① ③ ② ④	步序1：开挖①部，施作初期支护、临时竖撑和临时横撑； 步序2：开挖②部，施作初期支护和临时竖撑； 步序3：开挖③部，施作初期支护和临时横撑； 步序4：开挖④部，施作初期支护
工法2： 双侧壁法	⑤ ① ⑥ ③ ② ⑦ ④	步序1：开挖①部，施作初期支护、临时竖撑和临时横撑； 步序2：开挖②部，施作初期支护和临时竖撑； 步序3：开挖③部，施作初期支护、临时竖撑和临时横撑； 步序4：开挖④部，施作初期支护和临时竖撑； 步序5：开挖⑤部，施作初期支护； 步序6：开挖⑥部，施作临时横撑； 步序7：开挖⑦部，施作初期支护
工法3： 双侧壁和CRD 结合七部开挖法	⑤ ⑤ ① ⑥ ③ ② ⑦ ④	步序1：开挖①部，施作初期支护、临时竖撑和临时横撑； 步序2：开挖②部，施作初期支护和临时竖撑； 步序3：开挖③部，施作初期支护、临时竖撑和临时横撑； 步序4：开挖④部，施作初期支护和临时竖撑； 步序5：开挖⑤部，施作初期支护和临时竖撑； 步序6：开挖⑥部，施作临时横撑和临时竖撑； 步序7：开挖⑦部，施作初期支护和临时竖撑
工法4： 双侧壁和CRD 结合8部开挖法	⑤ ⑥ ① ③ ② ⑦ ⑧ ④	步序1：开挖①部，施作初期支护、临时竖撑和临时横撑； 步序2：开挖②部，施作初期支护和临时竖撑； 步序3：开挖③部，施作初期支护、临时竖撑和临时横撑； 步序4：开挖④部，施作初期支护和临时竖撑； 步序5：开挖⑤部，施作初期支护和临时竖撑； 步序6：开挖⑥部，施作临时横撑和临时竖撑； 步序7、8：开挖⑦部、⑧部

1. 计算模型

鉴于本节的研究目的在于施工工法优化，采用FLAC3D软件建立分岔隧道大跨段的数值模型，模型尺寸定为 160m×3m×120m（纵向只有一个网格），计算模型共 2218 个单元，4584 个节点。

2. 地表沉降计算结果与分析

数值模型计算得到了分岔隧道大跨段不同施工方法对地表沉降的影响规律。其中地表中心点随开挖步序的关系曲线和地表沉降槽曲线分别如图 5-1 和 5-2 所示。可以看出：

（1）就各工法地表中心点最终沉降量而言：工法 4（73mm）＜工法 3（106mm）＜工法 1（135mm）＜工法 2（142mm）。因此，就控制地表沉降的能力而言，双侧壁法和 CRD 法相结合的工法 3 和工法 4 要明显强于其他两种工法。

（2）无论哪种工法，上半断面开挖对地表沉降的影响最为直接和明显，如工法1的CRD①部和③部开挖，工法2、工法3和工法4的两侧导坑和中间弧形导坑的开挖，尤其中间弧形导坑的开挖引起的沉降量占到了最终沉降量的90%以上。因此，上半断面施工是地表沉降控制的关键，下半断面施工重在及时支护封闭，减少上部支护的悬空时间。

（3）从4种工法施工引起的地表沉降槽可以看出，总体而言工法4控制地层变形的能力最强，然后依次是工法3和工法2，工法1控制地层变形的能力最弱，地层变形的影响范围也最大。

（4）工法2与工法1相比，用两侧的临时竖向支撑取代了临时中隔壁，相当于增强了竖向支撑，除隧道开挖轮廓线上方的区域外，其他部分的沉降量要明显小于工法1；工法3在工法2的基础上，增加了临时中隔壁，地表沉降量显著降低，地表最大沉降量降低了25%；工法4与工法3相比，将中间导洞分为两部分开挖，虽增加了施工步序，但有效地控制了地表沉降，地表最大沉降量降低了33%。

（5）综上所述，由于隧道断面大、地层条件差，各工法施工均会产生明显的地表沉降，为很好的控制城市地下道路分岔隧道大跨段的地表沉降，建议采用CRD法和双侧壁法相结合的工法4。

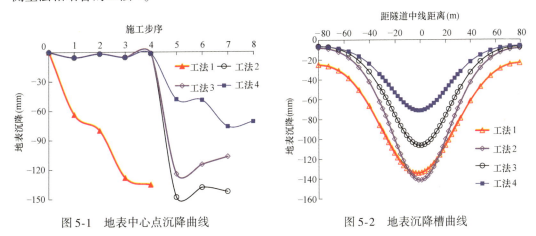

图 5-1 地表中心点沉降曲线　　　　图 5-2 地表沉降槽曲线

3. 洞周变形计算结果与分析

数值模拟得到了分岔隧道大跨段不同施工方法对拱顶沉降和水平变形的影响规律。计算结果表明：

（1）就各工法拱顶最大沉降量而言：工法4（70mm）＜工法3（100mm）＜工法1（120mm）＜工法2（140mm）。因此，就控制分岔隧道大跨段拱顶沉降的能力而言，工法4要明显强于其他三种工法。

（2）工法2与工法1相比，用两侧的临时竖向支撑取代了临时中隔壁，相当于增强了竖向支撑，除隧道开挖轮廓线上方的区域外，其他部分的沉降量要明显小于工法1，但没有临时中隔壁的工法2出现了较大的拱顶沉降和拱底隆起；工法3在工法2的基础上，增加了临时中隔壁，拱顶沉降量和拱底隆起量均显著降低，拱顶最大沉降量降低了29%；工法4与工法3相比，将中间导洞分为两部分开挖，虽增加了施工步序，但有效地控制了竖向变形，拱顶最大沉降量降低了30%。因此，为控制地层变形，临时中隔壁和各分部开挖的及时封闭都是十分必要的。

（3）分岔隧道大断面段也发生了较大的侧向变形：工法 4（78mm）＜工法 3（95mm）＜工法 2（125mm）＜工法 1（135mm）。因此，就控制分岔隧道大断面洞周侧向变形的能力而言，同样工法 4 要明显强于其他三种工法，但采用工法 4 施工时应注意中隔壁产生的侧向变形。

（4）分岔隧道大跨段较大的竖向变形主要集中拱顶和拱底，且变形量随距洞周距离的增大而递减，而侧向变形则不同，在洞周和地表均出现了左右对称的较大变形区，且洞周较大的侧向变形区主要集中在临时支撑与初期支护相邻的节点处。

（5）总体而言，由于隧道断面大，且北京城区地质条件相对较差，各工法施工均会引起立交隧道产生明显的洞周变形，尤其是沉降变形。因此，为很好的控制城市地下道路分岔隧道大断面段施工引起的洞周变形，建议采用能够同时很好控制拱顶沉降和水平变形的 CRD 法和双侧壁法相结合的工法 4。

4. 塑性区分布特征

数值模拟得到了分岔隧道大跨段不同施工方法对塑性区分布的影响规律，采用 FLAC3D 内置的 fish 语言提取了各工法施工引起的塑性区体积，并将 4 种工法进行了汇总，以工法 1 为基准得到了每种工法施工引起的塑性区体积（面积）相对量，如图 5-3 所示。可以看出：

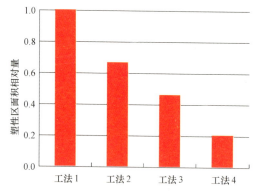

图 5-3　各工法施工引起的分岔隧道大跨段
塑性区相对量（以工法 1 为基准）

（1）各工法施工引起的立交隧道塑性区体积由大到小依次是工法 1、工法 2、工法 3 和工法 4。因此，就控制塑性区的能力而言，同样工法 4 要明显强于其他三种工法。

（2）无论哪种工法，分岔隧道大跨段塑性区主要集中在地表地层和隧道洞周区域，且在洞周拱脚和拱肩区域塑性区相对扩展较深，在洞周形成了"X"形的塑性破坏区。地表地层 10m 内为人工堆积层，地质条件最差，在分岔隧道施工影响下易出现塑性破坏区。竖向应力为主导的地应力条件和公路隧道扁平的断面形状造成了洞周"X"形的塑性破坏区。

（3）总体而言，由于隧道断面较大和北京城区地质条件较差，各工法施工均会引起分岔隧道大跨段产生明显的塑性破坏区，且当分岔隧道地层变形量时，塑性区范围会更大，严重时甚至贯通至地表。因此，为很好的控制城市地下道路分岔隧道大跨段施工引起的塑性区范围，建议采用能够很好控制塑性变形的 CRD 法和双侧壁法相结合的工法 4。

5.2.2　多层支护的必要性

为控制地层变形，多层支护技术（比复合衬砌还要多一层）在我国超大断面隧道施工中得到了成功应用，如郑西高速铁路高桥隧道在下穿既有铁路施工中采用了双层初期支护技术、兰渝铁路两水隧道为控制软弱围岩大变形而采用了双层初期支护技术、厦门机场路浅埋大跨隧道为控制地层变形对既有建筑物的影响而先后采用了双层二次衬砌技术和双层初期支护技术、牡绥线扩能改造工程兴源隧道为控制围岩大变形而采用了双层初期支护技术。

由于分岔隧道大跨段开挖断面极大，即使采用了 CRD 和双侧壁相结合的分部开挖法施工，仍产生了较大的地表沉降和洞周变形，且上节计算未考虑临时支撑拆除引起的附加变形量。可以推断，在临时支撑拆除后，围岩变形量会继续增大。

为分析拆除临时支撑引起的附加变形量，本节在上节计算的基础（二维模型）上进行了数值模拟分析。计算得到了 4 种工法临时支撑拆除后的附加变形量，其中地表中心点的附加变形量如图 5-4 所示。可见，4 种工法临时支撑的拆除均会引起较大的地层变形。因此，采用分段、分部拆除临时支撑，且在临时支撑拆除前应增设第二层支护结构（钢架喷混凝土或模筑混凝土）是十分必要的。

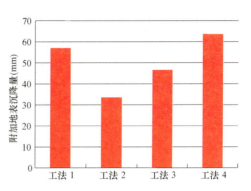

图 5-4　各工法施工引起的分岔隧道大跨段地表中心点附加沉降量

5.2.3　稳定性分析

通过分岔隧道大跨段施工工法优化，CRD 法和双侧壁法相结合的工法 4 被推荐为建议工法。本节针对该工法施工影响下分岔隧道大跨段的围岩稳定性及支护结构的受力特性进行三维数值模拟分析。

1. 大跨段位移场特征

数值模拟得到了分岔隧道大跨段随施工步序的地表沉降和拱顶沉降曲线，可以看出：

（1）随着施工步序的不断推进，分岔隧道大跨段地表沉降和拱顶沉降逐渐增大，且二者增大趋势基本一致，反映出隧道开挖引起的围岩变形传递的"自下向上"性，这一点在沉降云图中更加直观，同时反映出控制拱顶沉降和控制地表沉降具有统一性。

（2）在分岔隧道大跨段各施工步序中，开挖中导洞弧形导坑引起的地层变形量最大，应作为分岔隧道大跨段围岩变形控制的关键步序。

（3）由沉降云图的演化过程可知，当两侧导坑开挖时，较大的围岩变形主要集中在开挖轮廓线周围两节点之间的中间跨度处，呈蘑菇云状向洞周逐渐扩散，形成了一个个"拱形"位移等值线，临时支撑有效地控制了围岩变形，初期支护与临时支撑的节点将一个大的"拱形"位移等值线分割为两个较小的"拱形"位移等值线，在隧道开挖完成后在隧道的开挖轮廓线正上方形成了一个显著的整体沉降区。

2. 大跨段支护结构应力特征

数值模拟得到了分岔隧道大跨段随施工步序的支护结构最大主应力（拉为正）和最小主应力分布情况，计算结果表明：

（1）分岔隧道大跨段采用 CRD 法和双侧壁法相结合的工法 4 施工，由于支护结构与围岩刚度比（弹性模量比）较大，且为各步序开挖后立即施作，支护结构承受了较大的围岩应力，产生了较大的"拉"、"压"应力（有些步序超过了 20MPa）。

（2）分岔隧道大跨段各步序施工中，支护结构应力集中现象十分明显，如较大的拉应力主要集中在支护结构（包括临时支撑）的节点处，其中支护结构与临时支撑相邻节点的拉应力集中尤其明显，而较大的压应力主要集中在竖向临时支撑的中间部位或隧道侧墙的中间位置。由于较大的拉应力对由混凝土结构构成的支护结构的稳定性影响更为显著，因此，分岔隧道大跨段支护结构各节点的安全稳固连接成为整个支护结构稳定性控制的重点。

（3）随着施工步序的不断推进，分岔隧道大跨段支护结构受力状态不断调整，最大"拉"、"压"应力呈波动性变化，而在分岔隧道大跨段开挖完成后，支护结构封闭成环，最大"拉"、"压"应力均显著降低，应力状态向有利于稳定的方向调整。因此，这也从理论上证明了支护结构的及时封闭不仅可以有效地控制围岩变形，而且对支护结构的受力状态更加有利。

3. 大跨段支护结构变形特征

数值模拟得到了分岔隧道大跨段随施工步序的支护结构变形和最大变形发展曲线，可以看出：

（1）尽管分岔隧道大跨段采用了 CRD 法和双侧壁法相结合的工法 4 施工，可是由于隧道开挖断面极大，地层物理力学参数较低，各步序开挖均引起支护结构产生了较大的变形，最大变形一度达到了 146mm。

（2）由于隧道开挖引起的应力释放是引起围岩变形的主要原因，各步序开挖引起的地层变形方向多指向隧道开挖的中心位置。

（3）从支护结构大变形分布位置来看，与各节点处应力集中相反，较大的变形主要集中在非节点的跨中位置，如竖向中隔壁拱顶和拱底两侧的位置。

（4）分岔隧道大跨段第一步开挖后，支护结构就产生了较大的变形，达到了70mm，随着施工步序的不断推进，分岔隧道大跨段支护结构最大变形在经历了前四步的波动变化之后，在第五步施工时更是由第四步完成后的 45.2mm 突变增至 112mm，增大了约 150%。可见，超前导洞开挖和中间导洞弧形导坑的开挖都将是分岔隧道大跨段变形控制的关键步序。

（5）支护结构的及时封闭同样有利于控制隧道变形，如在分岔隧道大跨段开挖中，第 5 部开挖没有将支护结构封闭成环，隧道支护结构拱顶及中隔壁均发生了较大变形。

5.2.4　施工建议

根据分岔隧道大跨段施工工法优化及围岩稳定性分析的研究结论，结合大跨段衬砌结构承载力计算结果和工程经验，提出北京城市地下道路分岔隧道大跨段施工建议如下：

1. 由于隧道断面大，且北京城区地质条件相对较差，各工法施工均会引起立交隧道产生明显的洞周变形（尤其是沉降变形）、地表沉降和塑性破坏区。因此，为很好的控制城市地下道路分岔隧道大断面段施工引起的洞周变形，建议采用能够同时很好控制拱顶沉降和水平变形的 CRD 法和双侧壁法相结合工法进行施工，具体施工步骤如表5-2所示。

城市地下道路分岔隧道大跨段建议施工工法　　　　　　　　　　表5-2

施工工法	示意图	施工步序
大跨段施工：双侧壁和 CRD 结合开挖法	⑤ ⑥ ① ③ ② ④ ⑦ ⑧	步序1：开挖①部，施作初期支护、临时竖撑和临时横撑； 步序2：开挖②部，施作初期支护和临时竖撑； 步序3：开挖③部，施作初期支护、临时竖撑和临时横撑； 步序4：开挖④部，施作初期支护和临时竖撑； 步序5：开挖⑤部，施作初期支护和临时竖撑； 步序6：开挖⑥部，施作临时横撑和临时竖撑； 步序7、8：开挖⑦部、⑧部

2. 在分岔隧道大跨段各施工步序中，开挖中导洞弧形导坑引起的地层变形量和地表沉降量最大，应作为分岔隧道大跨段围岩变形控制的关键步序。且当两侧导坑开挖时，较大的围岩变形主要集中在开挖轮廓线周围两节点之间的中间跨度处，呈蘑菇云状向洞周逐渐扩散，形成了一个个"拱形"位移等值线，临时支撑有效地控制了围岩变形，初期支护与临时支撑的节点将一个大的"拱形"位移等值线分割为两个较小的"拱形"位移等值线，在隧道开挖完成后在隧道了开挖轮廓线正上方形成了一个显著的整体沉降区。

3. 根据连续介质模型计算结果，分岔隧道大跨段各步序施工中，支护结构应力集中现象十分明显，如较大的拉应力主要集中在支护结构（包括临时支撑）的节点处，其中支护结构与临时支撑相邻节点的拉应力集中尤其明显，而较大的压应力主要集中在竖向临时支撑的中间部位或隧道侧墙的中间位置。由于较大的拉应力对由混凝土结构构成的支护结构的稳定性影响更为显著，因此，分岔隧道大跨段支护结构各节点的安全稳固连接成了整个支护结构稳定性控制的重中之重。

4. 根据荷载结构模型计算结果，在大跨段开挖阶段，临时支撑的安全性普遍较低，尤其临时支撑之间或与初期支护的连接节点处的安全性更低；临时支撑将超大断面分割成多个小断面，其中中间竖向临时支撑承受了较大的竖向压力，有效地减小了初期支护拱顶的内力（尤其弯矩）；除竖向支撑外的其他支撑则承受了不同的程度的拉应力作用，而混凝土的抗拉能力很差，造成其安全系数较低，再次印证了临时支撑及其节点的施作质量控制对于整个支护体系稳定的重要意义。

5.3　分岔隧道大跨段扁平率优化

针对北京城市地下道路分岔隧道大跨段而言，其跨度很大，结构扁平，合理的扁平率设计对于节约成本和增加结构安全性都有至关重要的作用，因此扁平率优化对于分岔隧道大跨段的设计施工意义重大。首先利用 FLAC3D 软件对 5 种不同扁平率下的隧道进行施工模拟和数值分析，得到结构的受力特点以及围岩变形破坏等情况；再通过层次分析法对影响隧道经济性、稳定性与安全性的开挖面积、地表沉降、拱顶沉降、水平位移、安全系数以及塑性区面积等目标值进行优化并计算其权值，最终选出最优扁平率。该研究结论和建议可为北京城市地下道路隧道规划与纵断面设计提供参考。

5.3.1 超大跨隧道扁平率优化研究现状

大跨段是城市地下道路分岔隧道这一结构形式中重要的组成部分，并具有超大的开挖断面特征，围岩应力变化和围岩与结构相互作用关系复杂，大跨段隧道断面面积大，就拿单洞四车道公路隧道来说，净断面面积通常都大于 $220m^2$。当车道数增加的时候，隧道开挖跨度也随之增大，在施工过程中，如果采用一般双车道公路隧道设计方法设计断面时，将会造成较大的空间浪费，断面的利用率会随之降低，从一定程度上来说会造成施工不经济，因此，大跨段隧道一般情况下会设计成扁平形状。

隧道扁平率是指隧道高度与跨度的比值。隧道在断面尺寸设计时，在保证建筑限界的基础上，尽量减小拱顶高度，减小限界以上多余净空，减少土方开挖，进而节约工程造价，此时需要减小扁平率，但扁平率的降低会造成隧道稳定性降低，结构受力更加不利，带来安全隐患。因此，如何在保证结构安全的同时降低工程造价，选择合适的扁平率则成为研究的重点。

曾中林（2006）开展了关于单拱四车道公路隧道断面设计优化的研究，采用层次分析法对大断面隧道进行多目标优化，综合考虑隧道经济性和稳定性，得到结论是，宽度为24m的隧道扁平率为0.53的断面优于扁平率为0.45和0.60的断面。曾宜江、杨小礼（2008）以广州龙头山单拱四车道公路隧道为背景，采用FLAC2D数值软件模拟分析了不同扁平率对隧道断面的力学特征影响规律，研究结果表明，扁平率过小将导致围岩塑性区大、拱顶下沉、边墙应力集中严重等现象；宽度为20.5m单拱四车道公路隧道扁平率控制在0.61~0.63较为合理。曾宜江（2009）采用层次分析法和熵权法，从经济和稳定性角度出发，综合考虑开挖面积、拱脚应力集中、竖向收敛、喷射混凝土和衬砌工作量，得到结论是，宽度为20m的隧道，扁平率为0.63的隧道断面优于扁平率0.50、0.55和0.65的断面。陈卫忠、王辉、田洪铭等（2011）采用大型有限元分析软件ABAQUS研究5种扁平率下隧道结构的稳定性和变形破坏情况，运用层次分析法对开挖面积、水平位移、地表沉降和拱顶下沉等目标值进行优化，隧道设计开挖宽度为16.65m，提出在扁平率为0.53、0.55、0.57、0.59和0.61中扁平率0.59为最优的。顾洪源（2013）以双洞8车道隧道工程为背景，通过数值模拟及理论分析，对断面扁平率和间距进行优化研究，结果表明，在不考虑其他因素时，对于单洞开挖跨度为21m的隧道，断面高宽比为2.0时比较理想，隧道位移及应力分布较好；对考虑行车建筑限界等因素的实际工程，高宽比为0.6333是合理的。

合理的隧道断面有利于提高隧道空间的使用率，满足隧道的受力状态，增强围岩的稳定性，从经济上和安全上能够达到统一。以分岔隧道大跨段为研究对象，隧道埋深为35m，设计开挖宽度为32m，具有浅埋、扁平、超大断面的特点。利用FLAC3D有限差分软件进行数值分析，得到5种扁平率条件下结构的收敛变形、地表沉降、结构受力以及塑性区变化规律；然后采用层次分析法，以断面面积、地表沉降、拱顶沉降、水平位移、安全系数和塑性区面积为目标参数，对分岔隧道大跨段断面形式进行方案比选，最终提出合理的扁平率，从而为城市地下道路大断面隧道支护结构设计提供参考。

5.3.2 层次分析法概述

层次分析法（analytic hierarchy process，AHP）是 20 世纪 70 年代初美国著名运筹学家 T. L. Saaty 提出的一种定性与定量分析相结合多目标决策分析方法。这种方法的优点在于利用较少的定量信息使决策的思维过程系统化、数学化和模型化，从而为多目标、多准则或无结构特性的复杂决策问题提供简便的评价方法。

层次分析法首先把问题层次化，将决策问题按总目标、各层子目标、评价准则直至具体的备投方案的顺序分解为不同的层次结构，构成一个多层次的分析结构模型，分为最低层（供决策的方案、措施等）、中间层（准则或指标层）和最高层（目标层）。层次分析法比较适合于具有分层交错评价指标的目标系统，而且目标值又难于定量描述的决策问题。其用法是构造判断矩阵，然后用求解判断矩阵特征向量的办法，求出其最大特征值及其所对应的特征向量 W，归一化后，即为某一层次指标对于上一层次某相关指标的相对重要性权值，最后再用加权和的方法得到备选方案对总目标的最终权重，权重最大者即为最优方案。因此，层次分析法主要应用于相对最高层（总目标）的相对重要性权值的确定或相对优劣次序的排序问题。

层次分析法计算步骤如下：建立递阶层次结构模型、构造成对比较的判断矩阵、层次单排序及其一致性检验、层次综合排序及其一致性检验。

5.3.3 数值模型

1. 数值模拟工况

针对北京城市地下道路分岔隧道大跨段，采用 FLAC3D 软件建立三维模型，隧道采用暗挖法施工，隧道底板埋深固定为 53m。根据圣维南原理和实际需要，整个模型计算范围为 160m × 1m × 120m（长 × 宽 × 高），模型网格划分如图 5-5 所示。

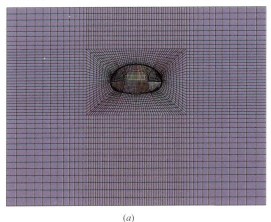
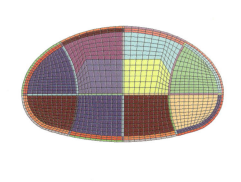

(a) (b)

图 5-5 扁平率 0.55 的数值模型网格

（a）模型整体网格；（b）模型局部网格

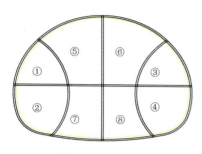

图 5-6　开挖顺序

北京城市地下道路分岔隧道大跨段数值模拟开挖方法采用双侧壁导坑法和 CRD 法相结合的工法，如图 5-6 所示，具体施工步序为。（1）开挖左侧小导洞①，应力释放 10% 后喷射混凝土初期支护。（2）开挖左侧小导洞②，应力释放 10% 后喷射混凝土初期支护。（3）开挖右侧小导洞③，应力释放 10% 后喷射混凝土初期支护。（4）开挖右侧小导洞④，应力释放 10% 后喷射混凝土初期支护。（5）开挖中间上方左侧土体⑤，在应力释放 10% 后喷射混凝土初期支护并设置临时支撑。（6）开挖中间上方右侧土体⑥，在应力释放 10% 后喷射混凝土初期支护并设置临时支撑。（7）开挖中间下方左侧土体⑦，在应力释放 10% 后喷射混凝土初期支护并设置临时支撑。（8）开挖中间下方右侧土体⑧，在应力释放 10% 后喷射混凝土初期支护并设置临时支撑。

2. 计算参数

根据北京城市地下道路地质条件，结合本研究隧道断面形态以及隧道断面的开挖特点，扁平率的变化范围设定为 0.55～0.75。首先选用 0.55、0.6、0.65、0.7 和 0.75 五种扁平率，所对应的断面形式如图 5-7 所示，图中由下向上，扁平率从 0.55 至 0.75 依次以 0.05 递增。

假定 5 种地层均为理想弹塑性材料，且满足摩尔库仑屈服准则，两个水平方向的地层侧压力系数均为 0.4。

5.3.4　计算结果与分析

1. 地表沉降

从计算结果中可知，对于 5 种扁平率

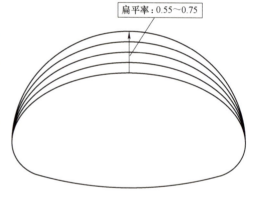

扁平率：0.55～0.75

图 5-7　隧道断面形式

对应的地表沉降曲线分布特征基本一致，如图 5-8 所示。从图 5-8（a）可以看出，地表沉降槽曲线呈 "V" 形，且距离隧道中心线越近，地表沉降量越大；从图 5-8（b）可以看出，不同扁平率对应的地表沉降随开挖步序的变化曲线走势基本一致，且在第 4 步开挖之前，地表沉降缓慢增大，而后，地表沉降快速增大；从图 5-8（c）可以看出，随着扁平率增大，地表沉降逐渐增大，这是由于不同扁平率下的隧道底板埋深固定，随着扁平率的增大，隧道开挖面积增大，且隧道埋深变浅，因而地表沉降逐渐增大。

2. 拱顶沉降和水平收敛

拱顶沉降随扁平率的变化曲线如图 5-9（a）所示，可以看出，随着扁平率的增大，拱顶沉降也逐渐增大，且在扁平率小于 0.6 时，拱顶沉降缓慢增长；扁平率超过 0.6 时，拱顶沉降快速增长。水平收敛随扁平率的变化曲线如图 5-9（b）所示，可以看出，随着扁平率的增大，水平收敛先缓慢减小后快速增大，且在扁平率为 0.6 时，水平收敛

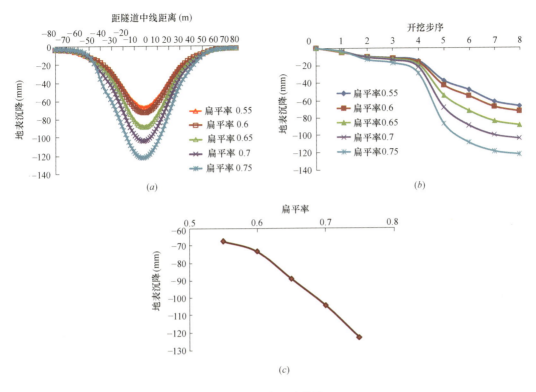

图 5-8 地表沉降曲线

（a）地表沉降槽曲线；（b）地表沉降随开挖步序的变化曲线；
（c）地表沉降随扁平率的变化曲线

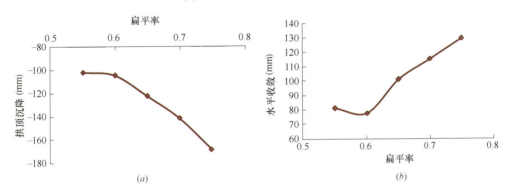

图 5-9 隧道拱顶沉降和水平收敛随扁平率的变化曲线

（a）拱顶沉降；（b）水平收敛

最小。

3. 支护结构受力特性

各扁平率下支护结构的受力特性用初期支护（含临时支撑）的最大、最小主应力来反应，如图 5-10 所示；初期支护（含临时支撑）的最大拉应力随扁平率的变化曲线如图 5-11 所示。可以看出，支护结构所受的最大拉应力均出现在横向临时支撑的左右

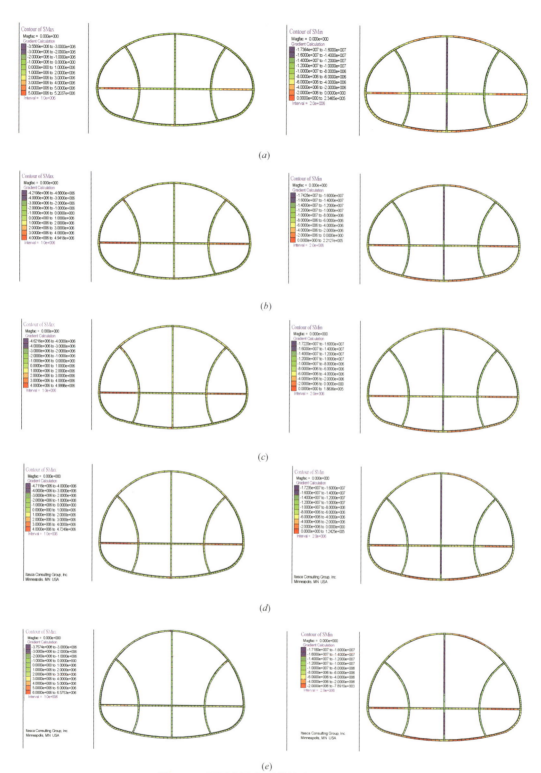

图 5-10　不同扁平率下的最大、最小主应力

（a）扁平率 0.55；（b）扁平率 0.6；（c）扁平率 0.65；（d）扁平率 0.7；（e）扁平率 0.75

侧处，大小在 4~7MPa，扁平率为 0.7 时最小（4.72MPa），由于较大的拉应力对由混凝土结构构成的支护结构的稳定性影响更为显著，因此，初期支护与临时支撑各节点的安全稳固连接成为整个支护结构稳定性控制的重中之重。

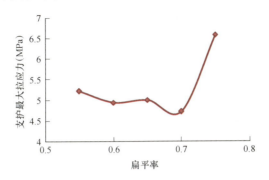

图 5-11　初支（含临时支撑）最大拉应力随扁平率的变化曲线

4. 围岩塑性区分布

不同扁平率下的塑性区分布情况如图 5-12 所示。随着扁平率增大，塑性区面积不断增大，这是由于不同扁平率下隧道底板埋深固定，致使随着扁平率增大，隧道开挖面积增大，且隧道埋深变浅，隧道围岩稳定性越差。扁平率为 0.55 时，地面塑性区与洞周塑性区并不相交，而随着扁平率的增大，地面塑性区先与隧道左侧拱肩塑性区相交，而后随着扁平率的继续增大，地面塑性区与隧道右侧拱肩塑性区相交。从塑性区面积随扁平率的变化曲线中可以看出，随着扁平率的增大，塑性区面积先减小后增大，在扁平率为 0.6 时最小。

5. 围岩破坏严重度

不同扁平率下隧道围岩破坏严重度的变化曲线如图 5-13 所示。可以看出，随着扁平率的增大，隧道围岩破坏严重度逐渐增大，隧道围岩稳定性越差。

5.3.5　分岔隧道大跨段合理扁平率确定

1. 目标函数

根据数值计算结果，可以得到如下表 5-3 所示优化目标函数值，包括地表沉降量、拱顶沉降量、水平位移量、支护所受最大拉应力以及塑性区面积的大小。从表中可以看出，随着扁平率增大，开挖面积、地表沉降量、拱顶沉降量逐渐增大，水平位移量、支护所受最大拉应力、塑性区面积先减小后增大的趋势。根据这些参数随扁平率的变化情况，从而分析得出不同扁平率对这些参数的影响程度，进而开展层次分析和最优断面筛选。

不同扁平率隧道开挖优化目标函数值　　　　　　　　　　　　　表 5-3

扁平率	开挖面积（m²）	地表沉降（mm）	拱顶沉降（mm）	水平位移（mm）	支护最大拉应力（MPa）	塑性区面积（m²）	围岩破坏严重度
0.55	412.77	67.38	101.73	81.07	5.22	1490.2	7.9
0.6	449.51	73.21	104.53	77.59	4.94	1456.7	6.6
0.65	486.29	89.06	122.64	101.32	5.00	1719.2	10.1
0.7	523.07	104.41	141.93	115.56	4.72	1842.6	11
0.75	559.86	123.10	169.30	130.01	6.58	1866.6	14.2

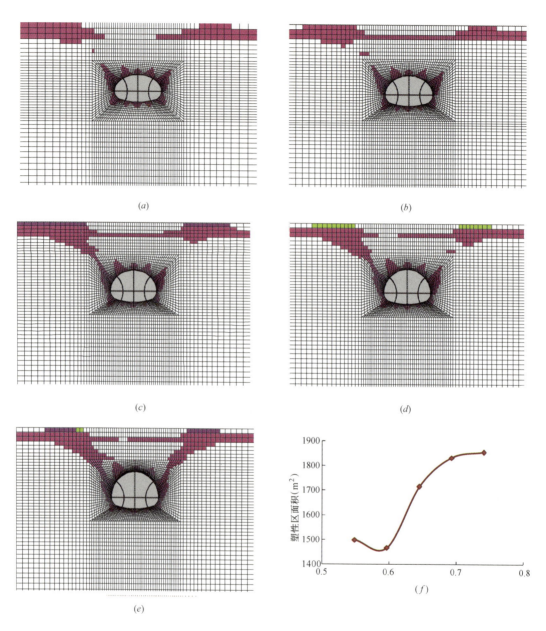

图 5-12　不同扁平率下围岩塑性区分布

（a）扁平率 0.55；（b）扁平率 0.6；（c）扁平率 0.65；

（d）扁平率 0.70；（e）扁平率 0.75；（f）塑性区面积随扁平率的变化曲线

2. 建立隧道埋深优化层次图

采用层次分析法对分岔隧道大跨段断面形式进行多目标优化，以开挖面积、地表沉降、拱顶沉降、水平位移、支护所受最大拉应力、塑性区面积和破坏严重度为指标，在既定跨度前提下，对隧道扁平率进行优选（C_1，C_2，C_3，C_4，C_5 分别代表扁平率为 0.55，0.6，0.65，0.7，0.75 五种断面形式）。隧道断面优化层次模型见图 5-14。

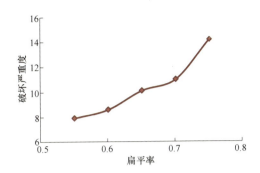

图 5-13　围岩破坏严重度随扁平率的变化曲线

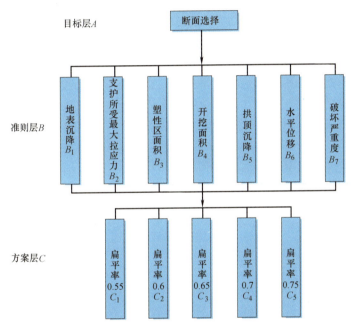

图 5-14　隧道断面优化层次模型

3. 构造成对比较矩阵及层次单排序

根据图 5-14，构造各层次的分析比较矩阵。判断矩阵元素的值根据各指标相对重要性的排序：地表沉降 > 支护所受最大拉应力 > 开挖面积 > 拱顶沉降 > 水平位移 > 破坏严重度，通过采用 Saaty 判断矩阵标准度及其倒数的标度方法，进行两两比较而确定的。根据准则层 B 对于目标层 A 的相对重要性得到判断矩阵 A-B 如表 5-4 所示。

矩阵 A-B 及其特征向量　　　　　　　　　　　　　　表 5-4

A	B_1	B_2	B_3	B_4	B_5	B_6	B_7	权向量 ω_A
B_1	1	9/8	5/4	2	3	7/2	5	0.258
B_2	9/8	1	7/6	3/2	2	5/2	7/2	0.203
B_3	4/5	6/7	1	4/3	3/2	2	3	0.171
B_4	1/2	2/3	3/4	1	4/3	3/2	5/2	0.131

A	B_1	B_2	B_3	B_4	B_5	B_6	B_7	权向量 ω_A
B_5	1/3	1/2	2/3	3/4	1	5/4	2	0.101
B_6	2/7	2/5	1/2	2/3	4/5	1	3/2	0.081
B_7	1/5	2/7	1/3	2/5	1/2	2/3	1	0.054

对比矩阵最大特征值 $\lambda_{\max} = 7.0181$，计算一致性指标：

$$CI = \frac{\lambda_{\max} - n}{n - 1} = \frac{7.0181 - 7}{7 - 1} = 0.00301 \tag{5-1}$$

阶数为 7 时，平均随机一致性指标 $RI = 1.32$，则一致性比率为：

$$CR = \frac{CI}{RI} = \frac{0.00301}{1.32} = 0.00228 < 0.1 \tag{5-2}$$

通过检验，判断矩阵 A-B 的不一致程度在容许范围之内，因此对比矩阵构造是合理的。

在数值计算结果分析以及经验的基础上，根据方案层 C 中各方案对准则层 B 的影响程度，做出适当简化，得到 5 种不同扁平率关于准则层中 7 个评判标准的判断矩阵如表 5-5 所示，并根据判断矩阵计算权重。根据判断矩阵求得的各准则的最大特征值以及一致性判断见表 5-6。可以看出，由于各个一致性比率均小于 0.1 可知，判断矩阵 $B_i - C_j$ 通过了一致性检验，因此对比矩阵构造是合理的。

4. 层次总排序及一致性检验

设 $W_A = \omega_A^T$，$W_B = (\omega_{B_1}^T, \omega_{B_2}^T, \omega_{B_3}^T, \omega_{B_4}^T, \omega_{B_5}^T, \omega_{B_6}^T, \omega_{B_7}^T)$，则层次总排序为：

$$W = W_B W_A = \begin{bmatrix} 0.332 & 0.133 & 0.350 & 0.339 & 0.323 & 0.295 & 0.336 \\ 0.295 & 0.241 & 0.372 & 0.251 & 0.308 & 0.342 & 0.274 \\ 0.194 & 0.227 & 0.137 & 0.182 & 0.182 & 0.181 & 0.183 \\ 0.115 & 0.361 & 0.074 & 0.132 & 0.118 & 0.112 & 0.142 \\ 0.064 & 0.038 & 0.067 & 0.097 & 0.069 & 0.070 & 0.064 \end{bmatrix} \begin{bmatrix} 0.258 \\ 0.203 \\ 0.171 \\ 0.131 \\ 0.101 \\ 0.081 \\ 0.054 \end{bmatrix} = \begin{bmatrix} 0.292 \\ 0.296 \\ 0.186 \\ 0.162 \\ 0.065 \end{bmatrix}$$

$$\tag{5-3}$$

可见，不同扁平率的权重重排序为：C_2（扁平率 0.6）> C_1（扁平率 0.55）> C_3（扁平率 0.65）> C_4（扁平率 0.7）> C_5（扁平率 0.75）。即扁平率 0.6 是这 5 种方案中最优的。

一致性检验如下（5 阶平均随机一致性指标 $RI = 1.12$）：

$$CI_{总} = \sum_{i=1}^{n} \omega_{A_i} CI_i^{(k)} = 0.010996 \tag{5-4}$$

$$RI_{总} = \sum_{i=1}^{n} \omega_{A_i} RI_i^{(k)} = 1.12 \tag{5-5}$$

$$CR_{总} = \frac{CI_{总}}{RI_{总}} = 0.009818 < 0.1 \tag{5-6}$$

表 5-5

判断矩阵 B_i-C_j 及其特征向量

B_i	C_1	C_2	C_3	C_4	C_5	权向量 ω_{B_i}						
						ω_{B_1}	ω_{B_2}	ω_{B_3}	ω_{B_4}	ω_{B_5}	ω_{B_6}	ω_{B_7}
C_1	$1(1,1,1,1,1)$	$\frac{6}{5}\left(\frac{1}{2},\frac{5}{6},\frac{3}{2},\frac{9}{8},\frac{5}{6},\frac{4}{3}\right)$	$2\left(\frac{1}{2},\frac{7}{2},2,2,2,2\right)$	$3\left(\frac{1}{3},\frac{9}{2},\frac{5}{2},\frac{8}{3},3,\frac{7}{3}\right)$	$4\left(5,\frac{9}{2},3,4,\frac{7}{2},\frac{9}{2}\right)$	0.332	0.133	0.350	0.339	0.323	0.295	0.336
C_2	$\frac{5}{6}\left(2,\frac{6}{5},\frac{2}{3},\frac{8}{9},\frac{3}{5},\frac{3}{4}\right)$	$1(1,1,1,1,1,1)$	$\frac{9}{5}\left(\frac{9}{8},3,\frac{3}{2},2,\frac{9}{5},\frac{5}{4},3\right)$	$\frac{8}{3}\left(\frac{3}{5},\frac{9}{2},2,\frac{8}{3},3,2\right)$	$4\left(6,5,\frac{5}{2},4,4,4\right)$	0.295	0.241	0.372	0.251	0.308	0.342	0.274
C_3	$\frac{1}{2}\left(2,\frac{2}{7},\frac{1}{2},\frac{1}{2},\frac{1}{2},2\right)$	$\frac{5}{9}\left(\frac{8}{9},\frac{1}{3},\frac{2}{3},\frac{1}{2},\frac{4}{3},\frac{2}{5}\right)$	$1(1,1,1,1,1,1)$	$2\left(\frac{4}{7},\frac{9}{4},2,\frac{9}{5},2,\frac{3}{2}\right)$	$\frac{7}{2}\left(6,\frac{5}{2},2,3,3,3\right)$	0.194	0.227	0.137	0.182	0.182	0.181	0.183
C_4	$\frac{1}{3}\left(3,\frac{2}{9},\frac{2}{5},\frac{3}{8},\frac{3}{8},\frac{1}{7}\right)$	$\frac{3}{8}\left(\frac{5}{3},\frac{2}{3},\frac{1}{2},\frac{3}{2},\frac{1}{3},\frac{1}{2}\right)$	$\frac{1}{2}\left(\frac{7}{4},\frac{4}{9},\frac{2}{3},\frac{5}{9},\frac{1}{2},\frac{2}{3}\right)$	$1(1,1,1,1,1,1)$	$\frac{9}{4}\left(7,\frac{7}{6},\frac{3}{2},2,2,\frac{8}{3}\right)$	0.115	0.361	0.074	0.132	0.118	0.112	0.142
C_5	$\frac{1}{4}\left(\frac{1}{5},\frac{2}{9},\frac{1}{3},\frac{1}{4},\frac{2}{7},\frac{2}{9}\right)$	$\frac{1}{4}\left(\frac{1}{6},\frac{6}{5},\frac{5}{2},\frac{1}{4},\frac{1}{4},\frac{1}{4}\right)$	$\frac{2}{7}\left(\frac{1}{2},\frac{2}{5},\frac{5}{2},\frac{1}{3},\frac{1}{3},\frac{1}{3}\right)$	$\frac{4}{9}\left(\frac{1}{7},\frac{7}{6},\frac{2}{3},\frac{1}{2},\frac{3}{2},\frac{3}{8}\right)$	$1(1,1,1,1,1,1)$	0.064	0.038	0.067	0.097	0.069	0.070	0.064

因此，层次总排序具有满意的一致性检验，即计算的层次总排序满足要求。层次分析法适用于具有分层交错评价指标的目标系统，而且目标值又难于定量描述的决策问题，具有简便、灵活以及实用等特点。通过最终方案权重分析，可以得到最优的方案。将层次分析法应用于城市分岔隧道大跨段断面形式评价具有适用性和可行性，为确定合理的北京城市地下道路分岔隧道大跨段扁平率提供了科学依据。

准则层各评判标准的最大特征值及一致性判断指标　　　　表 5-6

评判因素指标	$\lambda_{\max}^{(k)}$	$CI^{(k)}$	$CR^{(k)}$
地表沉降	5.049651	0.012412861	0.011082912
支护所受最大拉应力	5.058902	0.014725547	0.01314781
塑性区面积	5.050836	0.012709069	0.011347383
开挖面积	5.014292	0.00357288	0.003190071
拱顶沉降	5.030026	0.007506439	0.006702177
水平位移	5.053311	0.013327818	0.011899837
破坏严重度	5.022994	0.005748599	0.005132677

6 城市连拱隧道的安全性及其控制

在城市地下道路建设中，鉴于线位、交通流组织和地形条件的限制，一些隧道不得不采用连拱结构形式，而非对称连拱隧道更是特殊条件下的一种特殊结构形式，是分岔隧道的重要组成部分。非对称连拱隧道除具有结构受力复杂，施工工序繁多和防排水难度大等连拱隧道的一般特点外，还具有几何不对称、结构不对称和左右荷载不对称等复杂的力学特性，而且其跨度较大、开挖与支护交错进行，使得围岩应力变化和支护荷载转换变得更加复杂。

本章考虑了非对称连拱隧道的偏压效应，推导了深埋情况下围岩压力的计算方法，优化了连拱隧道的断面形状，并开展了连拱隧道的模型试验，给出了城市地下道路连拱隧道的设计与施工建议。

6.1 非对称连拱隧道围岩压力计算方法

分岔隧道连拱段具有几何与结构形式不对称、开挖跨度大、施工工序繁多、结构受力复杂等力学特性，在进行支护结构设计中通常需要进行荷载—结构模型验算，而其荷载确定尚无成熟的计算方法。在此背景下，考虑左右两洞室几何与结构形式不对称条件，基于连拱隧道双塌落拱的基本假定，根据普氏理论推导了深埋情况的围岩压力计算公式。将推导公式取对称条件，则可以退化为常规连拱隧道的计算公式，验证了所推导公式的正确性。最后结合工程实例，验证了所推导公式的合理性。研究方法和结论可以为非对称连拱隧道的设计荷载确定提供重要参考。

6.1.1 研究现状

非对称连拱隧道作为一种极为复杂的结构形式，虽然数量还不多，但已引起学术界极大的关注。周玉宏等，郑宗溪等，王凯等和邓建等分别采用连续介质模型对云南元磨高速公路桥头隧道，兰渝铁路新作坊隧道，青岛胶州湾海底隧道分岔段和某高速公路不等跨连拱隧道的施工过程进行了数值模拟，获得了偏压条件下连拱隧道不同开挖顺序时围岩及支护结构在各个施工阶段的力学响应。胡学兵、关则廉和高峰等则分别采用荷载—结构模型对重庆市渝中连接隧道，广州地铁三号线番禺折返线工程大跨度不对称连拱隧道和厦门市东坪山地下立交工程非对称连拱隧道的支护结构受力特性进行了计算分析。刘涛等对偏压连拱隧道围岩的稳定性进行了数值模拟和模型试验，研究了偏压连拱隧道的塑性区分布，以及偏压对隧道拱部、边墙、中墙力学行为的影响；王军等研究了非对称连拱隧道的围岩稳定性，指出了围岩和支护结构变形及受力特征，总结了其施工技术。然而这些研究主要集中在偏压连拱隧道施工工序优化方面，而偏压条件下连拱隧道非对称支护结构的设计方法研究较少。

围岩压力作用模式和计算方法作为隧道围岩与支护结构作用关系的核心内容，直接关系到衬砌结构形式的选取和支护参数的确定，一直是隧道学术界研究的热点问题。丁文其等在规范单洞隧道荷载计算公式的基础上，提出了基于双塌落拱理论的连拱隧道荷载计算公式，开创了连拱隧道围岩压力计算方法的先河，但该方法不足之处是无法全面地考虑中隔墙的预支撑作用。在此基础上，李鸿博和郭小红推导了基于普氏平衡拱理论且考虑中隔墙预支撑作用的连拱隧道围岩压力计算公式，并通过大量数据计算分析和现场监测数据验证了该公式的正确性和可行性。然而这些研究成果主要是针对对称连拱隧道，无法直接应用到非对称的情况。

6.1.2 单洞隧道普氏理论

普氏理论（如图6-1所示）是俄国学者普罗托奇雅阔诺夫（Протодъяконов）于1907年提出的针对松散地层和破碎岩体的松动压力计算公式：

$$P = \gamma h_1 \tag{6-1}$$

$$h_1 = \frac{a_1}{f} = \frac{a + h\tan(45^\circ - \varphi_g/2)}{f} \tag{6-2}$$

水平压力计算公式为：

$$e_i = r(h_1 + l)\tan^2(45^\circ - \varphi_g/2) \tag{6-3}$$

式中：a 为开挖跨度的一半；h 为开挖跨度的高度；h_1 为自然拱高度；γ 为围岩重度；l 为隧道侧壁任意点至隧道拱顶的垂直距离；φ_g 为围岩计算摩擦角；f 为岩石坚固性系数，根据公路、铁路隧道设计规范中，岩石坚硬强度对应的岩石单轴饱和抗压强度 RC 的数值，取 $f = 0.1RC$。

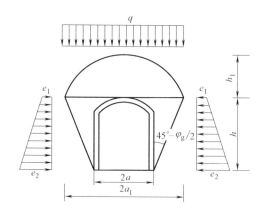

图6-1 普氏理论示意图

6.1.3 深埋非对称连拱隧道围岩压力作用模式

连拱隧道施工中一般采用中导洞先行开挖且中隔墙施工完成后再开挖两侧导洞的施工步序，因此，中隔墙的稳定性及对其顶部岩土体的主动支护压力作用直接影响了连拱隧道围岩压力的作用模式。对于深埋情况，根据普氏理论可以认为中隔墙的非常稳定和非常不稳定是连拱隧道承载拱形成的两个极端情形。当中隔墙非常稳定时，两侧的洞室就可以分别形成独立的承载拱，连拱隧道围岩压力可以简化为两个单侧承载拱下部不稳

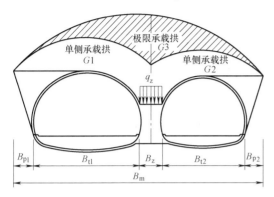

定土体引起的松散压力；而当中隔墙非常不稳定或中隔墙顶部回填不密实，围岩变形过大，左右两个洞室将连成一个整体形成共同的承载拱，即不考虑中隔墙的支护作用，以整个连拱隧道开挖宽度形成一个大的极限承载拱，此时连拱隧道围岩压力可以简化为该极限承载拱下方不稳定土体引起的松散压力。（图6-2）。

图6-2　深埋非对称连拱隧道承载拱曲线

根据以上分析可知，深埋连拱隧道围岩压力作用模式通常介于两种极限情况之间，即中隔墙的主动承载作用分担了极限承载拱内的松散压力，抑制了极限承载拱的形成，因此连拱隧道围岩压力可以看作拱部松散压力和中隔墙顶部压力之和，可以简化为以下4部分，如图6-3所示。

1. 中隔墙顶均布荷载 q_z，即由于中隔墙的预支撑作用产生土压力荷载。

2. 基本松散土压力 q_1，即由单侧洞室形成稳定承载拱下部的土压力，可以假定其分布形式为左右不等的均布荷载。

3. 附加松散土压力荷载 q_2，即左右洞室共同形成的极限承载下部松散土体减去基本松散土体及中隔墙顶预支撑土压力荷载后的荷载，可以假定为梯形分布荷载。

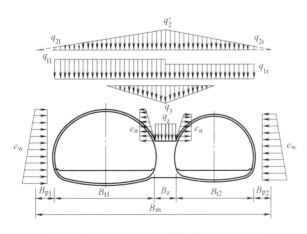

图6-3　深埋非对称连拱隧道围岩压力分布

4. 中隔墙顶松散土压力荷载 q_3，即左右洞拱顶至中隔墙顶之间松散土体形成的分布荷载。

5. 非对称连拱隧道水平荷载可以分解为作用在衬砌两侧及中隔墙两侧的围岩压力。假定图6-2中连拱隧道单侧承载拱曲线和极限承载拱曲线均为抛物线，因此该承载

拱曲线与隧道拱顶水平线围成的区域面积 S 可以根据承载拱跨度 B 和承载拱拱高 H 计算得到，即 $S = 2BH/3$。

基本松散土压力 q_1 可以看作由单侧洞室形成稳定承载拱下部的岩土体重量产生，根据左右洞室的平衡拱高度分别求得。

为简化分析，根据普氏理论，假定左右洞室的平衡拱高度 H_{q1l} 和 H_{q1r}，以及极限承载拱高度 H_u 分别为

$$H_{q1l} = \frac{1}{2} \times \left(B_{t1} + B_{p1} + \frac{1}{2} B_z \right) / f \tag{6-4}$$

$$H_{q1r} = \frac{1}{2} \times \left(B_{t2} + B_{p2} + \frac{1}{2} B_z \right) / f \tag{6-5}$$

$$H_u = \frac{1}{2} \times B_m / f \tag{6-6}$$

其中：$B_m = B_{t1} + B_{t2} + B_z + B_{p1} + B_{p2}$；

$$B_{p1} = (H_{t1} - H_1) \tan \left(45° - \frac{\varphi_g}{2} \right);$$

$$B_{p2} = (H_{t2} - H_2) \tan \left(45° - \frac{\varphi_g}{2} \right);$$

B_{t1} 为左侧隧道跨度；B_{t2} 为右侧隧道跨度；B_z 为中隔墙宽度；H_{t1} 为左侧隧道高度；H_{t2} 为右侧隧道高度；H_1 为左侧隧道基础至破裂面起始点的高度；H_2 为右侧隧道基础至破裂面起始点的高度；其他符号及意义同前。

6.1.4 深埋非对称连拱隧道围岩压力计算

1. 中隔墙均布土压力荷载 q_z

中隔墙顶部的均布压力 q_z 主要取决于中隔墙顶岩土体的抗压能力 p_s 和极限承载拱内的附加总重量 G_3，即 $q_z = \min(p_s, G_3 / B_z)$，$B_z$ 为中隔墙能够发挥支撑作用有效宽度。中隔墙顶岩土体的抗压能力 p_s 可通过下式求得

$$p_s = R_S^B / K_z \tag{6-7}$$

其中：R_S^B 为中隔墙顶岩体的设计抗压强度；K_z 为中隔墙对上部岩体支撑能力的安全系数，一般取 2；

极限承载拱内附加总重量 G_3 则可以表示如下：

$$G_3 = \frac{2}{3} \gamma B_m H_m - \frac{2}{3} \gamma B_{q1} H_{q1} - \frac{2}{3} \gamma B_{q2} H_{q2} \tag{6-8}$$

式中：$B_{q1} = B_{t1} + B_{p1} + \frac{1}{2} B_z$；$B_{q2} = B_{t2} + B_{p2} + \frac{1}{2} B_z$。

2. 基本松散压力 q_1

将连拱隧道左、右洞基本松散压力均简化为均布荷载 q_{1l} 和 q_{1r}，可以表示如下：

$$q_{1l} = \gamma H_{q1l} \tag{6-9}$$

$$q_{1r} = \gamma H_{q1r} \tag{6-10}$$

3. 附加松散土压力荷载 q_2

假设 q_2 在拱顶平面上呈三角形分布，且向上的支撑压力与承载拱内的土体重量平衡，则可得到：

$$\frac{2}{3}\gamma\left(B_{q1}H_{q1} + B_{q2}H_{q2}\right) + \frac{B_m q_2'}{2} + q_z B_z = \frac{2\gamma B_m H_m}{3} \tag{6-11}$$

$$\frac{q_{21}}{q_2'} = \frac{B_{p1}}{B_m/2} \tag{6-12}$$

$$\frac{q_{2r}}{q_2'} = \frac{B_{p2}}{B_m/2} \tag{6-13}$$

由上式可以得到 q_2'、q_{21}、q_{2r} 的计算公式如下

$$q_{21} = \frac{B_{p1}}{B_m/2} \cdot q_2' \tag{6-14}$$

$$q_{2r} = \frac{B_{p2}}{B_m/2} \cdot q_2' \tag{6-15}$$

$$q_2' = 2\left(G_3 - q_z B_z\right)/B_m \tag{6-16}$$

4. 中隔墙顶松散土压力荷载 q_3

中隔墙顶分布土压力荷载 q_3 可简化为三角形荷载：

$$q_3 = \gamma H_{q3} \tag{6-17}$$

其中 H_{q3} 可以近似取为单侧大断面隧道拱顶距中隔墙顶的距离。

5. 水平围岩压力

根据计算基本假定，作用在连拱隧道支护结构外侧的水平围岩压力 $e_{wi} = k\left(q_1 + q_2^i + \gamma h_i\right)$，其中 k 为侧压力系数，按朗肯公式计算，$k = \tan^2\left(45° - \frac{1}{2}\varphi\right)$，式中 φ 为围岩内摩擦角；q_2^i 为衬砌外侧拱部及边墙计算点对应的附加松散土压力荷载；h_i 为计算点到拱顶外侧的距离。

作用在连拱隧道支护结构内侧拱部水平方向土压力荷载 $e_{ni} = k\left(q_1 + q_2^i + q_3^i\right)$，式中 q_3^i 为衬砌外侧拱部及边墙计算点对应的中隔墙顶松散土压力荷载。

6.1.5 公式验证与计算分析

1. 公式验证

当连拱隧道左右对称时，推导的计算公式将退化为李鸿博关于对称连拱隧道围岩压力的计算方法。因此可以采用本书方法和李鸿博的方法分别计算深埋 4 车道对称连拱隧道 IV 级、V 级围岩条件下的围岩压力，以验证本书推导公式的正确性。计算取连拱隧道单洞开挖跨度为 11.5m，开挖高度为 6.5m，中隔墙有效宽度为 1.5m，计算结果如表 6-1 所示。根据计算结果可以看出，采用本书方法得到的计算结果与李鸿博的计算结果非常吻合，验证了推导公式的正确性。本书所推导的方法考虑了左右两侧洞几何与结构形式不对称对围岩压力分布的影响，具有更广的适用性。

围岩分级	计算摩擦角(°)	容重(kN/m³)	李鸿博计算结果(kPa)				本书计算结果(kPa)					
			q_1	q_2	q_2'	q_z	$q_{1左}$	$q_{1右}$	$q_{2左}$	$q_{2右}$	q_2'	q_z
Ⅳ级	51	21	130	22	114	600	130	130	22	22	114	600
Ⅴ级	45	20	158	38	172	400	158	158	38	38	172	400

2. 工程实例分析

由于非对称连拱隧道工程实例较少，有围岩压力监测数据的实例则更少。首先，当深埋连拱隧道左右几何对称时，本书推导公式将退化为李鸿博的计算方法，且已经通过监测实例验证了计算结果的正确性与合理性。

其次，以马宅顶隧道为工程实例，选取 K56+215 非对称连拱隧道结构断面，按本节推导公式进行围岩压力计算，并与实测初期支护与围岩间接触压力作对比。该断面所处围岩为Ⅴ级，埋深约为 50m，左洞开挖跨度 11.5m，左洞开挖高度为 6.5m，右洞开挖跨度 14m，右洞开挖高度为 9m，中隔墙宽度为 3m，计算摩擦角取 45°，容重取 20kN/m³。

根据本节推导公式可以求得该监测断面的围岩压力。将以上计算结果沿连拱隧道开挖轮廓线进行叠加，得到计算围岩压力沿洞周的分布，并与现场监测数据进行对比，如图 6-4 所示。可以看出，除左洞左拱脚测点外，其余测点围岩压力计算结果要略大于现场实测结果，即计算结果很好的包络了实测结果，且两种数据均表现出中隔墙处围岩压力明显大于相邻拱肩处。考虑到直墙支护形式易产生拱脚处的应力集中，且现场监测数据受诸多因素的影响，监测结果多是相对于量测开始时的应力变化，并非结构实际受力状态。总之，按本节推导公式计算得到的围岩压力与实测值基本吻合，充分证明了推导公式的合理性。

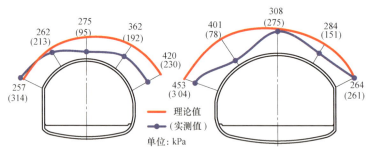

图 6-4　马宅顶隧道围岩压力计算与实测结果对比

6.2　基于复合形法的连拱隧道段断面优化

结构优化设计的本质是求极值问题，它是以力学理论和数学规划理论为基础，以计算机技术为工具，对设计变量进行寻优决策的一种先进设计方法。常见的结构优化方法有可行方向法、梯度投影法、复合形法、线性逼近法、拉格朗日乘子法、惩罚函数法等。其中复合形法原理简单，处理约束相对比较灵活，且求出的极值为总体极值，因此以下采用复合形法作为非对称连拱隧道断面结构形式优化方法。

6.2.1 优化设计基本原理与流程

1. 基本原理

在非对称连拱隧道断面形式的几何设计中，主要就是根据给定的建筑限界确定隧道的净空形状，也就是选定结构的内轮廓线。因此，非对称连拱隧道断面形式优化的基本原则就是隧道建筑限界的确定，保证隧道限界边界的任何点均在内轮廓线内。

隧道建筑限界是为保证隧道内各种交通的正常运行与安全，而规定在一定宽度和高度范围内不得有任何阻碍物的空间限界。依托的课题所研究的地下道路主线隧道一般按 60km/h 和 80km/h 两种时速、单向 2 车道或 3 车道进行设计，其建筑限界如图 6-5 所示，各部分尺寸详见表 6-2。

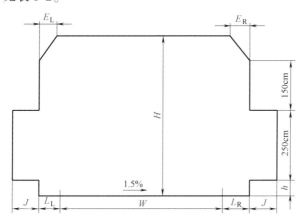

图 6-5 地下立交主线隧道建筑限界

隧道建筑限界尺寸（单位：m）　　　　　　　　　　　表 6-2

设计时速 （km/h）		车道宽度 W	左侧向宽 L_L	右侧向宽 L_R	检修道宽度		检修道高 h_1	建筑限界净宽
					左侧 J_L	右侧 J_R		
80	两车道	3.75×2	0.5	0.75	0.75	0.75	0.3	10.25
	三车道	3.75×3	0.5	0.75	0.75	0.75	0.3	14.0

注：$E_L = L_L$，$E_R = L_R$

在设计中，应根据行车道与公路设施之间的空间关系及受力要求等条件，使任何部件（包括隧道本身的通风、照明、安全、监控及内装等附属设施）均不得侵入隧道建筑限界之内。

另外，隧道内轮廓应还考虑通风、照明、安全、监控等内部装修设施所必需的富余量，并根据施工方法确保断面形状及尺寸有利于隧道的稳定。从经济观点出发，内轮廓线又应尽量减小隧道的体积，使土石开挖量与圬工砌筑量为最小。因此，内轮廓线一般紧贴限界，但又不能和限界一样曲折，而要平顺圆滑，以使结构在受力及围岩稳定方面均处于有利条件。总之，内轮廓线应最大限度地保证确定后的断面形式及尺寸安全、经济、合理。

2. 目标函数

目标函数是评价设计方案好坏的标准，一般来说，目标函数可以表示为问题变量的解析表达式。目标函数可以是一个，也可以是多个，但应尽量使目标函数的数目少一些。对于隧道断面形式的优化，一般以洞室开挖断面面积最小作为目标函数，实际计算考虑到内轮廓形状直接影响到隧道衬砌轴线的合理性以及开挖量。也有根据工程优化目的，选取不同的参数作为目标函数。

3. 独立变量

在一个最优化设计问题中，变量是影响设计质量的可变参数。变量太多，将使问题变得十分复杂，而变量太少，则设计的自由度少，优化程度就差，甚至得出不符合实际的结论，所以要结合具体问题，在满足设计要求的前提下，合理地选择变量，使问题尽量简化。

4. 约束条件

约束条件包括以下 3 个方面，即建筑限界控制点、通风面积和受力要求。

建筑限界控制点：为满足限界要求，内轮廓线至少应将隧道建筑限界完全包容在内，保证限界边界的任何点均在内轮廓线内。

通风面积：内轮廓线净高在应能满足隧道建筑限界净高要求的基础上，还应考虑通风要求。隧道的净空断面受通风方式的影响很大，在选择通风方式时，首先需要决定隧道内的通风量，然后讨论自然通风和交通风是否能够满足需要。

受力要求：隧道断面形状除受到上述约束条件的限制外，还应受到受力要求的限制，即对设计的隧道断面进行强度检算时，偏心及安全系数均应满足规范要求。

约束条件并不局限于上述 3 个方面，在进行实际工程的结构优化时，可以根据具体实际情况进行调整。

5. 优化流程

隧道断面优化设计，大致可分为以下主要步骤：

选择一个合适而又简便易行的最优化方法；

根据所选择的优化方法编制计算机程序；

应用编好的计算机程序，对拟定的各种隧道断面形式分别进行优化计算，得出他们最优解时所对应的断面几何参数；

对得出的最优解进行力学检算，并对相关结果做出评价。

以上过程中，最重要的一步是建立该问题的数学模型，这一步将决定所得的解是否具有实际工程意义，以及最终是否可以得到比较理想的结果。具体到隧道断面的最优化问题时，其计算模型主要由三部分组成：目标函数、独立变量和约束条件。

6.2.2　基本几何方程

非对称连拱隧道的内轮廓形状如图 6-6 所示。与内轮廓线有关的参数有，R_1、A_1、θ_1、R_2、A_2、θ_2、R_3、A_3、θ_3、R_4、θ_4、a、b、c、h、H、d_1、d_2、d_3、d_4、d_5、d_6、d_7、d_8、R_1'、A_1'、θ_1'、R_2'、A_2'、θ_2'、R_3'、θ_3'、a'、b'、h'、H'、d_1'、d_2'、d_3'、d_4'、d_5'、

d_6'、d_7'、d_8'、q_z、h_z。这些参数并不是完全独立的，他们之间存在以下几何关系：

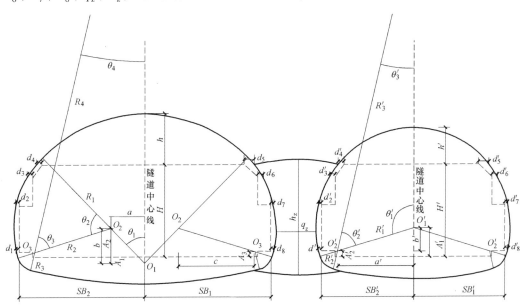

图 6-6　非对称连拱隧道的内轮廓形状

$$b = A_1 + A_2 \tag{6-18}$$

$$a = b\tan\theta_1 \tag{6-19}$$

$$c = \frac{A_2 - A_3}{\tan(\theta_1 - \theta_2 - 90°)} \tag{6-20}$$

$$R_1 = A_1 + H + h \tag{6-21}$$

$$R_2 = R_1 - a/\sin\theta_1 \tag{6-22}$$

$$R_3 = R_2 - \frac{c}{\cos(\theta_1 + \theta_2 - 90°)} \tag{6-23}$$

$$R_4 = \frac{a + c}{\cos(\theta_1 + \theta_2 + \theta_3 - 90°)} + R_3 \tag{6-24}$$

$$\theta_4 = 180° - \theta_1 - \theta_2 - \theta_3 \tag{6-25}$$

$$d_1 = \sqrt{R_2^2 - (A_2 - 30)^2} - (SB_2 - a) \tag{6-26}$$

$$d_2 = \sqrt{R_2^2 - (280 - A_2)^2} - (SB_2 - a) \tag{6-27}$$

$$d_3 = \sqrt{R_2^2 - (430 - A_2)^2} - (SB_2 - j - a) \tag{6-28}$$

$$d_4 = \sqrt{R_2^2 - (H - A_2)^2} - (SB_2 - E_L - j - a) \tag{6-29}$$

$$d_5 = \sqrt{R_2^2 - (H - A_2)^2} - (SB_1 - E_R - j - a) \tag{6-30}$$

$$d_6 = \sqrt{R_2^2 - (430 - A_2)^2} - (SB_1 - j - a) \tag{6-31}$$

111

$$d_7 = \sqrt{R_2^2 - (280 - A_2)^2} - (SB_1 - a) \qquad (6\text{-}32)$$

$$d_8 = \sqrt{R_2^2 - (A_2 - 30)^2} - (SB_1 - a) \qquad (6\text{-}33)$$

$$b' = A_1' - A_2' \qquad (6\text{-}34)$$

$$a' = b'/\tan(\theta_1' - 90°) \qquad (6\text{-}35)$$

$$R_1' = H' + h' - A_1' \qquad (6\text{-}36)$$

$$R_2' = R_1' - \sqrt{a^2 + b^2} \qquad (6\text{-}37)$$

$$R_3' = \frac{(R_1' - R_2')\sin(180° - \theta_1')}{\sin\theta_3'} + R_2' \qquad (6\text{-}38)$$

$$\theta_3' = 180° - \theta_1' - \theta_2' \qquad (6\text{-}39)$$

$$d_1' = \sqrt{R_1'^2 - (A_1' - 30)^2} - SB_2' \qquad (6\text{-}40)$$

$$d_2' = \sqrt{R_1'^2 - (280 - A_1')^2} - SB_2' \qquad (6\text{-}41)$$

$$d_3' = \sqrt{R_1'^2 - (430 - A_1')^2} - (SB_2' - j) \qquad (6\text{-}42)$$

$$d_4' = \sqrt{R_1'^2 - (H - A_1')^2} - (SB_2' - E_L - j) \qquad (6\text{-}43)$$

$$d_5' = \sqrt{R_1'^2 - (H - A_1')^2} - (SB_1' - E_R - j) \qquad (6\text{-}44)$$

$$d_6' = \sqrt{R_1'^2 - (430 - A_1')^2} - (SB_1' - j) \qquad (6\text{-}45)$$

$$d_7' = \sqrt{R_1'^2 - (280 - A_1')^2} - SB_1' \qquad (6\text{-}46)$$

$$d_8' = \sqrt{R_1'^2 - (A_1' - 30)^2} - SB_1' \qquad (6\text{-}47)$$

$$SB_1 = \frac{1}{2}W + E_L + j \qquad (6\text{-}48)$$

$$SB_2 = \frac{1}{2}W + E_R + j \qquad (6\text{-}49)$$

$$SB_1' = \frac{1}{2}W' + E_L + j \qquad (6\text{-}50)$$

$$SB_2' = \frac{1}{2}W' + E_R + j \qquad (6\text{-}51)$$

式中：W——左隧道行车道宽度；

W'——右车道行车道宽度；

E_L——建筑限界左侧顶角宽度；

E_R——建筑限界右侧顶角宽度；

j——检修道宽度，其值分别见表 6-2；其他符号意义如图 6-6 所示。

6.2.3 目标函数

从上述几何关系式分析可得，相互独立的变量有 A_1、θ_1、A_2、θ_2、A_3、θ_3、h、A_1'、

θ'_1、A'_2、θ'_2、h'、q_z、h_z。由于左、右隧洞不对称性，导致左右参数不一致，因而独立变量较多。为了使迭代过程更快，需要对非对称连拱隧道优化模型进行简化。由第 3 章荷载—结构模型数值计算结果可知，隧道主要在拱脚与拱底处受力较差，安全系数相对其他位置较低，这一现象最主要的原因是此段为半径不等的不同圆弧的连接处，且自身半径较小，故产生了较大的应力集中。因此，断面优化设计应以拱圈仰拱连接段的参数作为变量对象，A_1、θ_1、A'_1、q_z、h_z 均取初始值，即为常量。故将此处的曲率作为目标函数，其值的最小值为目标。

$$Z = \frac{1}{R_3} = \frac{1}{A_1 + H + h - \dfrac{a}{\sin\theta_1} - \dfrac{c}{\cos(\theta_1 + \theta_2 - 90°)}} \tag{6-52}$$

$$Z' = \frac{1}{R'_2} = H' + h' - A'_1 - (A'_1 - A'_2)^2 \sqrt{\cot^2(\theta_1 - 90°) + 1} \tag{6-53}$$

6.2.4 约束条件

1. 自变量的范围

从实际工程来讲，A_2、θ_2、A_3、θ_3、h、θ'_1、A'_2、θ'_2、h' 只有在一定的范围内才有意义。为了提高效率，可使部分变量固定于一个比较合适的范围。由此，自变量的约束条件可表示成：

$$0 < A_2 \leqslant 400 \tag{6-54}$$
$$0 < A_3 < A_2 \tag{6-55}$$
$$0 < A'_2 < A'_1 \tag{6-56}$$
$$0 < \theta_2 < 90° \tag{6-57}$$
$$0 < \theta_3 < 90° \tag{6-58}$$
$$90° < \theta'_1 < 180° \tag{6-59}$$
$$0 < \theta'_2 < 90° \tag{6-60}$$

2. 建筑限界约束条件

为了满足限界要求，内轮廓线必须将隧道建筑限界完全包含在内，保证限界边界的任何点都在内轮廓线内，并有一定的富余量。因此 d_1、d_2、d_3、d_4、d_5、d_6、d_7、d_8、d'_1、d'_2、d'_3、d'_4、d'_5、d'_6、d'_7、d'_8 要满足以下条件：

$$d_i > \delta \quad (i = 1,2,3,\cdots\cdots,8) \tag{6-61}$$
$$d'_i > \delta' \quad (i = 1,2,3,\cdots\cdots,8) \tag{6-62}$$

式中：δ——左隧道最小富余量（cm）；

δ'——右隧道最小富余量（cm）。

3. 受力约束条件

对设计出的衬砌断面进行强度验算时，偏心及安全系数均应满足要求。根据《公路隧道设计规范》JTG D70—2004 要求，采用破损阶段法对隧道的衬砌结构进行安全性验算。

偏心距：
$$e_0 = M/N \tag{6-63}$$

式中：M、N分别指衬砌结构所受的弯矩和轴力，单位分别为 $N \cdot m$ 和 N。

（1）当截面偏心距 $e_0 \leqslant 0.2h$（小偏心）时，按抗压强度要求进行验算，其具体计算公式为：

$$KN \leqslant \varphi \alpha R_a bh \qquad (6\text{-}64)$$

式中：K——结构安全系数；

φ——构件纵向弯曲系数，按规范要求取 $\varphi = 1.0$；

α——轴向力的偏心影响系数，$\alpha = 1 - 1.5 e_0 / h$；

R_a——混凝土的抗压强度；

b，h——衬砌的宽度和厚度。

（2）当截面偏心距 $e_0 > 0.2h$（大偏心）时，按抗裂要求进行检算，由截面抗拉强度控制承载能力，其具体计算公式为：

$$KN = \varphi \frac{1.75 R_1 bh}{6 e_0 / h - 1} \qquad (6\text{-}65)$$

式中：R_1——混凝土的抗拉强度。

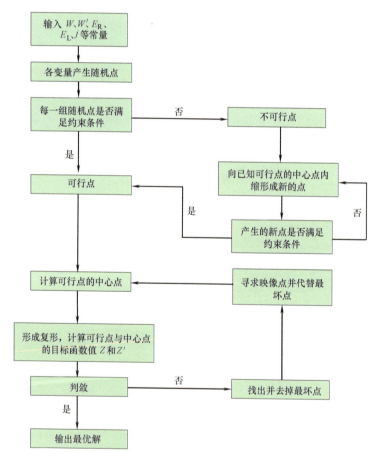

图 6-7　优化程序的流程图

114

6.2.5　优化的实现

优化采用复合形法，利用 C＋＋语言对优化方法编程，通过优化程序输出满足约束条件的最优解，然后利用 APDL 语言编制 ANSYS 命令流进行内力计算，检算优化效果。优化程序的流程图如图6-7。

6.2.6　优化结果对比分析

本节以本书依托的课题背景中的分岔隧道连拱段中间截面（中隔墙厚度为3m）为例进行优化。隧道限界参数如图6-6和表6-2所示。优化前与优化后的参数如表6-3、表6-4所示：

如6.2.3中所述，A_1、θ_1、A_1'、q_z、h_z 均取初始值，故前后参数均未变化，其中，中隔墙厚度 q_z 厚为3.0m，中隔墙高度 h_z 为6.2m。

左洞优化前后参数对比（除标明外单位以 cm 计）　　　　　　表6-3

	A_1	A_2	A_3	θ_1	θ_2	θ_3	θ_4	R_1	R_2	R_3	R_4
优化前	32	155	26.5	45°	61.6°	60°	13.4°	807.5	543	100	2736.2
优化后	32	166.4	66	45°	63.1°	40.1°	31.8°	807.5	526.8	203	1163.9

右洞优化前后参数对比（除标明外单位以 cm 计）　　　　　　表6-4

	A_1'	A_2'	θ_1'	θ_2'	θ_3'	R_1'	R_2'	R_3'
优化前	155	26.6	106.6°	60.1°	13.3°	542.5	100	1939.1
优化后	155	56.8	105.4°	50.3°	24.2°	542.5	216.4	979.4

图6-8和图6-9分别优化前后的断面轮廓图：

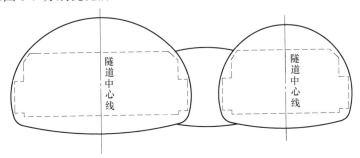

图6-8　优化前隧道断面图

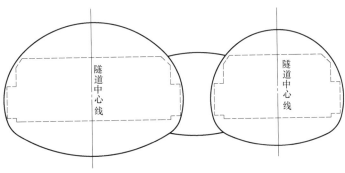

图6-9　优化后隧道断面图

<table>
<tr><td colspan="10" align="center">优化前后左洞典型位置内力值对比表　　　表 6-5</td></tr>
</table>

		拱顶	拱肩	拱腰	拱脚	拱底	拱肩(中隔墙侧)	拱腰(中隔墙侧)	拱脚(中隔墙侧)
优化前	弯矩(kN·m)	−1547	1396	743	501	−366	1330	4	2060
	轴力(kN)	−3067	−4280	−4702	−3647	−3347	−4807	−1502	−2909
优化后	弯矩(kN·m)	−1468	1083	481	469	−216	1321	7	1424
	轴力(kN)	−2669	−3708	−4010	−3283	−3511	−4184	−1892	−4647

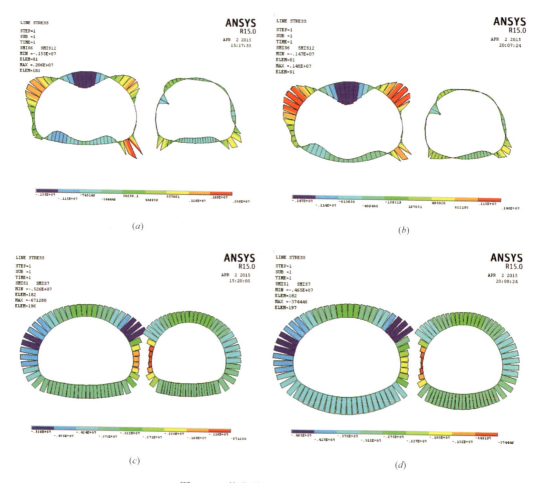

图 6-10　优化前后弯矩图与轴力图

（a）优化前弯矩图；（b）优化后弯矩图；

（c）优化前轴力图；（d）优化后轴力图

		拱顶	拱肩	拱腰	拱脚	拱底	拱肩(中隔墙侧)	拱腰(中隔墙侧)	拱脚(中隔墙侧)
优化前	弯矩(kN·m)	−235	142	−374	1145	−512	477	26	1152
	轴力(kN)	−2796	−3552	−3932	−3465	−3271	−3775	−789	−3358
优化后	弯矩(kN·m)	−52	−18	−198	640	−351	350	30	509
	轴力(kN)	−2566	−3117	−3536	−3190	−3091	−3278	−650	−3151

表 6-5、表 6-6 分别为优化前后隧道典型位置内力值比较，图 6-10 为优化前后弯矩图与轴力图比较。

从表 6-5、表 6-6 和图 6-10 中可以看出，优化后弯矩变化最大的拱脚位置，左洞靠近中墙侧拱脚弯矩由原来的 2061kN·m 降低至 1424 kN·m，减少了 31%，达到了本次优化的目的。左洞拱顶与拱底弯矩均不同程度降低，其中拱顶位置弯矩减少了 5.4%，拱顶弯矩减少了 42.2%；优化后，右洞弯矩分布也得到优化，右洞最大弯矩也由原来的 1145 kN·m 减少到 509 kN·m，减少了 56%，拱顶与拱底弯矩也不同程度地减少了。而轴力在优化前后，其值变化较小。

6.3 连拱隧道施工优化及围岩稳定性

6.3.1 工法比选

1. 施工工法

根据北京城市地下道路分岔隧道连拱段的实际情况，提出建议的备选施工工法如表 6-7 所示。其中工法 1 是山岭硬岩连拱隧道的常用工法，工法 3 和工法 4 是城市连拱隧道的常用工法。

城市地下道路分岔隧道连拱段建议备选施工工法　　　　表 6-7

施工工法	示意图	施工步序
工法 1：中导洞 + 全断面法	③ ① ②	步序 1：开挖①部，施作初期支护和临时竖撑； 步序 2：开挖②部，施作初期支护； 步序 3：开挖③部，施作初期支护
工法 2：中导洞 + 临时仰拱法	④ ② ① ⑤ ③	步序 1：开挖①部，施作初期支护和临时竖撑； 步序 2：开挖②部，施作初期支护和临时横撑； 步序 3：开挖③部，施作初期支护； 步序 4：开挖④部，施作初期支护和临时横撑； 步序 5：开挖⑤部，施作初期支护

施工工法	示意图	施工步序
工法 3： 中导洞 + CD 法		步序 1：开挖①部，施作初期支护和临时竖撑； 步序 2：开挖②部，施作初期支护和临时竖撑； 步序 3：开挖③部，施作初期支护和临时竖撑； 步序 4：开挖④部，施作初期支护； 步序 5：开挖⑤部，施作初期支护
工法 4： 中导洞 + CRD 法		步序 1：开挖①部，施作初期支护和临时支撑； 步序 2：开挖②部，施作初期支护和临时支撑； 步序 3：开挖③部，施作初期支护和临时支撑； 步序 4：开挖④部，施作初期支护和临时支撑； 步序 5：开挖⑤部，施作初期支护和临时支撑； 步序 6：开挖⑥部，施作初期支护和临时支撑； 步序 7：开挖⑦部，施作初期支护； 步序 8：开挖⑧部，施作初期支护和临时支撑； 步序 9：开挖⑨部，施作初期支护

2. 计算模型和参数

采用 FLAC3D 软件建立分岔隧道连拱段的三维模型，模型尺寸定为 120m × 24m × 120m，计算模型共 29736 个单元，25816 个节点，如图 6-11 所示。为分析各导洞开挖对地层变形的影响作用，先行导洞开挖贯通后再开挖后续导洞，每次开挖进尺 6m，且数值计算仅考虑初期支护的作用，不考虑拆除临时支撑和二次衬砌施作对地层变形的影响作用。

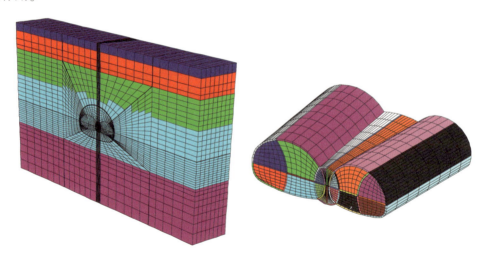

图 6-11　分岔隧道连拱段数值模型网格

6.3.2　工法优化结果与分析

1. 地表沉降

三维数值模型计算得到了分岔隧道连拱段不同施工方法对地表沉降的影响规律。其中地表中心点随开挖步序的关系曲线和地表沉降槽曲线分别如图 6-12 和 6-13 所示。可以看出：

（1）就各工法地表中心点最终沉降量而言：工法4（10.5mm）<工法3（14.5mm）<工法1（36.2mm）<工法2（45.4mm）。因此，就控制地表沉降的能力而言，工法3和工法4要明显强于其他两种工法。

（2）无论哪种工法，超前导洞的开挖和左洞大断面开挖对地表沉降的影响最为直接和明显，如工法1的③部开挖、工法2的④部开挖、工法3的⑤部开挖和工法4的⑧部开挖。因此，超前导洞和左洞大断面的施工是分岔隧道连拱段地层变形控制的关键步序。

（3）从4种工法施工引起的地表沉降槽可以看出，总体而言工法4控制地层变形的能力最强，然后依次是工法3和工法1，工法2控制地层变形的能力最弱，地层变形的影响范围也最大。

（4）工法2与工法1相比，在两主洞开挖时增设了临时仰拱，相当于增强了横向支撑的刚度，但地层变形量不但没有减小，反而有所增大，尤其隧道中线上方沉降增加更为明显。分析认为之所以出现这种情况，台阶法施工的扁平开挖断面形状是造成这种现象的主要因素，同时从另一方面反映出大断面开挖及时封闭可以有效地控制围岩变形。

（5）综上所述，由于隧道断面大，地层条件差，各工法施工均会产生一定的地表沉降，但采用中导洞法与CD法（工法3）或CRD法（工法4）相结合的施工工法均能很好的控制地层变形，考虑到施工经济性，建议在分岔隧道连拱段施工中采用中导洞法与CD法相结合的工法3。

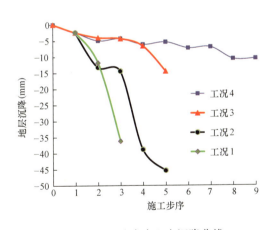

图6-12　地表中心点沉降曲线

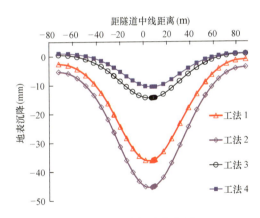

图6-13　地表沉降槽曲线

2. 洞周变形

数值模拟得到了分岔隧道连拱段不同施工方法对拱顶沉降和水平变形的影响规律。图6-14给出了各工法施工最终完成后的竖向变形和水平变形等值线云图。可以看出：

（1）就各工法拱顶最大沉降量而言：工法4（51.7mm）<工法3（52.4mm）<工法1（104.5mm）<工法2（124.7mm），工法3和工法4基本相当，而工法1和工法2基本相当。因此，就控制分岔隧道连拱段拱顶沉降的能力而言，工法4和工法3要明显强于其他两种工法。

（2）工法3与工法2相比，用临时中隔壁取代了临时仰拱，拱顶沉降量和拱底隆起量均显著降低，拱顶最大沉降量降低了58%；水平变形量则由43.7mm增大到52.4mm，增大了20%；尽管工法3的水平变形明显增大，可是对于以竖向沉降为主的北京城市地下道路分岔隧道连拱段而言，采用临时中隔壁将开挖断面分割为"立鸭蛋形"，对于控制地层沉降具有显著作用。

（3）工法4与工法3相比，增加了临时仰拱，增强了横向支撑刚度，地层最大水平变形量由52.4mm降低至20.3mm，降低了57%，但二者的竖向变形量基本相当。很明显，工法3的施工经济性和施工效率均显著高于工法4，且正如上文所言，北京城市地下道路分岔隧道连拱段以竖向变形为主，因此，建议在分岔隧道连拱段施工中采用中导洞法与CD法相结合的工法3。

（4）分岔隧道连拱段的侧向变形显著小于竖向变形，因此竖向变形控制仍然是分岔隧道连拱段围岩变形控制的重点。就各工法洞周最大侧向变形量而言：工法4（20.3mm）＜工法2（43.7mm）＜工法3（52.4mm）＜工法1（60.8mm）。因此，就控制分岔隧道连拱段洞周侧向变形的能力而言，同样工法4要明显强于其他三种工法，但采用工法4施工时应注意中隔壁产生的侧向变形。

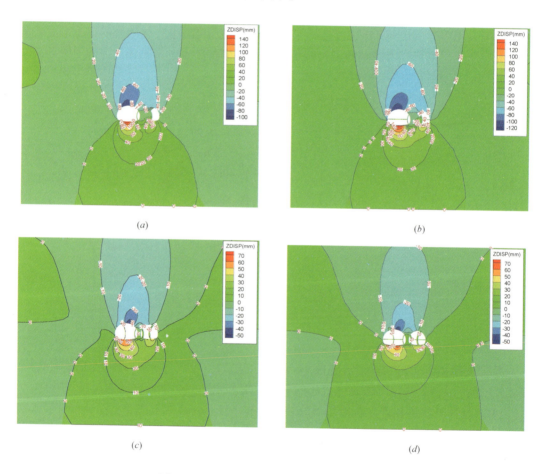

图6-14　分岔隧道连拱段地层竖向变形云图

(a) 工法1；(b) 工法2；(c) 工法3；(d) 工法4

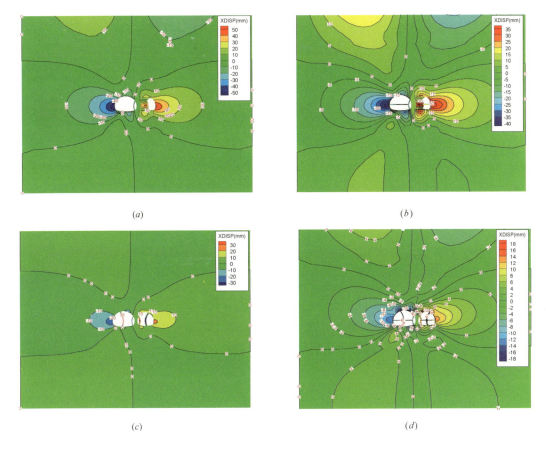

图 6-15　分岔隧道连拱段地层水平变形云图

（a）工法 1；（b）工法 2；（c）工法 3；（d）工法 4

（5）总体而言，由于隧道断面大，且北京城区地质条件相对较差，各工法施工均会引起立交隧道产生明显的洞周变形，尤其是沉降变形。因此，为很好的控制城市地下道路分岔隧道连拱段施工引起的洞周变形，建议在分岔隧道连拱段施工中采用中导洞法与 CD 法相结合的工法 3。

3. 塑性区

数值模拟得到了分岔隧道连拱段不同施工方法对塑性区分布的影响规律，采用 FLAC3D 内置的 fish 语言提取了各工法施工引起的塑性区体积，并将 4 种工法进行了汇总，以工法 1 为基准得到了每种工法施工引起的塑性区体积（面积）相对量（如图 6-16 所示）。可以看出：

（1）对于各工法施工引起的立交隧道塑性区体积，由大到小依次是工法 1、工法 2、工法 3 和工法 4，其中工法 1 和工法 2 几乎相当，工法 3 和工法 4 几乎相当。因此，就控制塑性区的能力而言，同样工法 4 和工法 3 要明显强于其他两种工法。

（2）图 6-17 给出了分岔隧道连拱段塑性区分布图。可以看出，无论哪种工法，分岔隧道连拱段塑性区主要集中在隧道洞周区域，且在洞周拱脚和拱肩区域塑性区相对扩展较深, 在洞周形成了"X"形的塑性破坏区。竖向应力为主导的地应力条件和公路隧道扁平的断面形状造成了洞周"X"形的塑性破坏区。

(3) 由于隧道断面较大和北京城区地质条件较差, 各工法施工均会引起分岔隧道连拱段产生明显的塑性破坏区, 且当分岔隧道地层变形量较大时, 塑性区范围会更大, 严重时其至贯通至地表。为很好的控制城市地下道路分岔隧道连拱段施工引起的塑性区范围, 考虑到施工经济性, 建议在分岔隧道连拱段施工中采用中导洞法与CD法相结合的工法3。

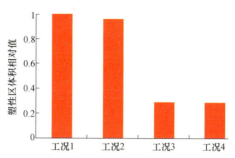

图6-16　各工法施工引起的分岔隧道连拱段塑性区体积百分比 (相对于工法1)

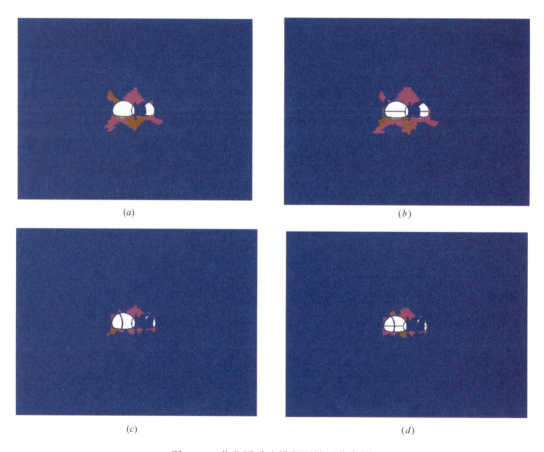

图6-17　分岔隧道连拱段塑性区分布图
(a) 工法1; (b) 工法2; (c) 工法3; (d) 工法4

6.3.3　围岩稳定性分析

通过分岔隧道连拱段施工工法优化, 中导洞法与CD法相结合的工法3被推荐为建议工法。本节针对该工法施工影响下分岔隧道连拱段的围岩稳定性及支护结构的受力特性进行三维数值模拟分析。

1. 连拱段位移场特征

三维数值模拟得到了分岔隧道连拱段随施工步序的围岩变形（总位移）等值线云图，如图 6-18 所示。可以看出：

（1）分岔隧道连拱段采用中导洞法与 CD 法相结合的工法 3 施工，能够很好地控制地层变形，可以将拱顶沉降量控制在 60mm 以内，将地表沉降控制在 30mm 以内。因此，分岔隧道连拱段采用该工法是完全可行的。

（2）随着施工步序的不断推进，分岔隧道连拱段地表沉降和拱顶沉降逐渐增大，且二者增大趋势基本一致，反映出隧道开挖引起的围岩变形传递的"自下向上"性，

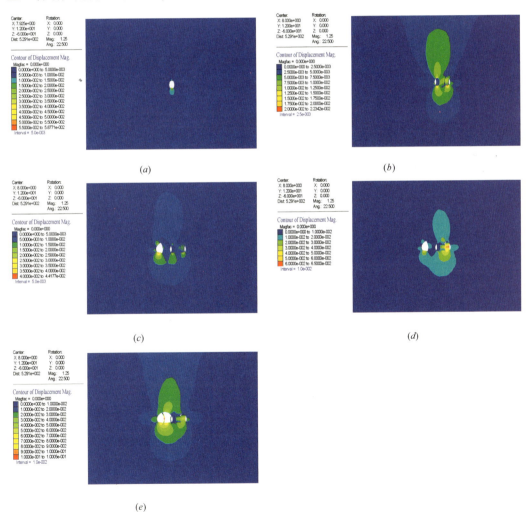

图 6-18　分岔隧道连拱段总位移等值线云图

（a）开挖中导洞（①部）；（b）开挖匝道（右洞）右导洞（②部）；（c）开挖主隧道（左洞）
左导洞（③部）；（d）开挖匝道（右洞）左半断面（④部）；
（e）开挖主隧道（左洞）右半断面（⑤部）

这一点在沉降云图中更加直观，同时反映出控制拱顶沉降和控制地表沉降具有统一性。

（3）在分岔隧道连拱段各施工步序中，开挖左主洞右半断面引起的地层变形量最大，应作为分岔隧道连拱段围岩变形控制的关键步序。

（4）由沉降云图的演化过程可知，当两侧导坑开挖时，较大的围岩变形主要集中在开挖轮廓线周围两节点之间的中间跨度处，呈蘑菇云状向洞周逐渐扩散，形成了一个个"拱形"位移等值线，临时支撑有效地控制了围岩变形，初期支护与临时支撑的节点将一个大的"拱形"位移等值线分割为两个较小的"拱形"位移等值线，在隧道开挖完成后的隧道开挖轮廓线正上方形成了一个显著的整体沉降区。

2. 连拱段支护结构应力特征

三维数值模拟得到了分岔隧道连拱段随施工步序的支护结构最大主应力（拉为正）和最小主应力云图，如图6-19所示。可以看出：

（1）分岔隧道连拱段采用中导洞法与CD法相结合的工法3施工，由于支护结构与围岩刚度比（弹性模量比）较大，且为各步序开挖后立即施作，支护结构承受了较大的围岩应力，产生了较大的"拉"、"压"应力（有些步序超过了20MPa）。

（2）随着施工步序的不断推进，分岔隧道连拱段支护结构受力状态不断调整，最大"拉"、"压"应力呈波动性变化。

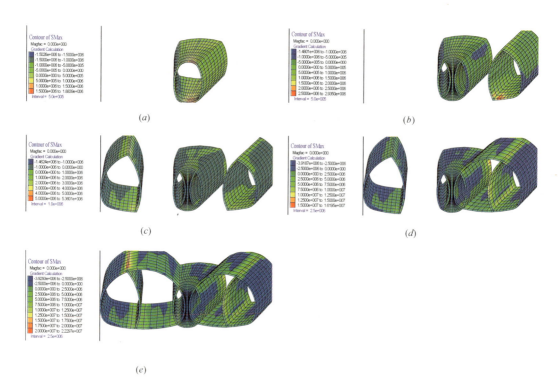

(a)　　　　　　　　　　　　　　　　(b)

(c)　　　　　　　　　　　　　　　　(d)

(e)

图6-19　分岔隧道连拱段支护结构最大主应力云图

（a）开挖中导洞（①部）；（b）开挖匝道（右洞）右导洞（②部）；（c）开挖主隧道（左洞）左导洞（③部）；

（d）开挖匝道（右洞）左半断面（④部）；（e）开挖主隧道（左洞）右半断面（⑤部）

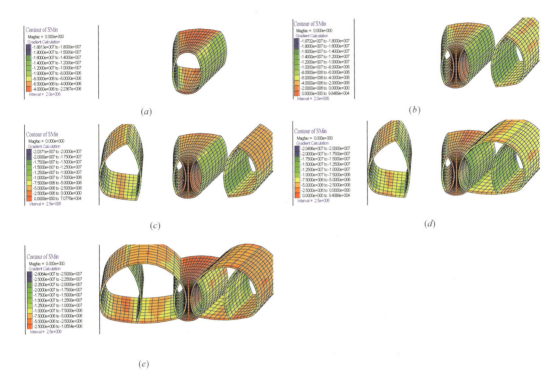

图 6-20　分岔隧道连拱段支护结构最小主应力云图

（a）开挖中导洞（①部）；（b）开挖匝道（右洞）右导洞（②部）；（c）开挖主隧道（左洞）
左导洞（③部）；（d）开挖匝道（右洞）左半断面（④部）；
（e）开挖主隧道（左洞）右半断面（⑤部）

3. 连拱段支护结构变形特征

三维数值模拟得到了分岔隧道连拱段支护结构最大变形随施工步序的变化曲线如图 6-21 所示，各工序的支护结构变形云图如图 6-22 所示。可以看出：

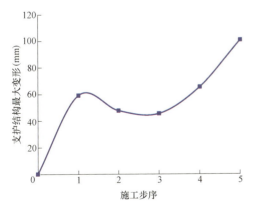

图 6-21　分岔隧道连拱段支护结构
最大变形 vs 施工步序

（1）尽管分岔隧道连拱段采用了中导洞法与 CD 法相结合的工法 3 施工，可是由于隧道开挖断面较大，地层物理力学参数较低，各步序开挖均引起支护结构产生了较大的变形，最大变形达到了 100mm。

（2）由于隧道开挖引起的应力释放是引起围岩变形的主要原因，各步序开挖引起的地层变形方向多指向隧道开挖的中心位置。

（3）从支护结构大变形分布位置来看，与各节点处应力集中相反，较大的

125

变形主要集中在非节点的跨中位置，如竖向中隔壁拱顶和拱底两侧的位置。

（4）分岔隧道连拱段第一步开挖后，支护结构就产生了较大的变形，达到了59mm，随着施工步序的不断推进，分岔隧道连拱段支护结构最大变形在经历了前四步的波动变化之后，在第五步施工时更是由第四步完成后的65mm突变增至100mm，增大了约54%。可见，中导洞开挖以及左右洞后续半段面的开挖是分岔隧道连拱段变形控制的关键步序。

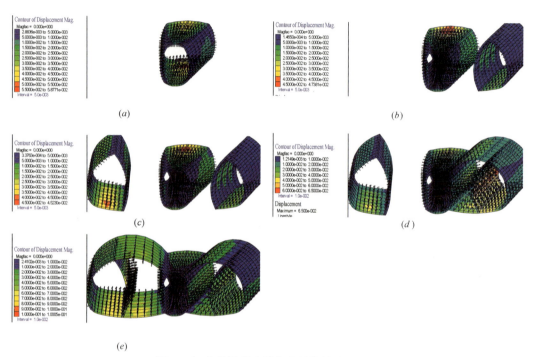

图 6-22 分岔隧道连拱段支护结构变形云图

（a）开挖中导洞（①部）；（b）开挖匝道（右洞）右导洞（②部）；（c）开挖主隧道（左洞）左导洞（③部）；（d）开挖匝道（右洞）左半断面（④部）；（e）开挖主隧道（左洞）右半断面（⑤部）

6.4 连拱隧道稳定性模型试验

6.4.1 研究内容

本次试验利用自主研发的大型平面模型试验台架，针对北京周边地区分布较广的砂卵石土地层特性，研制了以颗粒级配和内摩擦角为主要相似指标的围岩模型材料；通过千斤顶加载系统模拟不同埋深条件，对砂卵石土地层小净距隧道、对称连拱隧道和非对称连拱隧道的结构特点进行了深入研究，重点分析总结了不同埋深条件下围岩的应力场特征、隧道结构变形与内力的分布及变化规律以及裂缝发展和结构破坏过程。

126

6.4.2 试验设备

本次试验设备主要由模型试验台架、加载系统和量测系统组成。模型台架整体尺寸为 3000mm×300mm×1620mm（长×宽×高），结构承压大于 0.3MPa，如图 6-23 所示。试验加载系统由液压千斤顶、压力传感器、反力架和传力垫板四部分组成。加载通过液压千斤顶和压力传感器实现分级加载。试验量测系统包含变形量测、围岩压力量测和衬砌应变量测 3 部分，数据采集系统如图 6-24 所示。

图 6-23　试验台架

图 6-24　数据采集系统

6.4.3 试验方案

1. 相似材料

根据试验条件确定相似材料与原型材料的几何相似比 $C_l = 40$，根据相似理论，确定其他相似比如下：容重、泊松比、内摩擦角、应变相似比：$C_\gamma = C_\mu = C_\phi = C_\varepsilon = 1$，抗压强度、黏聚力、应力、弹性模量相似比：$C_R = C_c = C_\sigma = C_E = 40$。

试验对应原型衬砌材料为 C30 混凝土，选用石膏作为混凝土衬砌的模型材料，以弹性模量和单轴抗压强度作为控制指标，最终选定第 7 组石膏配比，其力学性能见表 6-8。配制砂卵石土围岩相似材料时考虑的指标有颗粒级配、重度、摩擦角、黏聚力等，选用多种级配的石英砂和重晶石粉以原型土颗粒级配为参照进行配置，其力学参数见表 6-9。加固圈相似材料参考西南交通大学的研究成果，通过在围岩相似材料中添加凡士林的方式进行配置。

原型及模型材料力学参数　　　　　　　　　　　　　表 6-8

材料	轴心抗压强度（MPa）	抗拉强度（MPa）	弹性模量（GPa）	泊松比	容重（kN/m³）
C30 混凝土	20.1	2.01	31	0.2	25
模型理想值	0.5025	0.05025	0.775	0.2	25
7 号石膏	0.542	0.049	0.723	0.2	8

注：表中参数取自《公路隧道设计细则》，轴心抗压强度为混凝土强度标准值。

2. 量测及加载方案

微型土压力盒及应变片等传感器布设方案见图 6-25。试验共采用 6 台千斤顶在模型顶部进行加载，每级荷载 0.01MPa，持荷 10min。加载直至衬砌模型裂缝充分发展、掉块或错台时停止。

围岩原型材料和模型材料物理力学参数　　　　　　　表 6-9

土样	摩擦角	黏聚力	泊松比	密度	密实度
原型土	40°~45°	0	0.20~0.25	2.0~2.2g/cm³	密实
模型土	42.7°	0	0.22	2.2g/cm³	密实

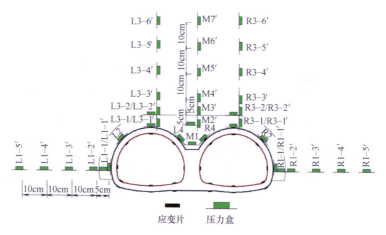

图 6-25　应变片及压力盒布置图

3. 试验系列

隧道原型参照《公路隧道设计规范》JTG D70—2004 进行设计，衬砌初期支护厚度为 30cm，二次衬砌厚度为 60cm，混凝土强度为 C30，试验中将初支和二衬作为整体进行预制浇筑，衬砌内钢筋视为强度储备不再单独进行模拟。模型中衬砌距离上下边界均为 2 倍单洞洞径，距左右边界均为 4 倍单洞洞径。试验共设计了 8 组工况，受限于篇幅，本节仅选取工况 5 至工况 8 的部分试验数据进行分析，试验系列参数如表 6-10 所示，模型布置图如图 6-26 所示。

试验系列　　　　　　　　　　　　　　　　表 6-10

编号	隧道结构	衬砌模型材料	单洞跨度	初支+二衬厚度	加固圈厚度	中墙厚度	中墙形式
5	对称连拱隧道	素石膏	11.76m	0.9m	2m	2.4m	整体式曲墙
6	对称连拱隧道	素石膏	11.76m	0.9m	无	2.4m	整体式曲墙
7	非对称连拱隧道	素石膏	11.76m/15.25m	0.9m	2m	2.4m	整体式曲墙
8	非对称连拱隧道	素石膏	11.76m/15.25m	0.9m	无	2.4m	整体式曲墙

6.4.4　试验结果分析

本节选取工况 5 至工况 8 在增量荷载 0.02MPa（等效原型荷载 0.8MPa，对应土柱高度 38m）时的数据进行分析，该荷载下隧道结构均完好无裂缝。分析所用土压力盒与应变片数据均为加载后增量，且已按相似比原理换算成对应原型数值。

1. 围岩接触压力

各组工况衬砌典型位置围岩接触压力如图 6-27 所示：

128

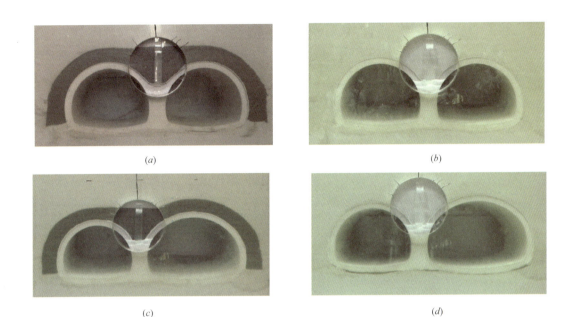

(a)　　　　　　　　　　　　　　　　　(b)

(c)　　　　　　　　　　　　　　　　　(d)

图 6-26　模型布置图

(a) 工况5；(b) 工况6；(c) 工况7；(d) 工况8

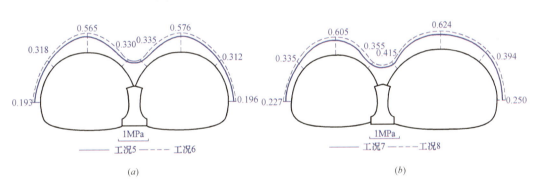

(a)　　　　　　　　　　　　　　　　　(b)

图 6-27　围岩接触压力分布图（MPa）

(a) 工况5、6；(b) 工况7、8

从图 6-27 中可以看到，试验量测的围岩接触压力比相同条件下理论值计算值要小，可见平面模型试验仍在一定程度上受到边界条件的影响。分布形态方面，工况 5 和工况 6 左右洞基本成对称分布，工况 7 和工况 8 右洞围岩接触压力相对较大，各组工况最大值均位于拱顶，其次为拱肩，外侧拱腰处最小。从量值上看，工况 6 围岩接触压力大于工况 5，其拱顶处接触压力比后者增加约 15%，拱肩和外侧拱腰处增加约 20%，工况 7 与工况 8 也呈现类似的规律，说明加固圈的存在强化了围岩的承载能力，提高了围岩分担荷载的比例；将工况 6 和工况 8 进行对比发现，在单洞结构断面尺寸相同的情况下，工况 8 的左洞拱顶、外侧拱肩及外侧拱腰处围岩压力均大于工况 6，原因应是工况 8 结构总体跨度较大，从而承受的围岩压力也相应增加。

各组工况围岩接触压力随荷载的变化情况（其中对称结构只取左洞数据）如

图 6-28 所示。

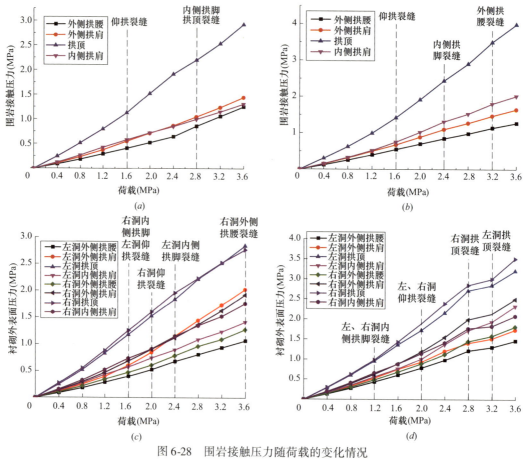

图 6-28　围岩接触压力随荷载的变化情况
(a) 工况 5；(b) 工况 6；(c) 工况 7；(d) 工况 8

　　图 6-28 为隧道拱顶和拱腰处围岩接触压力随荷载变化图，从图中可以看出：接触压力随着外加荷载的增加而增加，在裂缝出现之前基本呈线性增长，当裂缝出现之后根据裂缝发生部位的不同，部分测点接触压力增长趋势发生变化，当裂缝进一步增多时，大部分测点接触压力增长率开始回落。可见当裂缝较少时，连拱隧道结构仍具有一定的承载能力，围岩接触压力分布规律变化不明显；当裂缝充分发展后，结构变形幅度加大，围岩接触压力分布才会出现明显的变化。此外，随着荷载的增加，无加固圈的工况围岩接触压力增长率要明显大于有加固圈的工况，且两者差值逐渐扩大，说明加固圈分担荷载的比例随着荷载的增加是逐步提升的。

　　2. 衬砌内力分布规律

　　通过在隧道模型中间断面内外侧对称布设环向电阻应变片测得应变值，并计算得出衬砌截面内力，工况 5 至工况 8 衬砌结构在荷载 0.8MPa 下轴力和弯矩分布分别如图 6-29、6-30 所示：

　　为进一步分析衬砌结构的承载能力，利用各组工况衬砌典型位置轴力及弯矩值按《公路隧道设计规范》JTG D070—2004 中相关条文规定求得结构安全系数 K，如表 6-11 所示。

130

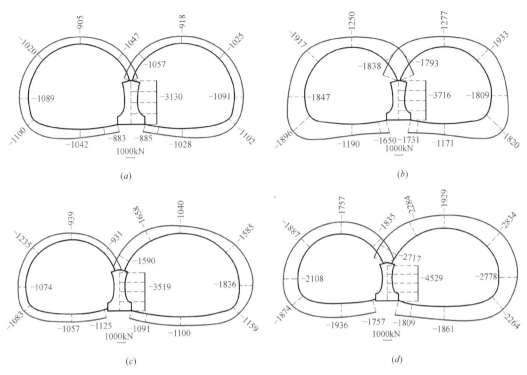

图 6-29　衬砌典型位置轴力图（kN，受压为负）

（a）工况 5；（b）工况 6；（c）工况 7；（d）工况 8

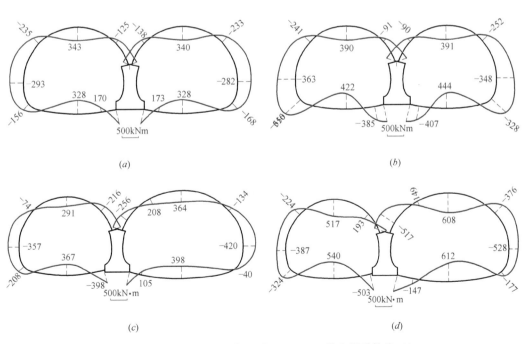

图 6-30　衬砌典型位置弯矩图（kN·m，临空侧受拉为正）

（a）工况 5；（b）工况 6；（c）工况 7；（d）工况 8

表 6-11

工况	拱顶	内侧拱肩	内侧拱脚	仰拱	外侧拱脚	外侧拱腰	外侧拱肩
5（左洞）	2.5	17.4	13.7	3.0	15.6	4.0	6.3
6（左洞）	2.6	11.0	3.8	2.1	7.9	6.1	9.4
7（左洞）	3.5	6.8	2.3	2.5	11.6	2.7	16.3
7（右洞）	2.5	10.2	17.5	2.2	17.5	11.0	12.3
8（左洞）	2.0	10.2	2.2	2.1	8.3	7.1	9.7
8（右洞）	1.6	4.7	10.8	1.6	8.7	5.3	6.2

注：工况 7、8 右洞内侧拱脚测点距仰拱与中墙结合处水平距离约 5cm（等效原型距离 2m）。

从图 6-29 可以看到，各组工况结构轴力均为负值即处于受压状态，其中工况 5 轴力分布相对均匀，最大值位于外侧拱脚处，最小值位于内侧拱脚；工况 7 右洞轴力明显大于左洞，且不同部位轴力差值较大，最大值位于右洞外侧拱腰，最小值位于左洞内侧拱肩；非对称隧道与对称隧道相比，前者衬砌轴力最大值比后者增加近 60%，中墙轴力相比增加约 20%。

图 6-30 为各工况衬砌弯矩分布情况，工况 5 结构拱顶和仰拱为临空侧受拉，拱肩、外侧拱腰及外侧拱脚处迎土侧受拉，弯矩最大值位于仰拱；工况 6 衬砌弯矩比工况 5 明显增大，最大值位于外侧拱脚；工况 7 右洞弯矩大于左洞，最大值位于右洞外侧拱腰，其次为右洞仰拱；工况 8 弯矩值较工况 7 大幅增加，且分布形态上也出现明显变化，其最大值位于右洞仰拱。

综合四组工况的衬砌轴力及弯矩分布情况可以看到：连拱隧道结构随着其总体跨度的增加，结构受力增大且分布形态也发生变化；当结构形式相同时，无加固圈的工况结构内力大幅增加，在分布形态上也与有加固圈的工况也存在一定差别。

《公路隧道设计规范》JTG D070—2004 规定，按破损阶段验算构件截面的强度时，应根据不同的荷载组合，分别采用不同的安全系数，其中，混凝土结构在永久荷载＋基本可变荷载下按抗拉极限强度计算时，安全系数不可低于 3.6。将荷载为 0.8MPa（等效土柱高度 38m）时各工况结构典型截面位置安全系数与规范给定的容许值进行比较，可以看到各组工况安全系数最小值位于仰拱或侧拱脚处，且又以工况 8 右洞仰拱处最小，其他安全系数较低的部位是：工况 5 的拱顶和外侧拱腰，工况 6 的拱顶、外侧拱腰和两侧拱脚，工况 7 的左右洞拱顶以及左洞的内侧拱脚和外侧拱腰，工况 8 的左洞拱顶和内侧拱脚，右洞拱顶和内侧拱肩。

总体上来看，当荷载为 0.8MPa（等效土柱高度 38m）时，各组工况衬砌结构均已处于安全性较低的状态，相对而言对称连拱隧道结构安全性比非对称连拱隧道要高，而非对称连拱隧道结构中跨度较大的右洞安全性又要低于左洞。连拱隧道通过中墙的连接形成了一个整体结构从而共同承受围岩荷载，当一侧结构发生变化时，另一侧结构也会受到影响。加固隧道周边围岩对优化结构受力有着十分显著的效益，会使得结构内力降低，整体安全性提高，当隧道结构形式相同时，有加固圈的工况轴力最大值比无加固圈的工况要减小 60% 左右，弯矩最大值减小 50% 左右。通常在进行结构设计时一般不考虑加固圈的影响，因此结构受力的理论计算结果与实际工况有所区别，从而导致结构个别部位安全储备过剩或是不足的情况，应予以重视。

3. 裂缝发展及破坏形态观测

每级加载稳定 10min 后对衬砌结构的裂缝发展情况进行记录和绘图，重点记录裂缝的走向、长度及分布情况。工况5、6、7 在荷载 1.6MPa（等效土柱高度 76m）时，工况8 在荷载 1.2MPa（等效土柱高度 57m）时观察到首条裂缝，各工况均于第 16 加载步（荷载 6.4MPa）时结束试验，此时衬砌裂缝充分发展，并已发生肉眼可见的明显变形。最终裂缝分布情况如图 6-31 所示，图中数字为裂缝出现时的荷载步。

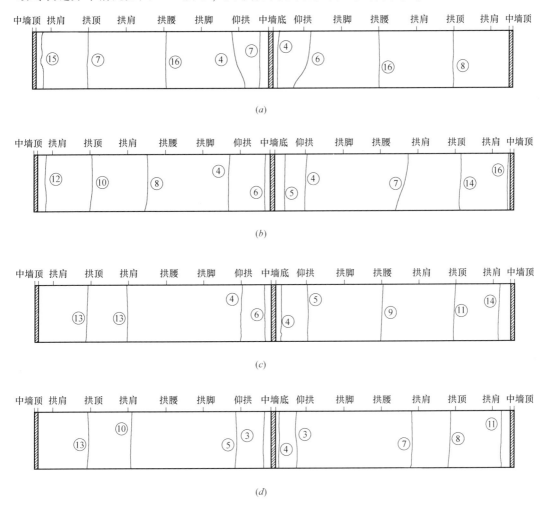

图 6-31 加载结束时裂缝分布图

(a) 工况 5；(b) 工况 6；(c) 工况 7；(d) 工况 8

从图 6-31 可以看到：工况 5 左右洞裂缝分布基本一致，但同一部位的裂缝产生时的荷载步并不相同，工况 6 裂缝数量略多于工况 5，且裂缝产生时的荷载相对较小；工况 7 和工况 8 裂缝的数量和分布较为相似，均为右洞裂缝数量多于左洞，且裂缝产生时的荷载相对更小。各组工况的裂缝分布和数量虽然不完全相同，但却有着一些基本的规律：均首先在仰拱临空侧与内侧拱脚处迎土侧出现细小的纵向裂缝，说明该部位属于连拱隧道结构最薄弱位置，在设计和施工中应予以重点关注，其他裂缝的分布位置也与前文分析所得到的结构薄弱部位基本吻合；随着加载的持续，裂缝逐渐由仰拱靠近中墙的区域向外侧和拱顶扩展，同时已有裂缝的宽度和深度也不断的增加，当加载结束时，左右洞裂缝均已纵向贯通，最大裂缝宽度约为 0.5 ~ 1mm。此外还可以看到，当隧道结构形式相同时，就裂缝出现时对应的荷载而言，无加固圈的工况相对较小，说明与前文所得的结论一致，即加固圈的存在对改善隧道结构受力，提高结构安全稳定性有明显作用。

特别注意到仰拱与中墙底结合处因难以对称黏贴应变片，不能准确获取该处结构内力值，从而在结构内力分析时无法将此处认定为最薄弱部位，可见开展隧道模型试验时进行破坏加载是补充并完善试验结果的有效手段。

6.5 连拱隧道设计与施工建议

6.5.1 连拱段设计一般原则

1. 连拱隧道根据中隔墙的形式不同可以将其分为整体式中隔墙连拱隧道和夹芯式中隔墙连拱隧道，一般整体式中隔墙连拱隧道对洞外路基的中央分隔带的宽度要求低，综合造价低，施工过程中稳定性好，但是中隔墙部分的防排水施工质量难以保证，夹芯式中隔墙连拱隧道则反之。由于分岔隧道左右洞室之间的距离由小逐渐加大，因此分岔隧道连拱段一般同时包含这两种形式的连拱隧道：起初为整体式中隔墙连拱隧道，随着两洞室距离加大，中隔墙厚度也相应增加，当中隔墙增加到一定厚度时，则将整体式中隔墙变为夹芯式中隔墙。

2. 整体式中隔墙连拱隧道的中隔墙最小厚度一般条件下应达到表 6-12 的要求，当中隔墙厚度为表中数值或接近表中数值时，中隔墙宜考虑采用钢筋混凝土结构。

整体式中隔墙最小厚度 （m）　　　　　　　　　　　　　　　　表 6-12

围岩级别	Ⅱ级	Ⅲ级	Ⅳ级	Ⅴ级
坚硬岩	1.0	1.1	1.2	—
较坚硬岩	1.1	1.2	1.3	1.4
较软岩	—	1.3	1.4	1.5
软岩	—	—	1.5	1.6

3. 夹芯式中隔墙墙连拱隧道的夹心墙最小厚度一般条件下应达到表 6-13 的要求，当其厚度为表中数值或接近表中数字时，中隔墙宜考虑采用钢筋混凝土结构。

夹芯式中隔墙先期施工的中隔墙最小厚度 （m） 表 6-13

围岩级别	Ⅱ级	Ⅲ级	Ⅳ级	Ⅴ级
坚硬岩	0.8	0.9	1.2	—
较坚硬岩	0.9	1.0	1.3	1.2
较软岩	—	1.1	1.4	1.3
软岩	—	—	1.5	1.4

4. 由于连拱段可能同时存在各级围岩，因此中隔墙厚度应根据隧道地质条件、埋置深度以及拟定的施工方案综合拟定，一般情况下整体式中隔墙的厚度可在 1.2～2.0m，相应要求起点附近全幅路基的中央分隔带宽度达到 2.5～3.0m；夹芯式中隔墙的夹心墙厚度可在 1.0～1.2m，相应要求起点附近全幅路基的中央分隔带宽度要达到4.5～5.0m。

5. 连拱段支护参数应根据实际地形地质条件以及拟定的施工开挖方法进行围岩稳定分析或进行结构强度校核后确定。

6.5.2 设计建议

北京城市地下道路分岔隧道连拱段由于其复杂的结构形式和特殊的工程环境，结构支护设计与一般隧道也有较大的不同。通过前面章节对连拱段围岩稳定性分析和非对称连拱隧道围岩压力计算公式的推导，提出北京城市地下道路分岔隧道连拱段相关设计建议如下：

1. 由于北京城市地下道路连拱段结构形式较为复杂，地层条件相对较差，隧道开挖后势必引起较大的围岩压力，从而造成支护结构承受较大的内力。应根据工程经验并结合数值计算结果，综合确定连拱段支护结构设计参数。

2. 分岔隧道连拱段各步序施工中，支护结构应力集中现象十分明显，如较大的拉应力主要集中在支护结构（包括临时支撑）的节点处，其中支护结构与临时支撑相邻节点的拉应力集中尤其明显，而较大的压应力主要集中在竖向临时支撑的中间部位或隧道侧墙的中间位置。由于较大的拉应力对由混凝土结构构成的支护结构的稳定性影响更为显著，因此，分岔隧道连拱段支护结构各节点的安全稳固连接成为整个支护结构稳定性控制的重中之重。

6.5.3 施工建议

根据分岔隧道连拱段施工工法优化及围岩稳定性分析的研究结论，结合工程经验，本研究提出北京城市地下道路分岔隧道连拱段施工建议如下：

1. 由于隧道断面大，且北京城区地质条件相对较差，各工法施工均会引起立交隧道产生明显的洞周变形（尤其是沉降变形）、地表沉降和塑性区。因此，为很好的控制城市地下道路分岔隧道连拱段施工引起的洞周变形、地表沉降和塑性区范围，建议在分岔隧道连拱段施工中采用中导洞法与 CD 法相结合的工法进行施工，具体施工步骤如表6-14 所示。

施工工法	示意图	施工步序
中导洞与 CD 法相结合的 5 部开挖法	③　⑤　①　④　②	步序 1：开挖①部，施作初期支护和临时竖撑； 步序 2：开挖②部，施作初期支护和临时竖撑； 步序 3：开挖③部，施作初期支护和临时竖撑； 步序 4：开挖④部，施作初期支护； 步序 5：开挖⑤部，施作初期支护

2. 在分岔隧道连拱段各施工步序中，开挖左主洞右半断面引起的地层变形量最大，应作为分岔隧道连拱段围岩变形控制的关键步序。

3. 由沉降云图的演化过程可知，当两侧导坑开挖时，较大的围岩变形主要集中在开挖轮廓线周围两节点之间的中间跨度处，呈蘑菇云状向洞周逐渐扩散，形成了一个个"拱形"位移等值线，临时支撑有效地控制了围岩变形，初期支护与临时支撑的节点将一个大的"拱形"位移等值线分割为两个较小的"拱形"位移等值线，在隧道开挖完成后在隧道开挖轮廓线正上方形成了一个显著的整体沉降区。

4. 连拱段隧道施工过程中最重要的问题是如何保护中导洞的稳定以及中隔墙的稳定，以最大限度地发挥中隔墙稳定整个隧道的作用，提高隧道支护结构的可靠性。

5. 无论连拱隧道处于何种地质条件，一般均要求先施工中导坑，待整个连拱段的中导坑贯通后，立即施作中隔墙，待中隔墙达到设计强度后再根据地质条件确定两侧洞室的开挖与支护方法。

6. 在中导坑施工过程中要做好地质资料的记录与分析，以便及时调整主隧道的支护方案与开挖方案；中导坑开挖完毕后，根据监控量测资料合理确定中隔墙的浇筑时机；充分重视中导坑顶部的喷锚支护质量以及中隔墙顶部回填土质量；为确保洞室的稳定，左右隧道的开挖工作面宜保持在 10～30m 的间距；根据监控量测资料及时施作两侧主隧道的初期支护；任何条件下二次衬砌均应每 10～20m 设置一道变形墙，且中隔墙上的变形缝应与两侧主隧道的变形缝处于同一位置。

7. 在北京城市地下道路分岔隧道连拱段三导坑施工还应注意一下几个问题：

中导洞一般非对称于中隔墙设置，一侧留宽些，易做施工通道，另一侧留窄些，减少回填。同时，中隔墙施工时要在中墙底部增设锚杆，以抵抗较大的侧压力。

左右侧导坑的施工通常不同步进行，以免引起围岩较大变形和应力的急剧释放，特别是浅埋地段，容易引起塌方。

北京地区地质条件较差，连拱隧道拱部围岩和中墙上方三角带易发生松动乃至坍塌，因此施工过程中应根据实际工况适时采用管棚预支护，超前深孔注浆等必要的措施，以减少对拱部及三角带围岩的扰动，加强围岩稳定性，同时，应及时、合理的施作支护及衬砌。

施工方法的采用要综合考虑各方面因素，如果围岩级别较好、偏压较小，可考虑采用"中导坑 + 台阶法"施工。施工工程中要结合具体情况调整施工步骤、优化施工工艺。这种施工方案工艺先进，各施工阶段应力传递很明确，施工顺序简单，施工工期也容易得到保障。在地质条件较差、围岩级别较低时要设置仰拱，实践证明：设仰拱较不设仰拱更有利于结构受力，不过设置仰拱要适时。

8. 施工中受力体系的转换及中隔墙偏压的控制

双连拱隧道施工中受力体系的转换十分复杂，而尤以中隔墙的受力最为不利，处理不当，就会造成结构开裂，甚至塌方。为防止中墙受力不均产生附加弯矩，施工时中墙两侧回填土石混凝土，以抵抗施工中的不平衡推力。中墙顶回填土因施工困难，采用喷射混凝土。为保证中墙顶回填土的质量和受力体系的安全转换，施工时在中墙顶部预埋主洞初期支护钢架，使主洞上部开挖后支护钢支撑能与之可靠连接。而预埋钢架又可作为中墙顶回填的外模支架，有利于喷射混凝土填充密实。

9. 连拱隧道防排水技术问题

中墙是连拱隧道的传力和承力部位，是维系结构整体稳定的中枢，也是连拱隧道防排水的重点设置部位，是连拱隧道中最为重要的结构。现有的国内外连拱隧道资料表明，连拱隧道裂缝、渗水80%以上都出现在中墙部位，中墙顶部回填由于其施工质量较难控制，施工缝、变形缝不易处理，容易出现裂缝、渗水等情况。

隧道的防排水问题一直是隧道建设的普遍性难题，连拱隧道由于结构的特殊性、施工的复杂性，其防排水问题更加严重，特别是直中墙隧道中隔墙处防排水问题最为突出。目前，连拱隧道防排水技术主要涉及以下几个方面：

隧道拱墙于二次衬砌间应铺设好封闭的防水层，通过无纺布衬层的毛细渗流引至边墙泄水孔。对于出水较多地段应预设由环向、纵向透水管或引水管等组成的引排水系统，最后由洞内水沟排出。重点处理好中隔墙顶部 V 形汇水区的防排水问题，通过设置透水排水管并与竖向引水管相连，将水排到洞内水沟。混凝土结构自身防水要点在于施工缝和变形缝。施工缝可采用遇水膨胀的橡胶止水条，变形缝则不仅可铺设背贴式塑料止水带，并且可以设置中埋式橡胶止水带。各工序之间应避免相互干扰，并注意衔接，要求初期支护、防水及纵向排水管的铺设与导洞支护的架设及拆除随相关工序协调进行，以防止后期拱部开挖对超前洞已敷设的防水层的破坏。

总之，连拱隧道的防排水技术涉及设计施工等多方面因素，今后有必要在现有技术基础上，侧重从地下水渗流、结构设计、防排水材料、施工工艺等方面作系统、全面的深入研究，以彻底解决连拱隧道的渗漏水难题。

10. 北京城市地下道路分岔隧道连拱段施工动态控制要紧密结合施工过程，原因是连拱隧道在动态施工过程中，其支护体系受力状态在不断发生着变化和调整，围岩经过多次扰动后，变形产生多次叠加。这些复杂的动态关系，都需要在施工过程中通过监控量测来加以确定并及时处理，以便详细地了解施工过程中的围岩结构体系动态受力状况，为确保施工安全和优化设计提供充分的科学依据。

7 城市小间距隧道的安全性及其控制

在城市地下道路建设中，小间距隧道凭借其结构形式的灵活性和新颖性，已逐渐成为解决特殊地质地形条件下地下与地面道路衔接、总体线形优化以及土地资源合理利用等问题的有效形式。鉴于公路线位和地形条件的要求，在我国一些城市地下道路分岔隧道建设中出现了非对称小间距隧道。作为一种新型的结构形式，非对称小间距隧道除具有结构受力复杂和施工工序繁多等一般小间距隧道的特点外，还具有几何不对称、结构不对称和左右荷载不对称等复杂的力学特性，而且开挖与支护交错进行，使得围岩应力变化和支护荷载转换变得更加复杂。因此，非对称小间距隧道一出现便引起了学术界较大的关注。

本章围绕城市小间距隧道设计与施工中的安全性控制难题，考虑了小间距隧道左右两侧洞的几何与结构非对称条件，以及两洞的开挖顺序，基于浅埋隧道土体滑移理论和普氏平衡拱理论，提出了非对称小间距隧道土压力荷载的计算方法，采用数值模拟方法优化了非对称小间距隧道的开挖方案，提出了设计与施工建议。

7.1 浅埋非对称小间距隧道围岩压力计算方法

围岩压力作用模式和计算方法直接关系到支护形式的选取和支护参数的确定，也一直是学术界研究的热点问题之一。刘继国等对深埋小间距隧道围岩压力进行了探讨，并推导了计算公式。肖明清对小间距浅埋隧道的围岩压力进行了探讨；龚建伍等对浅埋小间距隧道围岩压力进行了理论分析和探讨，指出浅埋对称小间距隧道围岩压力的偏压特征等。张志强等利用数值模拟分析了隧道开挖顺序对支护力学行为特性及围岩稳定性的影响；然而这些研究多是关于常规对称小间距隧道，关于非对称小间距隧道围岩压力的理论计算方法鲜有研究。

本研究考虑了小间距隧道左右两侧洞的几何与结构非对称条件，以及两洞的开挖顺序，提出了浅埋非对称小间距隧道土压力荷载的计算方法，以期为此类工程的支护结构设计提供参考。

7.1.1 围岩压力计算方法

1. 基本假定

参考公路隧道设计规范中荷载计算方法和龚建武等关于小间距隧道围岩压力计算方法，假定浅埋非对称小间距隧道围岩滑动破坏模式如图 7-1 所示。图 7-1 中 B、B' 分别为左、右侧隧洞的开挖跨度，B_z 为两隧道间净距，H'、h' 分别为左、右侧隧洞拱顶埋深，H、h 分别为左、右侧隧洞地层外侧破裂角顶点至地表的竖向距离；W_1，W，W_2 分别为左侧隧洞岩（土）体 DHG，$EFGH$ 和 $ABCF$ 的重力；W_2'，W'，W_1' 分别为右侧隧洞岩（土）体 $A'BCF'$、$E'F'G'H'$ 和 $D'H'G'$ 的重力。其他相关假定和说明如下：

假设地面为水平面，两隧道之间的破裂面交点位于地表以下，且左右隧道不同时施工，为推导方便，假定左洞先开挖，右洞后开挖。

左洞开挖时，与规范单洞情况相同，根据隧道开挖后岩（土）体运动规律，假设隧道顶上覆土柱 $EFGH$ 下沉从而带动两侧土体 $ABCF$ 与 DGH 下沉，出现斜直面 AC 和 DH 破裂面，且与水平面成 β_1 角，内外侧压力对称分布。

右洞开挖时，隧道外侧岩土体中形成的破裂面 $D'H'$ 与水平面夹角同样为 β_1，同时假定内侧岩土体中形成的破裂面 $A'B$ 与水平面夹角为 β_2。在右侧后行洞施工影响下，中夹岩（土）柱地层再次受到扰动，左侧先行洞围岩滑移范围增大，假定左洞内侧滑移角为 β_3。

当左洞岩土体 $EFGH$ 下沉时，两侧土体分别对其施加摩擦阻力 T_1 和 T_2；当右洞岩土体 $E'F'G'H'$ 下沉时，两侧土体分别对其施加摩擦阻力 T'_1 和 T'_2；假定这 4 个摩阻力与水平面夹角均为 θ，无实测资料时，θ 角的值可参照规范选用，其值小于土体的计算内摩擦角 φ_C。

为简化分析，在计算过程中偏于安全地假定共同破裂面 BC 的法向相互作用力 $E=0$。

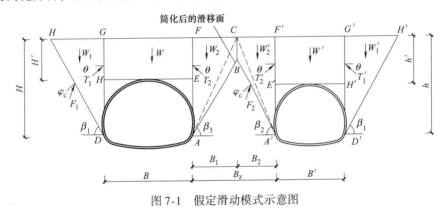

图 7-1　假定滑动模式示意图

综上所述，考虑左右洞先后施工时非对称小间距隧道围岩压力作用模式如图 7-2 所示。

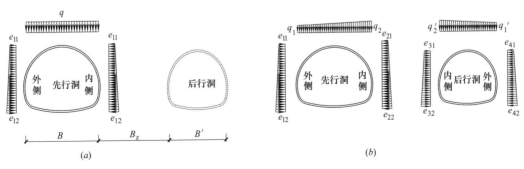

图 7-2　非对称小间距隧道围岩压力作用模式

（a）单开挖先行洞时；（b）再开挖后行洞时

139

（1）单开挖先行洞时围岩压力

假设左侧隧道先行开挖，此时相当于单洞开挖，求解隧道外侧垂直压力和侧向水平压力的计算方法可采用规范中的计算公式，具体如下：

先行洞两侧水平压力

侧压力系数 λ_1 为：

$$\lambda_1 = \frac{\tan\beta_1 - \tan\varphi_c}{\tan\beta_1 [1 + \tan\beta_1(\tan\varphi_c - \tan\theta) + \tan\varphi_c \tan\theta]} \qquad [7\text{-}1(a)]$$

其中，

$$\tan\beta_1 = \tan\varphi_c + \sqrt{\frac{(\tan^2\varphi_c + 1)\tan\varphi_c}{\tan\varphi_c - \tan\theta}} \qquad [7\text{-}1(b)]$$

先行洞内外侧侧向水平压力：

$$e_{1i} = \lambda_1 \gamma H_i \qquad (7\text{-}2)$$

式中：H_i 为计算点至地表的垂直距离，γ 为岩体容重。

参考规范，可以求得单开挖先行洞时的拱顶竖向压力为：

$$q_1 = \gamma H' \left(1 - \frac{H'}{B}\lambda_1 \tan\theta\right) \qquad (7\text{-}3)$$

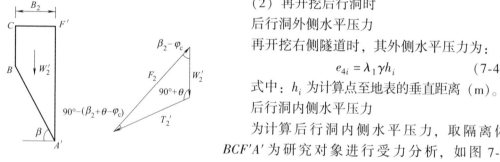

图 7-3　右侧隧道内侧滑移体示意图

（2）再开挖后行洞时

后行洞外侧水平压力

再开挖右侧隧道时，其外侧水平压力为：

$$e_{4i} = \lambda_1 \gamma h_i \qquad (7\text{-}4)$$

式中：h_i 为计算点至地表的垂直距离（m）。

后行洞内侧水平压力

为计算后行洞内侧水平压力，取隔离体 $BCF'A'$ 为研究对象进行受力分析，如图 7-3 所示。

根据力学平衡条件和上述假定，可以解得 T_2' 的计算表达式为：

$$T_2' = \frac{\sin(\beta_2 - \varphi_c)W_2'}{\sin[90° - (\beta_2 + \theta - \varphi_c)]} \qquad [7\text{-}5(a)]$$

其中，

$$W_2' = \frac{1}{2}\gamma B_2(2h - B_2 \tan\beta_2) \qquad [7\text{-}5(b)]$$

鉴于隧道间距 B_z 一般较小，为简化分析设 $FC = KB$，$F'C = KB'$，$K = B_z/(B + B')$，经整理后可得：

$$T_{2'} = \frac{1}{2}\gamma h^2 \frac{\lambda_2}{\cos\theta} \qquad [7\text{-}6(a)]$$

其中，

$$\lambda_2 = \frac{\dfrac{2KB'}{h}\left(1 - \dfrac{KB'}{2h}\tan\beta_2\right)(\tan\beta_2 - \tan\varphi_c)}{1 + \tan\beta_2(\tan\varphi_c - \tan\theta) + \tan\varphi_c\tan\theta} \qquad [7\text{-}6\,(b)]$$

为使 T_2' 取得极大值，令 $\dfrac{d\lambda_2}{d(\tan\beta_2)} = 0$，整理得

$$\tan\beta_2 = \sqrt{\frac{\tan^2\varphi_c + 1}{\tan\varphi_c - \tan\theta}\left[\frac{1}{\tan(\varphi_c - \theta)} + \frac{2h}{KB'}\right]} - \frac{1}{\tan(\varphi_c - \theta)} \qquad (7\text{-}7)$$

则后行洞内侧水平压力 e_3 可以表示为

$$e_{3i} = \lambda_2\gamma h_i \qquad (7\text{-}8)$$

后行洞竖向压力

同理，后行洞拱部竖向围岩压力 q_1' 和 q_2' 可以分别表示如下

$$q_1' = \gamma h'\left(1 - \frac{h'}{B'}\lambda_1\tan\theta\right) \qquad (7\text{-}9)$$

$$q_2' = \gamma h'\left(1 - \frac{h'}{B'}\lambda_2\tan\theta\right) \qquad (7\text{-}10)$$

先行洞水平压力

开挖后行洞时，先行洞外侧水平压力可以近似认为保持不变，其计算方法参见式 [7-1（a）] 和式 (7-2)。

为计算先行洞内侧水平压力，取隔离体 BCFA 为研究对象进行受力分析，同理可得

$$T_2 = \frac{1}{2}\gamma H^2\frac{\lambda_3}{\cos\theta} \qquad (7\text{-}11)$$

其中，λ_3 为后行洞开挖后先行洞内侧水平压力系数，表达式如下

$$\lambda_3 = \frac{\dfrac{2KB}{H}\left(1 - \dfrac{KB}{2H}\tan\beta_3\right)(\tan\beta_3 - \tan\varphi_c)}{1 + \tan\beta_3(\tan\varphi_c - \tan\theta) + \tan\varphi_c\tan\theta} \qquad (7\text{-}12)$$

为使 T_2 取得极大值，令 $\dfrac{d\lambda_3}{d(\tan\beta_3)} = 0$，整理得

$$\tan\beta_3 = \sqrt{\frac{\tan^2\varphi_c + 1}{\tan\varphi_c - \tan\theta}\left[\frac{1}{\tan(\varphi_c - \theta)} + \frac{2H}{KB}\right]} - \frac{1}{\tan(\varphi_c - \theta)} \qquad (7\text{-}13)$$

则先行洞内侧水平压力可以表示如下

$$e_{2i} = \lambda_3\gamma H_i \qquad (7\text{-}14)$$

先行洞竖向压力

开挖后行洞时，先行洞外侧竖向压力可以近似认为保持不变，其计算方法参见式 (7-3)；先行洞内侧竖向应力则可以表示如下

$$q_2 = \gamma H'\left(1 - \frac{H'}{B}\lambda_3\tan\theta\right) \qquad (7\text{-}15)$$

2. 计算公式验证

龚建武等推导了浅埋对称小间距隧道围岩压力的计算方法，考虑了后行洞开挖对先行洞内侧竖向压力和水平压力的影响，只是没有考虑后行洞开挖扰动中夹岩柱引起的先

行洞内侧滑移面的变化。在此基础上，考虑了后行洞开挖对先行洞内侧围岩滑移面的影响，推导了浅埋非对称小间距隧道围岩压力的计算方法。

应予指出，当小间距隧道左右两侧洞几何与结构对称，且假定 $\beta_3 = \beta_1$ 时，推导的计算公式将退化为常规浅埋小间距隧道围岩压力的计算方法。所推导的方法考虑了左右两侧洞几何与结构形式不对称对围岩压力分布的影响，具有更广的适用性。

7.1.2　围岩压力特征规律分析

为研究非对称小间距隧道围岩压力的分布特征，以 V 级围岩为例，取基本计算参数为：围岩重度 $\gamma = 20\text{kN/m}^3$，内摩擦角为 $\varphi = 26°$，计算内摩擦角 $\varphi_c = 45°$，$\theta = 27°$；左、右洞隧道开挖跨度 B 和 B'，左、右洞开挖高度 L_1 和 L_2，左、右洞埋深 H' 和 h'，以及中夹岩柱厚度 B_z 作为可变参数进行影响因素敏感性分析。分析某一因素影响时，保证其他参数不变，其基准取值如表 7-1 所示。

影响因素敏感性分析参数基准值 表 7-1

隧道埋深(m)		中夹岩柱厚度(m)	开挖跨度(m)		开挖高度(m)	
左洞	右洞		左洞	右洞	左洞	右洞
18	20	6	16	11	10	8

1. 隧道埋深的影响

根据推导公式可以求得隧道围岩压力随埋深变化的曲线如图 7-4 所示。可以看出：随着埋深的增大，隧道竖向和侧向围岩压力均近似线性增大；隧道外侧竖向压力小于内侧，侧向压力大于内侧，偏压效应明显。由于左右洞的不对称特性，后行洞内侧竖向压力大于先行洞内侧。

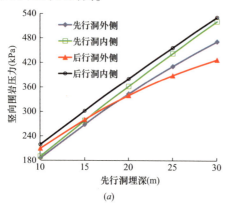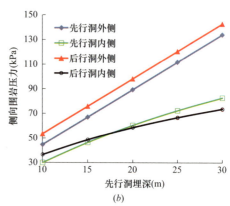

图 7-4　围岩压力与后行洞埋深的关系曲线
(a) 竖向压力；(b) 侧向压力

2. 中夹岩柱厚度的影响

根据推导公式可以求得隧道围岩压力随中夹岩柱厚度变化的曲线如图 7-5 所示。可以看出，中夹岩柱厚度对左右洞外侧围岩压力基本没有影响，而对内侧影响较为明显。

随着中夹岩柱厚度的增大，后行洞内侧竖向压力不断减小，而侧向压力则不断增大；先行洞内侧竖向压力先减小后增大并趋于稳定，而侧向压力先增大后减小并趋于稳定；鉴于竖向压力明显大于侧向压力，因此从理论上存在合理中夹岩柱厚度。

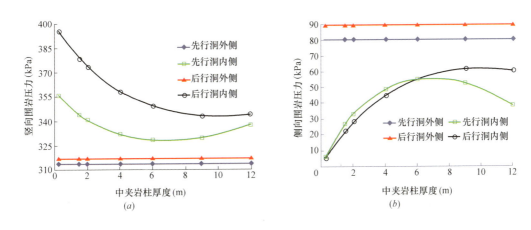

图 7-5　围岩压力与中夹岩柱厚度的关系曲线

(*a*) 竖向压力；(*b*) 侧向压力

3. 开挖跨度的影响

仅改变先行洞开挖跨度，根据推导公式可以求得隧道围岩压力的变化曲线如图 7-6 所示。可以看出，先行洞开挖跨度改变对后行洞外侧竖向与侧向压力，以及先行洞外侧侧向压力基本没有影响；随着先行洞开挖跨度的增大，先行洞内外侧、后行洞内侧竖向应力均不断增大；而后行洞内侧侧向压力不断减小。理论与工程经验均表明，隧道开挖跨度的增大势必造成其上方岩土体形成滑移破裂范围的扩大。

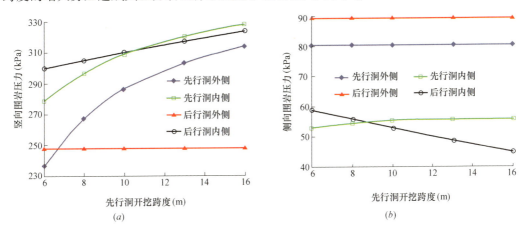

图 7-6　围岩压力与先行洞开挖跨度的关系曲线

(*a*) 竖向压力；(*b*) 侧向压力

4. 开挖高度的影响

仅改变后行洞开挖高度，根据推导公式可以求得隧道围岩压力的变化曲线如图 7-7

所示。可以看出，随着后行洞开挖高度的增大，先行洞内外侧竖向及侧向压力保持不变，即后行洞开挖高度的变化对先行洞围岩压力无影响；而后行洞内外侧竖向及侧向压力随后行洞开挖高度的增大而减小，且近似呈线性变化。值得指出的是，当左右洞开挖高度相等，其内外侧侧向压力也基本相等，由于先行洞开挖跨度大于后行洞开挖跨度，则先行洞内外侧竖向围岩压力均大于后行洞。

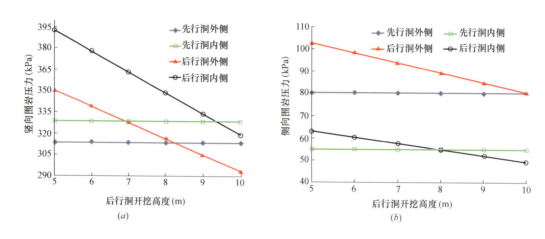

图 7-7　围岩压力与后行洞开挖高度的关系曲线
（a）竖向压力；（b）侧向压力

7.1.3　工程实例计算与分析

1. 工程实例一

取永安—宁化高速公路雷公浦隧道 K70+520 断面，该处属 V 级围岩，左、右洞埋深分别约为 10m 和 13m，左、右洞开挖跨度分别为 12.74m 和 12.94m，净距为 4.31m，开挖高度约为 9m，计算内摩擦角 $\varphi_c = 45°$，内摩擦角 $\theta = 27°$，围岩重度 $\gamma = 18\text{kN/m}^3$。该隧道施工中先行开挖左洞。

根据推导公式可以求得该监测断面的围岩压力，将计算结果沿隧道开挖轮廓线进行叠加，得到计算围岩压力沿洞周的分布，并与现场监测数据进行对比，如图 7-8 所示。

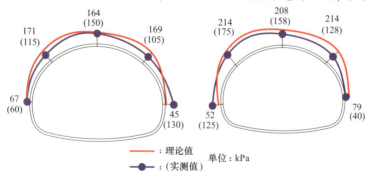

图 7-8　雷公浦隧道围岩压力实测值与理论值对比图

2. 工程实例二

青岛胶州湾海底隧道陆域小间距段最小间距为 25 cm，左洞宽 15.82 m，高 11.89 m，右洞宽 11.8 m，高 9.67 m，该断面属 V 级围岩，计算内摩擦角 $\varphi_c = 45°$，内摩擦角 $\theta = 27°$，隧道埋深 18 m，围岩重度 $\gamma = 18 kN/m^3$。工程实践中首先开挖左洞。同样采用推导公式可得到理论计算值与实测值对比图，如图 7-9 所示。

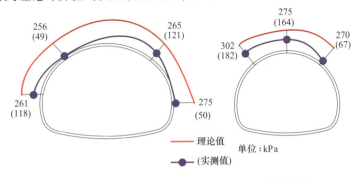

图 7-9　胶州湾隧道围岩压力实测值与理论值对比图

3. 对比分析

由图 7-8 和图 7-9 可以看出，除个别测点外，围岩压力计算结果要大于现场实测结果，即计算结果很好的包络了实测结果。对于工程实例一，中隔墙两侧的实测围岩压力要显著大于计算结果，分析认为工程中采用了对拉注浆锚杆加固中夹岩柱，造成了中隔墙两侧围岩压力的增大。对于工程实例二，两种数据之间虽然存在一定的差值，但其空间分布规律基本一致，均表现出中隔墙处围岩压力明显大于相邻拱肩处。考虑到现场监测数据受诸多因素的影响，如依托工程中采用了强大的超前支护，改善了围岩条件，从而降低了围岩压力，且现场监测结果多是相对于量测开始时的应力变化，并非结构的实际受力状态。总之，按推导公式计算得到的围岩压力与实测值基本吻合，充分证明了所推导公式的合理性。

7.2　深埋非对称小间距隧道围岩压力计算方法

本节考虑了小间距隧道左右两侧洞的几何与结构非对称条件，以及两洞的开挖顺序，基于普氏平衡拱理论，提出了深埋非对称小间距隧道土压力荷载的计算方法，以期为此类工程的支护结构设计提供参考。

7.2.1　单洞隧道围岩压力计算的普氏理论

苏联学者 M. M. 普罗托奇雅阔诺夫（Протодъяконов），根据对顿巴斯矿区等矿山隧道的多年观测和在松散体介质中的模型试验研究结果，在 1909 年出版的《岩层作用于矿井支架的压力》一书中，创立了普氏塌落压力拱理论，又称普氏平衡拱理论（简称普氏理论）。20 世纪 50 年代初期，我国地下工程设计中引进了普氏理论，普氏理论在我国地下工程建设中得到了广泛应用。普氏理论的计算模型如图 7-10 所示。图中 B

为隧道开挖跨度；T 为隧道开挖高度；H 为平衡拱高度；W 为平衡拱与拱顶水平面交线的长度；γ 为围岩重度；θ 为滑移面与竖向的夹角，根据工程现场测试确定，无测试数据时可通过 $\theta = (45^\circ - \varphi_g/2)$ 计算得到，φ_g 为围岩计算摩擦角；q 为作用于隧道支护结构的竖向均布压力，e_1 和 e_2 分别为作用于隧道拱顶和拱底的侧向压力。

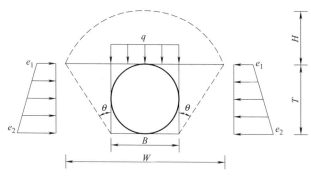

图 7-10 普氏理论示意图

根据普氏理论的有关假定，作用于隧道支护结构的竖向均布压力 q 和侧向梯形分布压力 e 可以表示为

$$q = \gamma H \tag{7-16}$$

$$H = \frac{W}{2f} = \frac{B + 2T\tan(45^\circ - \varphi_g/2)}{2f} \tag{7-17}$$

$$e_1 = \gamma H \tan^2(45^\circ - \varphi_g/2) \tag{7-18}$$

$$e_2 = \gamma(H + T)\tan^2(45^\circ - \varphi_g/2) \tag{7-19}$$

式中：f 为岩石坚固性系数，取 $f = \tan\varphi$，φ 为围岩内摩擦角；其他符号及意义同前。

7.2.2 深埋非对称小间距隧道围岩压力计算

1. 围岩压力作用模式

工程实践与理论研究均表明，隧道开挖方式和中夹岩柱体的加固措施及效果对小间距隧道围岩压力的大小及平衡拱的形成影响较大。鉴于此，结合单洞普氏平衡拱理论，可以认为中夹岩柱的非常稳定和非常不稳定是小间距隧道承载拱形成的两个极端情形。

当中夹岩柱厚度较大，且隧道施工方案合理，中夹岩柱非常稳定时，两侧的洞室就可以分别形成独立的承载拱，小间距隧道围岩压力可以简化为两个单侧承载拱下部不稳定土体引起的松散土压力。而当中夹岩柱非常不稳定或围岩变形过大时，左右两个洞室将连成一个整体形成一个大的极限承载拱，此时小间距隧道围岩压力可以简化为该极限承载拱下方不稳定土体引起的松散压力。一般而言，深埋小间距隧道围岩压力作用模式可以简化为介于两种极限情况之间，即中夹岩柱的承载力分担了极限承载拱内的松散压力，抑制了极限承载拱的形成。综合以上分析，将深埋小间距隧道围岩压力作用模式简化为如图 7-11 所示的作用模式。

图中 B_1、B_r 分别为左、右侧隧洞的开挖跨度，B_0 为两隧洞的净距，T 为两隧洞的开挖高度，W_1、W_r 分别为左、右侧隧洞形成的独立平衡拱的跨度，H_1、H_r 分别为左、

146

右侧隧洞形成的独立平衡拱的高度，W_0 为两独立平衡拱间的最小净距，W_m 为两独立平衡拱外侧点的间距，也可以认为是附加承载拱或极限平衡拱的跨度。H'_m 和 H_m 分别为附加承载拱和极限承载拱的高度。其他相关假定和说明如下：

1）左右隧道不同时施工，为推导方便，假定左洞先开挖，即为先行洞；右洞后开挖，即为后行洞。

2）单开挖先行洞时，与规范单洞情况相同，先行洞左右侧滑移面与竖向夹角相同，设为 θ_1，$\theta_1 = (45° - \varphi_g/2)$，$\varphi_g$ 意义同前。后行洞开挖时，其右侧岩土体形成的滑移面与竖向的夹角同样为 θ_1；由于受到先行洞开挖的影响，后行洞左侧中夹岩柱受到扰动，其围岩滑移的范围增大，滑移面与竖向的夹角变为 θ_3（假定 $\theta_3 = k_3\theta_1$，k_3 为放大系数）。在后行洞开挖的影响下，中夹岩柱再次受到扰动，先行洞右侧围岩滑移的范围增大，滑移面与竖向的夹角变为 θ_2（假定 $\theta_2 = k_2\theta_1$，k_2 为放大系数）。

3）假定先行洞与后行洞开挖完成以后各自形成的独立平衡拱仍然满足普氏理论，即有：

$$H_1 = \frac{W_1}{2f} \qquad [7\text{-}20\,(a)]$$

$$H_r = \frac{W_r}{2f} \qquad [7\text{-}20\,(b)]$$

其中，$W_1 = B_1 + T\tan\theta_1 + T\tan\theta_2$，$W_r = B_r + T\tan\theta_1 + T\tan\theta_3$，其他符号意义同前。

4）假定附加承载拱的高度 H'_m 与极限承载拱的高度 H_m 满足：

$$\frac{H'_m}{H_m} = \frac{W_1 + W_r}{W_m} \qquad (7\text{-}21)$$

其中，$W_m = W_1 + W_0 + W_r$，极限平衡拱的高度 H_m 可根据普氏理论的平衡拱计算公式求得：

$$H_m = \frac{W_m}{2f} \qquad (7\text{-}22)$$

进一步可得：

$$H'_m = \frac{W_1 + W_r}{2f} \qquad (7\text{-}23)$$

其他符号意义同前。

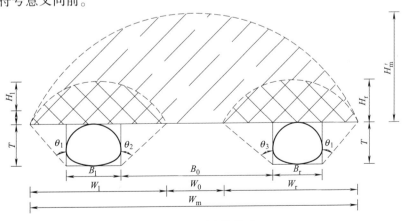

图 7-11　平衡拱模式

2. 围岩压力计算简化模型

根据以上分析,将深埋小间距隧道围岩压力计算简化为如下模型(图7-12)。

竖向压力简化梯形分布荷载,即将两洞室的围岩压力计算简化为单洞独立平衡拱模型和附加承载拱模型两部分之和,一部分是先行洞与后行洞拱顶的基本松散压力均布荷载 q_1 和 q_r;另一部分是先行洞与后行洞拱顶的附加梯形荷载 q'_1 和 q'_r。先行洞与后行洞共同形成的附加承载平衡拱下部松散土压力减去基本松散土压力及中夹岩柱体上部土压力荷载后的荷载,可以简化为梯形分布荷载,其中先行洞、后行洞开挖最大跨度线两端点上方附加梯形荷载分别为 q'_{l1}、q'_{l2} 和 q'_{r1}、q'_{r2};侧向压力仍简化为梯形分布荷载。

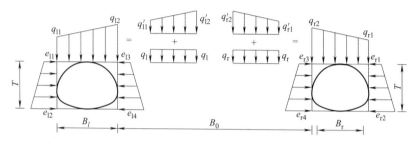

图7-12 围岩压力计算简图

3. 竖向土压力荷载计算

先行洞、后行洞拱顶的基本松散压力分别为

$$q_1 = \gamma H_1 \qquad [7\text{-}24\,(a)]$$

$$q_r = \gamma H_r \qquad [7\text{-}24\,(b)]$$

各个符号意义同前。

为求得附加竖向压力 q'_{l1}、q'_{l2} 和 q'_{r1}、q'_{r2},假定小间距隧道单侧承载拱曲线和附加承载拱曲线均为抛物线,因此 S_1、S_r 和 S'_m 分别为二者与隧道拱顶水平线围成区域的面积,可以表示如下:

$$S_1 = \frac{2W_1H_1}{3} \qquad [7\text{-}25\,(a)]$$

$$S_r = \frac{2W_rH_r}{3} \qquad [7\text{-}25\,(b)]$$

$$S'_m = \frac{2W_mH'_m}{3} \qquad [7\text{-}25\,(c)]$$

其他各个符合意义同前。

假定附加荷载在隧道拱顶呈三角形分布,则对附加承载拱内的土体进行受力分析如图7-13所示。图中 G'_m 为附加承载拱内土体的重量,可表示为

$$G'_m = \frac{2}{3}\gamma W_m H'_m - \frac{2}{3}\gamma W_1 H_1 - \frac{2}{3}\gamma W_r H_r \qquad (7\text{-}26)$$

W_0 为中夹岩柱有效承载宽度,近似认为其对附加承载拱的支撑力为 P_0;q'_{l0} 与 q'_{r0} 分别为先行洞与后行洞普氏平衡拱的内侧边沿处的附加荷载;其他符号及意义同前。

148

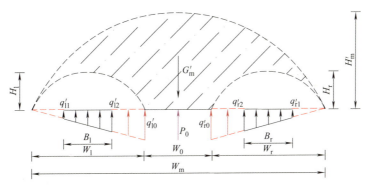

图 7-13 小间距隧道附加承载拱受力示意图

根据结构的支撑力与平衡拱内的土体重量平衡，则可得到：

$$\frac{2}{3}\gamma W_m H'_m - \frac{2}{3}\gamma W_1 H_1 - \frac{2}{3}\gamma W_r H_r = P_0 + \frac{1}{2}\gamma W_1 H'_{l0} + \frac{1}{2}\gamma W_r H'_{r0} \tag{7-27}$$

式中：H'_{l0} 与 H'_{r0} 分别为 q'_{l0} 与 q'_{r0} 相对应的荷载高度，其他符号意义同前。且近似取 H'_{l0} 与 H'_{r0} 之间的比例关系为：

$$\frac{H'_{l0}}{H'_{r0}} = \frac{W_1}{W_r} \tag{7-28}$$

由上式可解得：

$$H'_{l0} = \frac{2W_1}{W_1^2 + W_r^2}\left[\frac{2W_1 W_r + W_0(W_1 + W_r)}{3f} - \frac{P_0}{\gamma}\right] \tag{7-29 (a)}$$

$$H'_{r0} = \frac{2W_r}{W_1^2 + W_r^2}\left[\frac{2W_1 W_r + W_0(W_1 + W_r)}{3f} - \frac{P_0}{\gamma}\right] \tag{7-29 (b)}$$

根据比例关系可得：

$$\frac{H_{q'_{l1}}}{H'_{l0}} = \frac{T\tan\theta_1}{W_1} \tag{7-30 (a)}$$

$$\frac{H_{q'_{l1}}}{H_{q'_{l2}}} = \frac{T\tan\theta_1}{B_1 + T\tan\theta_1} \tag{7-30 (b)}$$

$$\frac{H_{q'_{r1}}}{H'_{r0}} = \frac{T\tan\theta_1}{W_r} \tag{7-31 (a)}$$

$$\frac{H_{q'_{r1}}}{H_{q'_{r2}}} = \frac{T\tan\theta_1}{B_r + T\tan\theta_1} \tag{7-31 (b)}$$

式中：$H_{q'_{l1}}$、$H_{q'_{l2}}$ 和 $H_{q'_{r1}}$、$H_{q'_{r2}}$ 分别为 q'_{l1}、q'_{l2} 和 q'_{r1}、q'_{r2} 对应的荷载高度；其他符号意义同前。

由 [7-30 (a)]、[7-30 (b)] 式和 [7-31 (a)]、[7-31 (b)] 式解得：

$$H_{q'_{l1}} = \frac{T\tan\theta_1}{W_1}H'_{l0} \tag{7-32 (a)}$$

$$H_{q'_{l2}} = \frac{B_1 + T\tan\theta_1}{W_1}H'_{l0} \tag{7-32 (b)}$$

$$H_{q'_{r1}} = \frac{T\tan\theta_1}{W_r}H'_{r0} \qquad [7\text{-}33\,(a)]$$

$$H_{q'_{r2}} = \frac{B_r + T\tan\theta_1}{W_r}H'_{r0} \qquad [7\text{-}33\,(b)]$$

将式 [7-29 (a)] 和式 [7-29 (b)] 代入上式 [7-32 (a)]、[7-32 (b)] 和 [7-33 (a)]、[7-33 (b)] 即可得到先行洞和后行洞上方边沿处梯形附加荷载的高度 $H_{q'_{l1}}$、$H_{q'_{l2}}$ 和 $H_{q'_{r1}}$、$H_{q'_{r2}}$，式中各个符合意义同前。

则可求得先行洞和后行洞的竖向土压力荷载分别为：

$$q_{l1} = q_1 + q'_{l1} = \gamma\left(H_1 + H_{q'_{l1}}\right) \qquad [7\text{-}34\,(a)]$$

$$q_{l2} = q_1 + q'_{l2} = \gamma\left(H_1 + H_{q'_{l2}}\right) \qquad [7\text{-}34\,(b)]$$

$$q_{r1} = q_r + q'_{r1} = \gamma\left(H_r + H_{q'_{r1}}\right) \qquad [7\text{-}35\,(a)]$$

$$q_{r2} = q_r + q'_{r2} = \gamma\left(H_r + H_{q'_{r2}}\right) \qquad [7\text{-}35\,(b)]$$

式中：各个符号意义同前。

4. 侧向土压力荷载计算

水平土压力荷载作用在小间距隧道支护结构两侧，可通过下面计算公式求得：

$$e_{l1} = \lambda q_{l1} \qquad [7\text{-}36\,(a)]$$

$$e_{l2} = \lambda(q_{l1} + \gamma T) \qquad [7\text{-}36\,(b)]$$

$$e_{l3} = \lambda q_{l2} \qquad [7\text{-}36\,(c)]$$

$$e_{l4} = \lambda(q_{l2} + \gamma T) \qquad [7\text{-}36\,(d)]$$

$$e_{r1} = \lambda q_{r1} \qquad [7\text{-}37\,(a)]$$

$$e_{r2} = \lambda(q_{r1} + \gamma T) \qquad [7\text{-}37\,(b)]$$

$$e_{r3} = \lambda q_{r2} \qquad [7\text{-}37\,(c)]$$

$$e_{r4} = \lambda(q_{r2} + \gamma T) \qquad [7\text{-}37\,(d)]$$

式中：$e_{l1} \sim e_{l4}$、$e_{r1} \sim e_{r4}$ 分别为先行洞和后行洞水平方向土压力（kPa）；λ 为侧压力系数，按朗肯土压力理论计算，即 $\lambda = \tan^2\theta$；其他符号意义同前。

5. 中夹岩柱支撑力 P_0 的计算方法

在计算小间距隧道中夹岩柱的承载力时，考虑隧道支护结构（如预应力对拉锚杆）的主动支护力对岩体抗压强度的提高效应，其换算强度表达式为：

$$R_0 = k_0 R_p \qquad (7\text{-}38)$$

式中：R_p 为考虑加固前岩体抗压强度（kPa）；k_0 为放大系数。

因此，中夹岩柱对上部岩体的支撑力如下：

$$P_0 = R_0 W_0 \qquad (7\text{-}39)$$

7.2.3 围岩压力特征规律分析

为研究深埋非对称小间距隧道围岩压力的分布特征，以 V 级围岩为例，取基本计算参数为：围岩重度 $\gamma = 20\text{kN/m}^3$，内摩擦角为 $\varphi = 24°$，计算内摩擦角 $\varphi_g = 45°$；先行洞和后行洞的开挖跨度分别为 $B_1 = 13m$、$B_r = 11m$，开挖高度 $T = 8m$，中夹岩柱抗压强度放大系数 $k_0 = 3$，先行洞内侧滑移面与竖向夹角放大系数 $k_2 = 1.14$，后行洞左侧滑移面与竖向夹角放大系数 $k_3 = 1.12$，以及中夹岩柱厚度 B_0 作为可变参数进行影响因素敏感性分析。分析某一因素影响时，保证其他参数不变，其基准取值如表 7-2 所示。

影响因素敏感性分析参数基准值　　　　表 7-2

B_0(m)	B_1(m)	B_r(m)	T(m)	k_0	k_2	k_3	$\varphi(°)$	$\varphi_g(°)$	γ(kN/m³)	R_p(kPa)
10	13	11	8	3	1.14	1.12	24	36	20	500

1. 中夹岩柱厚度的影响

根据推导公式，仅改变中夹岩柱厚度 B_0（m），保持其他参数不变，得到竖向荷载高度随中夹岩柱厚度 B_0（m）的变化曲线如图 7-14 所示。可以看出，中夹岩柱厚度的变化对先行洞与后行洞内外侧的围岩压力均有影响，且对内侧影响较为明显。竖向、侧向围岩压力均表现出：随着中夹岩柱厚度的增大，围岩压力不断减小，且近似呈线性变化；当中夹岩柱厚度增大到一定值时，先行洞

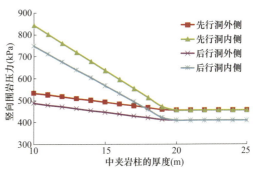

图 7-14　围岩压力与中夹岩柱厚度的关系曲线

与后行洞的围岩压力均趋于稳定，且各洞内外侧的围岩压力趋于相等，即成为分离式隧道。

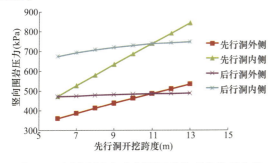

图 7-15　围岩压力与先行洞开挖跨度的关系曲线

2. 开挖跨度的影响

仅改变先行洞开挖跨度，根据推导公式可以求得隧道围岩压力的变化曲线如图 7-15 所示。可以看出，先行洞开挖跨度改变对后行洞外侧竖向与侧向压力基本没有影响；竖向、侧向压力均表现出：随着先行洞开挖跨度的增大，先行洞内外侧、后行洞内侧围岩压力均不断增大，且近似呈线性变化，但后行洞内侧增大较不明显，这说明先行洞开挖跨度的改变对后行洞的影响不大。

3. 开挖高度的影响

仅改变开挖高度，根据推导公式可以求得隧道围岩压力的变化曲线如图 7-16 所示。可以看出，随着开挖高度的增大，竖向、侧向压力均表现出：各洞内外侧围岩压力均增大，且近似呈线性变化；各洞内侧围岩压力比外侧增大的速度快。

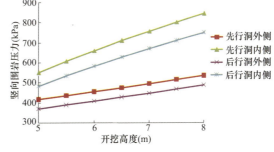

图 7-16　围岩压力与开挖高度的关系曲线

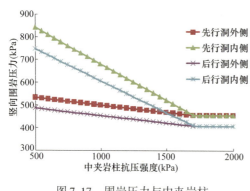

图 7-17　围岩压力与中夹岩柱
抗压强度的关系曲线

4. 中夹岩柱抗压强度的影响

仅改变中夹岩柱抗压强度 R_p（kPa），保持其他参数不变，根据推导公式得到隧道围岩压力的变化曲线如图 7-17 所示。可以看出，随着中夹岩柱抗压强度的增大，各洞内外侧竖向、侧向围岩压力均表现出逐渐减小的趋势，且内侧较外侧减小的快；当中夹岩柱的抗压强度增大到一定值时，围岩压力趋于稳定，且各洞内外侧围岩压力趋于相等，即成为分离式隧道。

5. 中夹岩柱加固系数的影响

仅改变中夹岩柱加固系数 k_0，保持其他参数不变，根据推导公式得到竖向荷载高度随中夹岩柱加固系数 k_0 的变化曲线如图 7-18 所示。可以看出，随着中夹岩柱加固系数的增大，各洞内外侧竖向、侧向围岩压力均表现出逐渐减小的趋势，且内侧较外侧减小的快；当中夹岩柱的加固系数增大到一定值时，围岩压力趋于稳定，且各洞内外侧围岩压力趋于相等，即成为分离式隧道。

7.2.4　工程实例计算与分析

鉴于深埋非对称小间距隧道围岩压力的现场监测数据鲜有报道，本节依托沪蓉西高速公路庙垭分岔隧道小间距段进行工程实例计算与分析。取一深埋围岩压力监测断面，Ⅳ级围岩，且施工中先行开挖左洞。计算参数取值如下：左、右洞最小间距 8m，开挖跨度均为 9.75m，开挖高度约为 8m，围岩内摩擦角 $\varphi = 39°$，计算内摩擦角 $\varphi_g = 55°$，围岩重度 $\gamma = 20kN/m^3$，加固

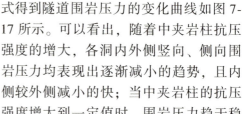

图 7-18　围岩压力与中夹岩柱
加固系数的关系曲线

前中夹岩柱的抗压强度取 $R_p = 800kPa$，中夹岩柱抗压强度放大系数取 $k_0 = 1.5$，先行洞内侧滑移面与竖向夹角放大系数取 $k_2 = 1.35$，后行洞左侧滑移面与竖向夹角放大系数取 $k_3 = 1.30$。

根据所推导的公式可以求得该监测断面的围岩压力，并将计算结果沿隧道开挖轮廓线进行叠加，并与现场监测数据进行对比，如图 7-19 所示。可以看出，除个别测点外，围岩压力计算结果要略大于现场实测结果，即计算结果很好的包络了实测结果。其中，左、右洞内侧的实测围岩压力要显著大于计算结果，分析认为工程中采用了对拉注浆锚杆加固中夹岩柱，造成了中夹岩柱两侧围岩压力的增大。至于左、右洞外侧拱肩处两种数据之间虽然存在一定的差值，认为这是因为考虑到现场监测数据受诸多因素的影响，如依托工程中采用了强大的超前支护，改善了围岩条件，从而降低了围岩压力，且现场

监测结果多是相对于量测开始时的应力变化，并非结构的实际受力状态。总之，按推导公式计算得到的围岩压力与实测值基本吻合，充分证明了推导公式的合理性。

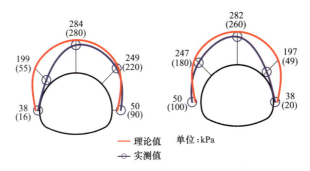

图 7-19　围岩压力实测值与理论值对比图

7.3　小间距隧道中夹岩墙稳定性分析及其应用

7.3.1　小间距隧道围岩应力解析

单洞隧道围岩应力分布规律目前可以得到精确解析，但对于小间距隧道，由于两隧道之间存在相互影响，围岩内某点的应力不能简单将两隧道的影响进行叠加。正因为这种影响区域的叠加，使得中夹岩墙受力特性变得极其复杂，难以精确计算。由于这种应力的相互作用原理类似于物理学中两邻近电场的叠加，物理学中经常利用双极坐标法来解决这一难题，随后该方法被应用于材料的双洞受力问题，双极坐标系在解决双洞问题时具有独特优势。

1. 双极坐标系

双极坐标与直角坐标之间的关系如图 7-20 所示，平面直角坐标内任何一点 p（x，y），对应于双级坐标内的坐标为 p（α，β）。α 为该点到两焦点距离比值的对数，β 为该点到两焦点的夹角的弧度。

两种坐标分量之间的转换关系为：

$$\begin{cases} x = \dfrac{a\sinh\alpha}{\cosh\alpha - \cos\beta} \\ y = \dfrac{a\sin\alpha}{\cosh\alpha - \cos\beta} \end{cases} \quad (7\text{-}40)$$

焦点 F_1，F_2 坐标分别为：F_1（0，$-a$），F_2（0，a）其中 a 的计算方法为：

$$a = \frac{1}{2d}\sqrt{(d^2 - r_1^2 - r_2^2)^2 - 4r_1^2 r_2^2} = r_i \sinh|\alpha_i| \quad (7\text{-}41)$$

式中：a——焦点到原点距离；

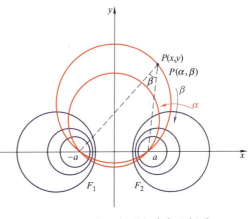

图 7-20　双极坐标系与直角坐标系

153

d——两洞室中心距离；

r_1，r_2——分别为两洞室半径；

α_i——洞室边界的双极坐标分量，定义如下：

$$\alpha_1 = \mathrm{arccosh}\,\frac{r_1^2 - r_2^2 + d^2}{2dr_1}$$

$$\alpha_2 = \mathrm{arccosh}\,\frac{r_2^2 - r_1^2 + d^2}{2dr_2}$$

$$(7\text{-}42)$$

由双极坐标的特点可知，不同 α 的等势线是一组封闭的圆环，当存在两个洞室的情况下，洞室边界可以用双极坐标中的坐标分量 α 方便的表示出来，正是这种优越性，使得在该坐标系下的边界条件比较容易表述，也为求解应力分量带来了极大便利。

2. 应力函数与应力分量

双极坐标中的应力函数一般形式由 Jeffery 于 1921 年首次提出，后经各国学者不断发展，渐趋完善。通常双极坐标中的应力函数被分解成基本应力函数与辅助应力函数两者的叠加。基本应力函数用于满足远场应力边界条件，辅助应力函数用于满足两洞室内边界的边界条件。双极坐标中的应力函数与应力分量之间存在如下关系：

$$\sigma_\alpha = \frac{\partial^2 h_\chi}{\partial \beta^2}(\cosh\alpha - \cos\beta) - \frac{\partial h_\chi}{\partial \alpha}\sinh\alpha - \frac{\partial h_\chi}{\partial \beta}\sin\beta + h_\chi\cosh\alpha$$

$$\sigma_\beta = \frac{\partial^2 h_\chi}{\partial \alpha^2}(\cosh\alpha - \cos\beta) - \frac{\partial h_\chi}{\partial \alpha}\sinh\alpha - \frac{\partial h_\chi}{\partial \beta}\sin\beta + h_\chi\cos\beta$$

$$\tau_{\beta\alpha} = -\frac{\partial^2 h_\chi}{\partial \beta\,\partial \alpha}(\cosh\alpha - \cos\beta)$$

$$(7\text{-}43)$$

上式中：

$$h_\chi = \frac{\chi}{a^2}(\cosh\alpha - \cos\beta) \qquad (7\text{-}44)$$

χ 为应力函数，根据两个应力函数的叠加关系得：

$$\chi = \chi^{(0)} + \chi^{(1)}, h_\chi = h_\chi^{(0)} + h_\chi^{(1)} \qquad (7\text{-}45)$$

Jeffery 给出的应力函数关系表达式分别为：

$$h_\chi^{(0)} = \frac{\sigma_{11}^\square\sin^2\beta + \sigma_{22}^\square\sinh^2\alpha - 2\tau_{12}^\square\sin\beta\sinh\alpha}{2(\cosh\alpha - \cos\beta)} \qquad (7\text{-}46)$$

式中：$\sigma_{11}^\square$，$\sigma_{22}^\square$，$\tau_{12}^\square$ 分别为远场应力边界条件。

$$h_\chi^{(1)} = [B\alpha + K\ln(\cosh\alpha - \cos\beta)](\cosh\alpha - \cos\beta) + \sum_{n=1}^{\square}[\varphi_n(\alpha)\cos n\beta + \psi_n(\alpha)\sin n\beta]$$

$$(7\text{-}47)$$

式中 B，K 为待定参数。当 $n = 1$ 时：

$$\varphi_1(\alpha) = A_1\cosh 2\alpha + B_1 + C_1\sinh 2\alpha$$

$$\psi_1(\alpha) = a_1\cosh 2\alpha + c_1\sinh 2\alpha$$

$$(7\text{-}48)$$

式中 A_1，B_1，C_1，a_1，b_1，c_1 为待定参数。

当 $n \geq 2$ 时：

154

$$\varphi_n(\alpha) = A_n \cosh(n+1)\alpha + B_n \cosh(n-1)\alpha + C_n \sinh(n+1)\alpha + D_n \sinh(n-1)\alpha$$

$$(7\text{-}49)$$

$$\psi_n(\alpha) = a_n \cosh(n+1)\alpha + b_n \cosh(n-1)\alpha + c_n \sinh(n+1)\alpha + d_n \sinh(n-1)\alpha$$

$$(7\text{-}50)$$

式中：A_n、B_n、C_n、D_n、a_n、b_n、c_n、d_n 为待定参数，可由边界条件进行确定。

将 (7-46)、(7-47) 式代入 (7-43) 式就得到两种应力函数下的应力分量表示式，由基本应力函数得到的应力分量分别为：

$$\sigma_\alpha^{(0)} = (\cosh\alpha - \cos\beta)^{-2}\{\sigma_{11}^{\square}(1 - \cosh\alpha\cos\beta)2 + \sigma_{22}^{\square}\sinh^2\alpha\sin^2\beta$$
$$- 2\tau_{12}^{\square}(1 - \cosh\alpha\cos\beta) \times \sinh\alpha\sin\beta\}$$

$$(7\text{-}51)$$

$$\sigma_\beta^{(0)} = (\cosh\alpha - \cos\beta)^{-2}\{\sigma_{11}^{\square}\sinh^2\alpha\sin^2\beta + \sigma_{22}^{\square} \cdot (1 - \cosh\alpha\cos\beta)^2$$
$$+ 2\tau_{12}^{\square}(1 - \cosh\alpha\cos\beta)\sinh\alpha\sin\beta\}$$

$$(7\text{-}52)$$

$$\tau_{\beta\alpha}^{(0)} = (\cosh\alpha - \cos\beta)^{-2}\{(\sigma_{22}^{\square} - \sigma_{11}^{\square}) \times (1 - \cosh\alpha\cos\beta)\sinh\alpha\sin\beta$$
$$+ 2\tau_{12}^{\square}[\sinh^2\alpha\sin^2\beta - (1 - \cosh\alpha\cos\beta)^2]\}$$

$$(7\text{-}53)$$

由辅助应力函数得到的应力分量分别为：

$$\sigma_\alpha^{(1)} = -\frac{K}{2}(\cosh 2\alpha - 2\cosh\alpha\cos\beta + \cos 2\beta) - B\sinh\alpha(\cosh\alpha - \cos\beta)$$

$$+ \sum_{n=1}^{\square}\{\varphi_n(\alpha)[\cosh\alpha\cos n\beta - n^2(\cosh\alpha - \cos\beta)\cos n\beta + n\sin\beta\sin n\beta]$$

$$+ \frac{1}{2}\psi_n(\alpha)[n^2\cos\beta\sin n\beta - (n^2 - 1)\cosh\alpha\sin n\beta - n\sin\beta\cos n\beta]$$

$$- \varphi'_n(\alpha)\sinh\alpha\cos n\beta - \psi'_n(\alpha)\sinh\alpha\sin n\beta\}$$

$$(7\text{-}54)$$

$$\sigma_\beta^{(1)} = \frac{K}{2}(\cosh 2\alpha - 2\cosh\alpha\cos\beta + \cos 2\beta) + B\sinh\alpha(\cosh\alpha - \cos\beta)$$

$$+ \sum_{n=1}^{\square}\{\varphi_n(\alpha)(\cos\beta\cos n\beta + n\sin\beta\sin n\beta)$$
$$- \varphi'_n(\alpha)\sinh\alpha\cos n\beta + \varphi''_n(\alpha)(\cosh\alpha - \cos\beta)\cos n\beta$$
$$+ \psi_n(\alpha)(\cos\beta\sin n\beta - n\sin\beta\cos n\beta) - \psi'_n(\alpha)\sinh\alpha\sin n\beta$$
$$+ \psi''_n(\alpha)(\cosh\alpha - \cos\beta)\sin n\beta\}$$

$$(7\text{-}55)$$

$$\tau_{\beta\alpha}^{(1)} = -(K\sinh\alpha + B\cosh\alpha)\sin\beta + \frac{B}{2}\sin 2\beta +$$

$$(\cosh\alpha - \cos\beta)\sum_{n=1}^{\square} n[\varphi'_n(\alpha)\sin n\beta - \psi'_n(\alpha)\cos n\beta]$$

$$(7\text{-}56)$$

将两应力函数分量相加，即可得到最终应力：

$$\sigma_{ij} = \sigma_{ij}^{(0)} + \sigma_{ij}^{(1)} \tag{7-57}$$

3. 待定参数确定

根据边界条件可以对前述应力分量中包含的参数进行确定。在距两洞室较远的区域，围岩应力趋于原始地应力，即由辅助应力函数所得应力分量应该全部为0，根据双极坐标的定义，此时有：

$$\alpha = 0, \beta = 0$$

因 $\sinh 0 = 0$，$\cosh 0 = 1$，$\sin 0 = 0$，$\cos 0 = 1$，根据 $\sigma_\alpha^{(1)} = 0$ 得：

$$\sum_{n=1}^{\square} (A_n + B_n) = 0 \tag{7-58}$$

2011 年 Raid 根据两洞室在洞周时所需满足的边界条件提出了相关参数的计算方法，但其计算过程出现了一些错误。在其所提供方法的基础上进行了更正，得到应力分量各参数的计算过程，其中 A_1，B_1，C_1，B 四个参数之间满足如下关系：

$$A_1 \cosh 2\alpha + B_1 + C_1 \sinh 2\alpha - \frac{1}{2}(K\cosh 2\alpha + B\sinh 2\alpha)$$

$$- \frac{B}{2}\sinh 2\alpha + e^{-|\alpha|}(\sigma_{11}^{\square}\cosh\alpha + \sigma_{22}^{\square}\sinh|\alpha|) + p(\alpha) = 0 \tag{7-59}$$

$$2A_1 \sinh 2\alpha + 2C_1 \cosh 2\alpha - 2Ke^{-|\alpha|}\sinh\alpha$$

$$+ (\sigma_{11}^{\square} - \sigma_{22}^{\square})e^{-2|\alpha|}\mathrm{sign}\alpha - B = 0 \tag{7-60}$$

式中：$p(\alpha)$ 为洞室周边的应力边界条件，可表示隧道衬砌的支护反力或是水工隧道的内水压力。将 $\alpha = \alpha_1$，$\alpha = \alpha_2$ 分别代入式（7-59）、（7-60）得到 4 个方程组成的方程组，由此求得参数 A_1、B_1、C_1、B。

同样在 $\alpha = \alpha_1$，$\alpha = \alpha_2$ 时以下两个方程组成的方程组联立求解即可得到参数 $n \geqslant 2$ 时的 A_n、B_n、C_n、D_n。

$$n(n^2 - 1)[A_n \cosh(n+1)\alpha + C_n \sinh(n+1)\alpha$$

$$+ B_n \cosh(n-1)\alpha + D_n \sinh(n-1)\alpha] = e^{-n|\alpha|}[2K$$

$$(\cosh\alpha + n\sinh|\alpha|) + (\sigma_{22}^{\square} - \sigma_{11}^{\square})n(n^2 - 1)\sinh|\alpha|] \tag{7-61}$$

$$n(n+1)[A_n \sinh(n+1)\alpha + C_n \cosh(n+1)\alpha] +$$

$$n(n-1)[B_n \sinh(n-1)\alpha + D_n \cosh(n-1)\alpha]$$

$$= 2Ke^{-n|\alpha|}\sinh\alpha - (\sigma_{22}^{\square} - \sigma_{11}^{\square})ng_n(\alpha)\mathrm{sign}\alpha \tag{7-62}$$

上式中：

$$g_n(\alpha) = e^{-n|\alpha|}(\cosh\alpha - n\sinh|\alpha|) \tag{7-63}$$

在得到 A_1，B_1，A_n，B_n 之后，代入式（7-58）可得到参数 K。

当 $n=1$ 时：

$$a_1 = \tau_{12}^\square \frac{e^{-2|\alpha_1|}\cosh2\alpha_2 - e^{-2|\alpha_2|}\cosh2\alpha_1}{\sinh2(\alpha_1 - \alpha_2)} \tag{7-64}$$

$$c_1 = \tau_{12}^\square \frac{e^{-2|\alpha_1|}\cosh2\alpha_2 + e^{-2|\alpha_2|}\cosh2\alpha_1}{\sinh2(\alpha_1 - \alpha_2)} \tag{7-65}$$

当 $n \geqslant 2$ 时，a_n、b_n、c_n、d_n 通过以下两方程在 $\alpha=\alpha_1$，$\alpha=\alpha_2$ 联立求得：

$$n(n^2-1)[a_n\cosh(n+1)\alpha + c_n\sinh(n+1)\alpha +$$
$$b_n\cosh(n-1)\alpha + d_n\sinh(n-1)\alpha$$
$$= 2\tau_{12}^\square n(n^2-1)e^{-n|\alpha|}\sinh\alpha$$

$$\tag{7-66}$$

$$n(n+1)[a_n\sinh(n+1)\alpha + c_n\cosh(n+1)\alpha] +$$
$$n(n-1)[b_n\sinh(n-1)\alpha + d_n\cosh(n-1)\alpha]$$
$$= 2\tau_{12}^\square n g_n(\alpha)$$

$$\tag{7-67}$$

4. 应力分量的坐标转换

通过前述的方法和步骤计算得到双极坐标系下的应力分量，由于人们早已习惯直角坐标下的应力表达方式，因此，有必要将所得结果转换为直角坐标系下的常见表达。在双极坐标中取一点进行研究，该点坐标假设为 $(\alpha_0，\beta_0)$，对应的直角坐标为 $(x_0，y_0)$，二者之间具有式（7-40）所示关系。

在如图 7-21 所示的直角坐标系中取三角微元进行受力分析，以三角微元 ABC 为例，假设 $AB=ds$，则 $AC=ds\cdot\cos\theta$，$BC=ds\cdot\sin\theta$，在 x 方向上有：

$$\sum F(x)=0$$

$$\sigma_x = \sigma_\alpha\sin^2\theta + \sigma_\beta\cos^2\theta - 2\tau_{\alpha\beta}\sin\theta\cos\theta \tag{7-68}$$

$$\sum F(y)=0$$

$$\tau_{xy} = (\sigma_\beta - \sigma_\alpha)\cos\theta\sin\theta - \tau_{\alpha\beta}(\sin^2\theta - \cos^2\theta) \tag{7-69}$$

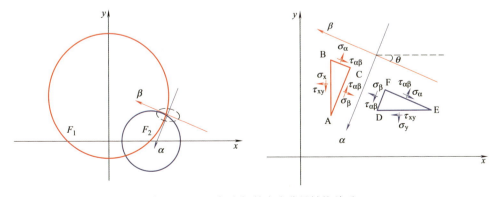

图 7-21　两坐标之间的应力分量转换关系

同理根据三角微元 *DEF* 的平衡关系有：

$$\sum F(y) = 0$$

$$\sigma_y = \sigma_\alpha \cos^2\theta + \sigma_\beta \sin^2\theta + 2\tau_{\alpha\beta}\sin\theta\cos\theta \tag{7-70}$$

上式中角度 θ 是该点双极坐标 β 方向切线斜率所对应的角度，若 β 方向切线斜率为 k_β，则有：

$$\theta = \arctan k_\beta \tag{7-71}$$

β 方向切线斜率 k_β 的计算方法如下：

根据两焦点 F_1，F_2 以及点 p 的坐标可以唯一确定一个圆的方程：

$$x^2 + y^2 + \frac{a^2 - x_0^2 - y_0^2}{y_0}y - a^2 = 0 \tag{7-72}$$

该圆的圆心 F 的坐标为：

$$F\left(0, \frac{1}{2}\frac{x_0^2 + y_0^2 - a^2}{y_0}\right) \tag{7-73}$$

圆心 F 与 p 连线的斜率即为 k_β：

$$k_\beta = \frac{y_0 - \dfrac{x_0^2 + y_0^2 - a^2}{2y_0}}{x_0} \tag{7-74}$$

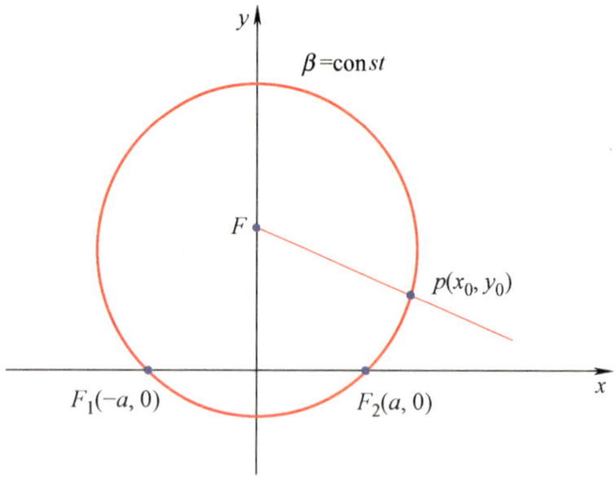

图 7-22　斜率计算

由此可得应力分量转换关系式中的角度 θ 的表达式：

$$\theta = \arctan\left(\frac{y_0^2 - x_0^2 + a^2}{2y_0 x_0}\right) \tag{7-75}$$

通过以上分析，在边界条件和隧道几何关系确定的情况下，就可以计算得到围岩内任一点的应力状态，并将之转换为直角坐标下的分量。

5. 塑性应力状态

若考虑围岩的塑性屈服，将岩土材料中常用的摩尔库伦屈服准则代入所得应力分量表达式，结合具体围岩物理力学参数，则可以近似判断中夹岩墙的塑性区大小，若假设进入塑性状态后小主应力（水平应力）与弹性状态下相同，变化的只是大主应力（竖向应力），则能进一步得到整个中夹岩墙内弹塑性区的应力分布，摩尔库伦屈服条件可表示为：

$$F = \frac{1}{3}I_1\sin\varphi + \left(\cos\theta_\sigma - \frac{1}{\sqrt{3}}\sin\theta_\sigma\right)\sqrt{J_2} - c\cos\varphi \tag{7-76}$$

式中：I_1——应力张量第一不变量；

　　　J_2——应力偏张量第二不变量；

　　　θ_σ——洛德角；

　　　c，φ——岩土黏聚力和内摩擦角。

以上分析方法是通过在所得弹性应力分量的基础上，在结合塑性屈服准则判断塑性区宽度。这样会带来一定的误差。围岩进入塑性后会进行应力重分布，实际塑性区往往大于前文分析方法所得结果，因此在进行实际应用前有必要进行相应的误差修正。

经典的卡斯特纳公式所给出的单洞隧道塑性区半径计算方法为：

$$R_{\mathrm{p}} = r_0 \left[\frac{(P + c \cdot \mathrm{ctg}\varphi)(1 - \sin\varphi)}{c \cdot \mathrm{ctg}\varphi} \right]^{\frac{1 - \sin\varphi}{2\sin\varphi}} \tag{7-77}$$

式中：R_{p}——塑性区半径；

r_0——隧道半径；

P——初始围岩压力

如果在弹性应力基础上结合屈服准则所得塑性区半径为 R'_{p}，则围岩塑性区半径修正比例为：

$$\eta = \frac{R_{\mathrm{p}}}{R'_{\mathrm{p}}} \tag{7-78}$$

即实际围岩塑性区半径应该在计算塑性区半径基础上向外扩展 η 倍。在静水压力下，单洞隧道围岩与双洞隧道中夹岩墙受力状态相似，都只有水平应力和竖向应力，没有剪应力，且应力向外扩散规律相同，因此可以认为单洞隧道塑性区半径修正方法同样应用于双洞隧道的中夹岩墙塑性区的修正，即最终塑性区半径应为：

$$R = \eta R'_{\mathrm{p}} \tag{7-79}$$

式中：η 为塑性区半径修正系数，可根据不同围岩物理力学参数进行计算。

7.3.2　中夹岩墙受力状态与稳定性分析

鉴于小间距隧道中夹岩墙对围岩整体稳定性的重要作用，以下采用本节方法重点对中夹岩墙的受力状态和稳定性进行分析。由上文所得应力分量计算过程可知，中夹岩墙的应力分布与隧道尺寸、岩墙厚度、支护反力以及初始围岩应力场等因素有关。相关研究表明，围岩力学特性对中夹岩墙的应力分布影响更加明显，软岩与硬岩会呈现出截然不同的应力分布。下文将选取岩墙最薄弱位置为研究对象，对中夹岩墙受力状态和稳定性进行分析，并对各参数的影响规律进行讨论。主要考虑如下几个影响因素的作用：洞径大小、岩墙厚度、侧压系数、支护反力和围岩级别。

本节方法能方便地计算出应力分量，但由于表达式较复杂而不能给出显式表达，为此在接下来的研究过程中，对研究问题进行变量控制，在对某一影响因素进行研究时，赋予其他参数一个确定的值。

1. 洞径大小的影响规律

为了研究两隧道半径大小对中夹岩墙的受力的影响，采取如图 7-23 所示的模型进行分析，令右

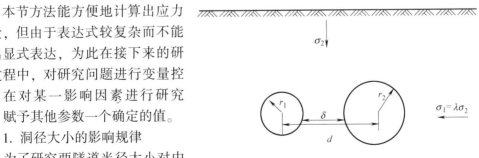

当两隧道中心处于同一水平位置，此时远场剪应力
$\tau_{12} = 0$

图 7-23　分析问题模型

侧隧道半径 $r_2 = 5\mathrm{m}$，岩墙厚度 $\delta = 10\mathrm{m}$，左右侧隧道半径 r_1 分别取 2m、3m、4m、5m。应力边界条件为：$\sigma_{11}^{\square} = 0.5\mathrm{MPa}$，$\sigma_{22}^{\square} = 1\mathrm{MPa}$，$\tau_{12}^{\square} = 0$。

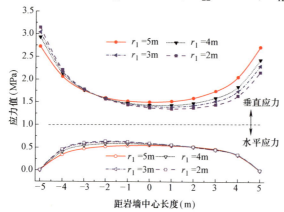

图 7-24 不同隧道半径下的中夹岩墙应力分布规律

当 r_1 不同取值时中夹岩的应力分布规律，如图 7-24 所示。

由图 7-24 可知，随着 r_1 逐渐减小，岩墙应力由对称分布转变为不对称分布。垂直应力在小洞径一侧逐渐增大，而在大洞径一侧逐渐减小，水平应力在小洞径一侧的上升速度逐渐增大，但变化量不明显。

以 Ⅳ 级围岩下限参数为例，取 $c = 0.2\mathrm{MPa}$，$\varphi = 27°$，结合算例中的应力分量和屈服条件，所得塑性区结果如表 7-3 所示。

不同岩墙厚度下的塑性区宽度   表 7-3

r_1（m）	塑性区宽度（m）	百分比（%）
5	3.40	34.0
4	3.18	31.8
3	2.81	28.1
2	2.53	25.3

由表 7-3 可知，随着 r_1 的减小，中夹岩塑性区宽度逐渐减小。表 7-3 的结果是以 Ⅳ 级围岩下限参数为基础而得到的，为研究问题的方便，后文算例中都以该类围岩为计算依据，下文不再赘述。进一步可以得到岩墙内围岩竖向应力分布规律如图 7-25 所示：

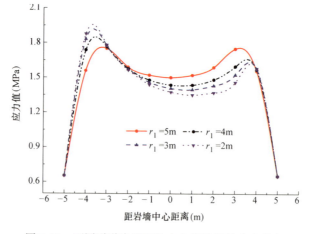

图 7-25 不同隧道半径下的中夹岩墙塑性应力分布

图 7-25 同样反映出两隧道半径差别越大，最终的应力分布越不对称，塑性应力呈现双峰特性，且较大峰值靠近半径较小的隧道一侧。

2. 岩墙厚度影响规律

当隧道半径分别为 $r_1 = r_2 = 5m$，$\sigma_{11}^{\square} = 0.5MPa$，$\sigma_{22}^{\square} = 1MPa$，$\tau_{12}^{\square} = 0$，岩墙厚度取不同值时，可以得到岩墙水平中线上应力分布规律，如图 7-26 所示。

由图 7-26 可知，在其他参数一定情况下，岩墙厚度对其内部竖向应力影响显著。随着岩墙厚度从 0.5 倍隧道半径增加到 4 倍隧道半径，水平应力整体逐渐增大，竖向应力整体呈现减小趋势。在岩墙中部竖向应力取得最小值，水平应力取得最大值。不同岩墙厚度下所得塑性区结果如表 7-4 所示。

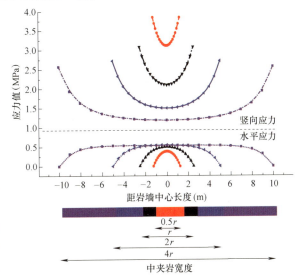

图 7-26　不同厚度中夹岩墙的应力分布规律

不同岩墙厚度下的塑性区宽度 　　　　表 7-4

δ(m)	塑性区宽度(m)	百分比(%)
2.5	2.50	100
5	5.00	100
10	3.40	34
20	3.20	16

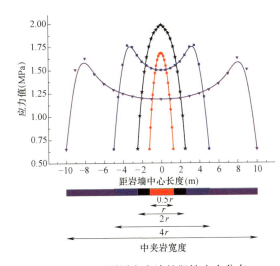

图 7-27　不同厚度岩墙的塑性应力分布

进一步可以得到屈服后岩墙内围岩竖向应力分布规律如图 7-27 所示：

由图 7-27 可知，在考虑围岩塑性屈服后，岩墙中应力分布发生了很大改变。在弹性状态下，竖向应力在隧道周边取得最大值，而考虑塑性后，竖向应力在隧道周边变为最小。应力分布形态随着岩墙厚度增加，从单峰状态变为双峰状态。

从判断中夹岩墙稳定性的角度而言，弹性应力只是用作近似计算塑性应力和塑性区的依据，是判断围岩稳定性的中间过程，前述两个影响因素已做了相应分析，限于篇幅，后文不再就弹性应力进行图示，直接给出最终计算得到的塑性应力。

　　3. 侧压力系数影响规律

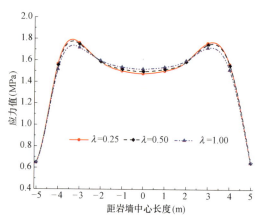

图 7-28　不同侧压系数下岩墙塑性应力分布

　　利用上节相同的分析方法和步骤，可以对不同侧压系数下的岩墙受力特性和塑性区宽度进行分析，假设隧道半径分别为 $r_1 = r_2 = 5\text{m}$，岩墙厚度 $\delta = 10\text{m}$，$\sigma_{22}^\square = 1\text{MPa}$，$\tau_{12}^\square = 0$，侧压力系数取不同值时，可以得到中夹岩墙水平中线上应力分布规律如图 7-28 所示。

　　由图 7-28 可知，不同侧压力系数下，岩墙塑性区宽度和塑性屈服后的应力基本相同，即侧压力系数对中夹岩应力分布和塑性区影响很小，塑性区宽度如表 7-5 所示。

不同侧压力系数下的塑性区宽度　　　　　　　　　　　表 7-5

λ	塑性区宽度（m）	百分比（%）
0.25	3.67	36.7
0.5	3.40	34.0
1	3.32	33.2

　　表 7-5 显示，侧压力系数 λ 从 0.25 增加到 1 的过程中，塑性区宽度只减少了 0.35m（3.5%），这是因为中夹岩两侧为隧道净空，阻碍了水平压力的传递，进而导致侧压影响不明显。

　　4. 支护反力影响规律

　　当隧道支护施作完成，并承担一部分围岩荷载时，岩墙应力分布状态会发生较大变化。假设隧道半径分别为 $r_1 = r_2 = 5\text{m}$，岩墙厚度 $\delta = 10\text{m}$，围岩边界条件为 $\sigma_{11}^\square = 0.5\text{MPa}$，$\sigma_{22}^\square = 1\text{MPa}$，$\tau_{12}^\square = 0$，支护反力取不同值时，得到不同支护反力下的围岩塑性应力如图 7-29 所示。

　　由图 7-29 可知，随着支护反力的增大，岩墙内应力分布规律变化明显，大体趋势为弹性区内应力逐渐减小，而塑性区内压力逐渐增加，压力分布呈现双峰形态。不同支护反力作用下的塑性区宽度如表 7-6 所示。

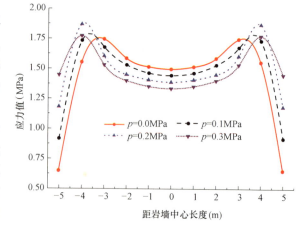

图 7-29　不同支护反力下的岩墙塑性应力分布

p（MPa）	塑性区宽度（m）	百分比（%）
0	3.40	34.0
0.1	2.62	26.2
0.2	1.94	19.4
0.3	1.38	13.8

不同支护反力下的塑性区宽度   表7-6

由表7-6可知支护反力的施加对控制岩墙内塑性区的发展效果明显，随着支护力的增大，中夹岩墙内塑性区逐渐减小。可以推断，当支护反力增大到一定程度时，围岩中可以不出现塑性区。由于目前衬砌都是受被动反力，支护反力大小难以人为控制，做到无塑性区很难。可以预测，随着科技水平的发展，未来在一些特殊工程中可能会用到主动反压衬砌以及适当的超前支护、临时支护和预支护等，以确保重要设施或结构的安全。而所需主动反力大小可以由本节方法进行确定。

5. 围岩级别的影响

围岩材料参数是影响中夹岩墙稳定性的重要因素，取隧道半径分别为 $r_1 = r_2 = 5m$，岩墙厚度 $\delta = 10m$，围岩边界条件为 $\sigma_{11}^{\square} = 0.5MPa$，$\sigma_{22}^{\square} = 1MPa$，$\tau_{12}^{\square} = 0$ 的情况进行分析，围岩参数分别取Ⅲ、Ⅳ、Ⅴ级围岩的下限参数进行分析。得到不同围岩级别下岩墙内的应力分布规律，如图7-30所示。

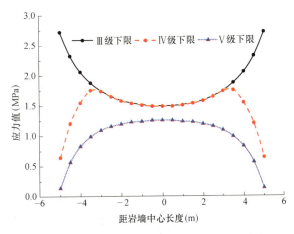

如图7-30所示，算例所选取的三种围岩参数分别对应于无塑性区、部分塑性区和完全塑性区三种典型情况。也表明在围岩条件较差时，若通过辅助工法对围岩进行强化加固，可对中夹岩墙的稳定性起到较好的作用。

图7-30 不同围岩级别下的岩墙塑性应力分布

根据图7-30可进一步得到不同级别围岩的塑性区宽度如表7-7所示。

不同围岩参数下的塑性区宽度   表7-7

围岩类型	塑性区宽度（m）	百分比（%）
Ⅲ级下限	0	0
Ⅳ级下限	3.40	34.0
Ⅴ级下限	10	100

由表7-7可知，围岩材料参数对岩墙内塑性区范围影响非常显著，围岩从Ⅲ级下限变化到Ⅴ级下限的过程中，中夹岩墙由无塑性区过渡到完全塑性区。

6. 岩墙稳定性判别

如果认为中夹岩墙保持稳定的条件是塑性区不出现连通，则通过前文分析，可得中

163

夹岩墙稳定性判别过程和步骤如下：

确定分析问题的初始参数，包括围岩参数、几何参数、支护参数、安全储备弹性岩体的预设厚度等。

计算双极坐标系下的应力分量，并将其转化到直角坐标系。

代入屈服准则，根据应力结果和围岩参数判断塑性区宽度。

确定所分析围岩塑性区宽度修正系数，得到实际塑性区宽度。

如果实际塑性区宽度小于中夹岩墙厚度，则认为岩墙稳定性可以保证，反之则不能保持稳定，需采取相应的辅助措施进行人为干预，以确保其稳定性。

7.3.3 工程应用

1. 工程概况

椒金山隧道位于辽宁省大连市东北路，为双向四车道的双洞隧道，隧道全长1095m，最大埋深90m，平均埋深38m左右，隧道围岩以Ⅲ、Ⅳ级为主，局部Ⅴ级围岩。鉴于东北路的前两程地面段均为双向六车道，为缓和该路段的交通拥堵状况，拟将椒金山隧道段扩建以满足双向六车道的交通能力，在既有隧道扩挖形成三车道隧道以及新建一座双向两车道隧道方案分析的基础上，最终确定实施新建隧道方案。由此可见，在新建隧道开挖前，既有两隧道的中夹岩墙厚度为23m，隧道断面等效圆半径约为5m，如图7-31所示。

图7-31 扩建前隧道

在既有隧道之间新建一座隧道，将导致岩墙厚度由原来的23m减小到5.66m，如图7-32所示，而且必须在既有隧道正常运营阶段施工，工程风险很高。考虑到围岩的实际状况，拟选取Ⅲ、Ⅳ级围岩的下限参数进行重点分析。

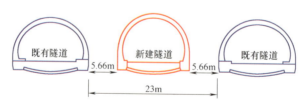

图7-32 隧道扩建方案

2. 初始岩墙稳定性

为深入分析新建隧道的可行性以及明确安全性控制要求，首先应对新建隧道之前的围岩状况进行分析和评价。为此，分别选取最大埋深90m和平均埋深38m对新建隧道之前的岩墙稳定性进行分析，计算过程中侧压系数按 $\lambda = \mu/(1-\mu)$ 取值，各工况计算参数如表7-8所示。

不同组合的计算参数　　　　　　　　　　　　表7-8

计算工况	埋深（m）	围岩重度（kN/m³）	黏聚力（MPa）	内摩擦角（°）	泊松比
1	90	24	0.7	39	0.27
2	90	22	0.2	27	0.33
3	38	24	0.7	39	0.27
4	38	22	0.2	27	0.33

计算所得中夹岩墙应力分布规律如图7-33所示。

根据不同工况的计算工况，得到相应的塑性区修正系数如表7-9所示：

不同参数下塑性区修正系数　　　　　　　　　　表7-9

计算工况	1	2	3	4
η	1.08	1.27	1	1.04

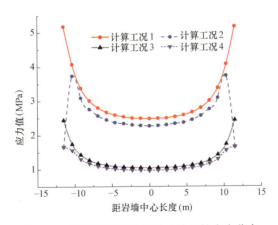

图7-33　不同工况下的初始岩墙塑性应力分布

由表7-9修正参数，并结合计算所得塑性区宽度，可以得到实际塑性区范围如表7-10所示。

不同参数下初始塑性区宽度　　　　　　　　　　表7-10

计算工况	塑性区宽度（m）	百分比（%）
1	1.696	7.4
2	7.446	32.4
3	0	0
4	3.112	13.5

由表 7-10 可知，新建隧道开挖前中夹岩墙塑性区范围都处于较低水平，最大塑性区宽度为中夹岩整体厚度的 32.4%。可见在新建隧道开挖前，中夹岩稳定性可以得到保障。因为中夹岩墙存在较大范围的弹性区，为新建隧道的安全修建提供了可靠的条件。下面进一步分析新建隧道施工过程中夹岩墙的稳定性。

3. 二次岩墙稳定性

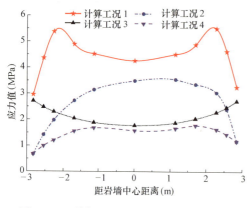

图 7-34　不同工况下的二次岩墙应力分布

在新建隧道施工前为保证围岩稳定性，对既有隧道衬砌背后进行了回填注浆处理，这样做的目的一方面是提高围岩强度，另一方面是增加既有隧道衬砌支护反力，由前文分析可知，提高围岩强度和衬砌支护反力都有利于中夹岩墙的稳定。根据隧道设计规范，既有隧道衬砌支护反力在 III、IV 级围岩条件下分别取 0.07MPa 和 0.19MPa。由几何对称性，取两部分岩墙中的右侧部分进行分析，在表 7-8 计算参数基础上得到新建隧道开挖后的岩墙应力分布规律如图 7-34 所示。

从图 7-34 中夹岩墙压力分布可知，由于既有隧道衬砌压力的作用，中夹岩墙中的应力呈现不对称分布，应力最大值偏离中心位置，并向既有隧道结构方向偏移，由此也导致塑性区分布不对称，左侧塑性区宽度大于右侧，塑性区分布规律如图7-35所示。

由图 7-35 可知，在最大埋深 90m处，III 级围岩的岩墙存有 4.5m 弹性区，处于相对稳定状态，而 IV 级围岩的岩墙则完全进入塑性状态；平均埋深 38m处，III 级围岩的岩墙全部处于弹性状态，IV 级围岩条件也仅有 3.1m 弹性区。

通过以上分析可知，若围岩参数能达到 III 级的标准，则新建隧道修建过程中，围岩将能保持稳定，而 IV 级围岩在

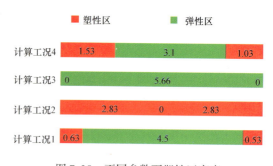

图 7-35　不同参数下塑性区宽度

埋深较大处将形成贯通性塑性区，无法实现自稳，因此施工过程中的围岩加固措施是非常重要的。

4. 工程措施及其效果

根据以上分析结果，在对两侧既有隧道结构加固的基础上，综合考虑围岩条件、埋深和既有结构状况进行了新建隧道安全性分级，由此采取不同的工程措施、施工方法以及变形和振动控制标准，并在施工过程中进行了监测，实行信息反馈，确保了工程的安全建成。施工完成后的三洞六车道隧道如图 7-36 所示，大大缓解了大连市东北路的交通状况。

图 7-36　扩建后的隧道

7.4　小间距隧道施工优化及围岩稳定性

7.4.1　施工工法优化

1. 工法比选

根据北京城市地下道路分岔隧道小间距段的实际情况，提出建议的备选施工工法如表 7-11 所示。根据前面章节的计算结果和工程经验可知，三种工法的施工安全性由小到大依次是工法 1、工法 2 和工法 3，综合考虑到施工安全性和施工经济性，重点对工法 1 和工法 2 进行数值模拟比选。

城市地下道路分岔隧道连拱段建议备选施工工法　　　　表 7-11

施工工法	示意图	施工步序
工法 1： 双洞 CD 法	③ ④　②′①	步序 1：开挖①部，施作初期支护和临时竖撑； 步序 2：开挖②部，施作初期支护； 步序 3：开挖③部，施作初期支护和临时竖撑； 步序 4：开挖④部，施作初期支护
工法 2： 小洞 CD + 大洞 CRD 法	③ ⑤　② ① ④ ⑥	步序 1：开挖①部，施作初期支护和临时竖撑； 步序 2：开挖②部，施作初期支护； 步序 3：开挖③部，施作初期支护和临时支撑； 步序 4：开挖④部，施作初期支护和临时支撑； 步序 5：开挖⑤部，施作初期支护和临时支撑； 步序 6：开挖⑥部，施作初期支护
工法 3： 双洞 CRD 法	⑤ ⑦　③ ① ⑥ ⑧　④ ②	步序 1：开挖①部，施作初期支护和临时支撑； 步序 2：开挖②部，施作初期支护和临时支撑； 步序 3：开挖③部，施作初期支护和临时支撑； 步序 4：开挖④部，施作初期支护； 步序 5：开挖⑤部，施作初期支护和临时支撑； 步序 6：开挖⑥部，施作初期支护和临时支撑； 步序 7：开挖⑦部，施作初期支护和临时支撑； 步序 8：开挖⑧部，施作初期支护

采用 FLAC3D 软件建立分岔隧道小间距段的三维模型，模型尺寸定为 120m × 24m ×120m，计算模型共29736 个单元，25816 个节点，如图 7-37 所示。为分析各导洞开挖对地层变形的影响作用，先行导洞开挖贯通后再开挖后续导洞，每次开挖进尺 6m，且数值计算仅考虑初期支护的作用，不考虑拆除临时支撑和二次衬砌施作对地层变形的影响作用。

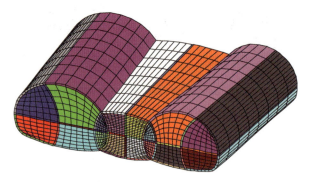

图 7-37　分岔隧道小间距段数值模型网格细部图

2. 计算结果与分析

三维数值模型计算得到了分岔隧道小间距段不同施工方法对地表沉降的影响规律。其中地表中心点随开挖步序的关系曲线和地表沉降槽曲线分别如图 7-38 和图 7-39 所示。可以看出：

（1）就各工法地表中心点最终沉降量而言：工法 1（15.2mm）和工法 2（14.3mm）几乎相当。因此，就控制地表沉降的能力而言，左洞增设临时横撑的工法 2 并没有明显优势。

（2）无论哪种工法，右洞后续半断面的开挖和左洞后续半断面开挖对地表沉降的影响最为直接和明显，如工法 1 的②部和④部开挖，工法 2 的②部和⑤部开挖。经分析认为，开挖面积相对较大和倒三角的断面形状是造成沉降较大的主要因素。因此，左右洞后续断面的施工是分岔隧道小间距段地层变形控制的关键步序。

（3）从 2 种工法施工引起的地表沉降槽可以看出，工法 1 和工法 2 控制地层变形的能力几乎相当，工法 2 施工引起的沉降槽中心相对右移。

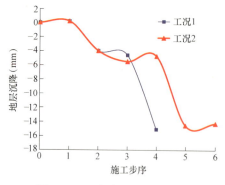

图 7-38　地表中心点沉降曲线

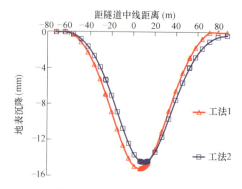

图 7-39　地表沉降槽曲线

168

3. 洞周变形

数值模拟得到了分岔隧道小间距段不同施工方法对拱顶沉降和水平变形的影响规律。下图给出了各工法施工最终完成后的竖向变形和水平变形等值线云图。可以看出：

（1）就各工法拱顶最大沉降量而言：工法1（61.4mm）和工法2（66.9mm）基本相当。工法2与工法1相比，在两主洞开挖时增设了临时仰拱，相当于增强了横向支撑的刚度，但洞周地层沉降量不但没有减小，反而有所增大，尤其左洞右半断面上方沉降增加更为明显。之所以出现这种情况，CRD③部施工的倒三角开挖断面形状是造成这种现象的主要因素，同时从另一方面反映出大断面开挖及时封闭可以有效控制围岩变形。

（2）就围岩而言分岔隧道小间距段的侧向变形相对小于竖向变形，因此竖向变形控制仍然是分岔隧道小间距段围岩变形控制的重点，但是就支护结构而言，没有设置横向支撑的中隔壁产生了较大的侧向变形，如工法1左洞中隔壁侧向变形超过了100mm，右洞中隔壁侧向变形超过了50mm；工法2左洞增设了横向支撑，侧向变形降低了近

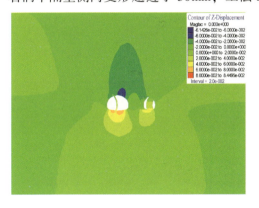

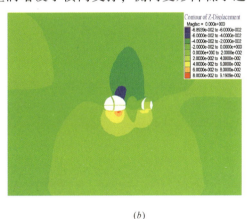

（a）   （b）

图 7-40　分岔隧道小间距段地层竖向变形云图
（a）工法1；（b）工法2

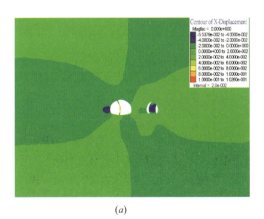

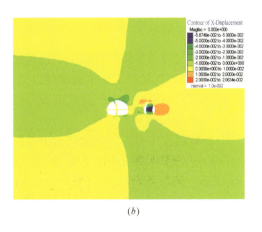

（a）   （b）

图 7-41　分岔隧道小间距段地层水平变形云图
（a）工法1；（b）工法2

80%，而右洞的侧向变形与工法1几乎相当。

（3）考虑到工法2能够有效控制隧道结构的侧向变形，建议在分岔隧道小间距段采用工法2进行施工。

4. 塑性区

数值模拟得到了分岔隧道小间距段不同施工方法对塑性区分布的影响规律如图7-42所示。可以看出：对于各工法施工引起的立交隧道塑性区体积，工法1和工法2几乎相当；无论哪种工法，分岔隧道小间距段塑性区主要集中在隧道洞周区域，且在洞周拱脚和拱肩区域塑性区扩展相对较深，在洞周形成了"X"形的塑性破坏区。竖向应力为主导的地应力条件和公路隧道扁平的断面形状造成了洞周"X"形的塑性破坏区。总体而言，由于隧道断面较大和北京城区地质条件较差，各工法施工均会引起分岔隧道小间距段产生明显的塑性破坏区，且当分岔隧道地层变形量较大时，塑性区范围会更大，严重时甚至贯通至地表。

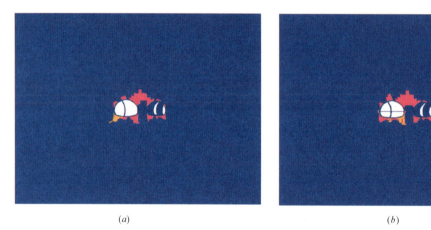

图 7-42　分岔隧道小间距段塑性区分布图
（a）工法1；（b）工法2

7.4.2　稳定性分析

通过分岔隧道小间距段施工工法优化，左洞（三车道大断面）CRD法和右洞（两车道小断面）CD法的工法2被推荐为建议工法。本节针对该工法施工影响下分岔隧道连拱段的围岩稳定性及支护结构的受力特性进行三维数值模拟分析。

1. 小间距段位移场特征

三维数值模拟得到了分岔隧道小间距段最大沉降量、最大隆起量及最大水平变形量随施工步序的变化曲线如图7-43所示，各工序的围岩变形（总位移）等值线云图如图7-44所示。可以看出：

（1）分岔隧道小间距段采用CRD法与CD法相结合的工法2施工，能够很好地控制地层变形，可以将最大沉降量控制在70mm以内，将最大隆起量控制在100mm以内，将最大水平变形控制在30mm以内。因此，分岔隧道小间距段采用该工法是完全可行的。

（2）随着施工步序的不断推进，分岔隧道小间距段竖向变形和水平变形均逐渐增大，且二者增大趋势基本一致，反映出隧道开挖引起的围岩变形传递的"自下向上"性，这一点在沉降云图中更加直观，同时反映出控制竖向变形和控制水平变形具有统一性。

（3）在分岔隧道小间距段各施工步序中，开挖右洞（匝道）和左洞（主隧道）右半断面引起的地层变形量最大，应作为分岔隧道小间距段围岩变形控制的关键步序。

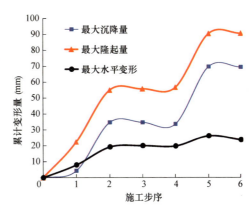

图 7-43　分岔隧道小间距段最大沉降量、最大隆起量和最大水平变形量 vs 施工步序

（4）由沉降云图的演化过程可知，当两侧导坑开挖时，较大的围岩变形主要集中在开挖轮廓线周围两节点之间的中间跨度处，呈蘑菇云状向洞周逐渐扩散，形成了一个个"拱形"位移等值线，临时支撑有效地控制了围岩变形，初期支护与临时支撑的节

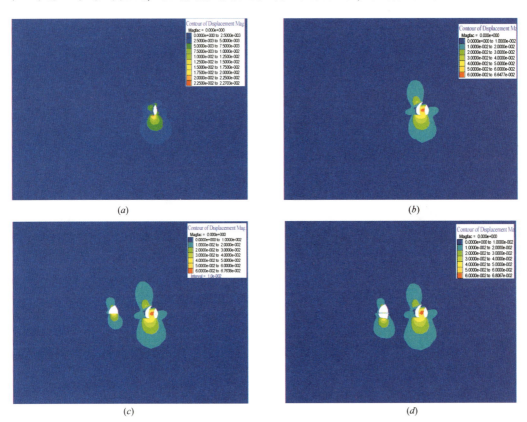

图 7-44　分岔隧道小间距段总位移等值线云图

（a）开挖右洞（匝道）右导洞（①部）；（b）开挖右洞（匝道）左半断面（②部）；
（c）开挖左洞（主隧道）左上导洞（③部）；（d）开挖左洞（主隧道）左下导洞（④部）

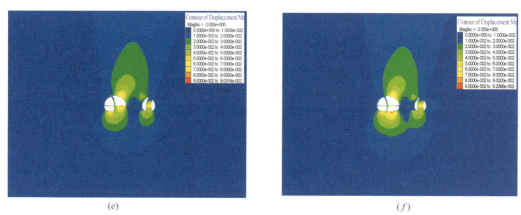

(e)   (f)

图 7-44　分岔隧道小间距段总位移等值线云图（续）

（e）开挖左洞（主隧道）右上导洞（⑤部）；（f）开挖左洞（主隧道）右下导洞（⑥部）

点将一个大的"拱形"位移等值线分割为两个较小的"拱形"位移等值线，在隧道开挖完成后在隧道开挖轮廓线正上方形成了一个显著的整体沉降区。

2. 小间距段支护结构应力特征

三维数值模拟得到了分岔隧道小间距段随施工步序的支护结构最大主应力（拉为正）和最小主应力云图，如图 7-45 和图 7-46 所示。可以看出：分岔隧道小间距段采用

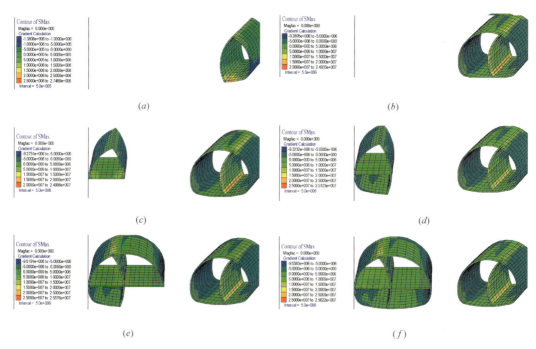

(a)   (b)

(c)   (d)

(e)   (f)

图 7-45　分岔隧道小间距段支护结构最大主应力云图

（a）开挖右洞（匝道）右导洞（①部）；（b）开挖右洞（匝道）左半断面（②部）；

（c）开挖左洞（主隧道）左上导洞（③部）；（d）开挖左洞（主隧道）左下导洞（④部）；

（e）开挖左洞（主隧道）右上导洞（⑤部）；（f）开挖左洞（主隧道）右下导洞（⑥部）

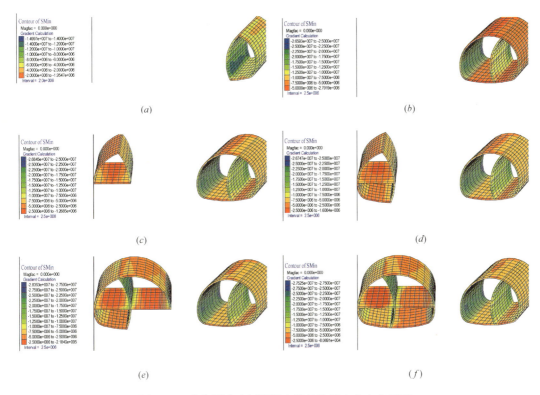

图 7-46　分岔隧道小间距段支护结构最小主应力云图

（a）开挖右洞（匝道）右导洞（①部）；（b）开挖右洞（匝道）左半断面（②部）

（c）开挖左洞（主隧道）左上导洞（③部）；（d）开挖左洞（主隧道）左下导洞（④部）

（e）开挖左洞（主隧道）右上导洞（⑤部）；（f）开挖左洞（主隧道）右下导洞（⑥部）

CRD 法与 CD 法相结合的工法 2 施工，由于支护结构与围岩刚度比（弹性模量比）较大，且为各步序开挖后立即施作，支护结构承受了较大的围岩应力，产生了较大的"拉"、"压"应力（有些步序超过了 20MPa）。

3. 小间距段支护结构变形特征

三维数值模拟得到了分岔隧道小间距段支护结构最大变形随施工步序的变化曲线如图 7-47 所示，各工序的支护结构变形云图如图 7-48 所示。可以看出：

（1）尽管分岔隧道小间距段采用 CRD 法与 CD 法相结合的工法 2 施工，可是由于隧道开挖断面较大，地层物理力学参数较低，各步序开挖均引起支护结构产生了较大的变形，最大变形达到了 92.1mm。

（2）由于隧道开挖引起的应力释放是引起围岩变形的主要原因，各步序开挖引起的地层变形方向多指向隧道开挖的中心位置。

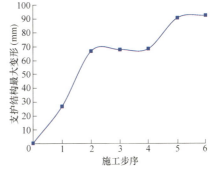

图 7-47　分岔隧道小间距段支护结构最大变形 vs 施工步序

（3）从支护结构大变形分布位置来看，与各节点处应力集中相反，较大的变形主要集中在非节点的跨中位置，如竖向中隔壁拱顶和拱底两侧的位置。

（4）分岔隧道小间距段第一步开挖后，支护结构就产生了较大的变形，达到了26.6mm，在第二部开挖后更是增大至66.5mm，增大了约150%，随着施工步序的不断推进，分岔隧道小间距段支护结构最大变形在经历了第2～4步的相对稳定之后，在第5步施工时更是由第4步完成后的66.1mm突变增至90.3mm，增大了约33%。可见，右洞（匝道）开挖以及左洞（主隧道）后续半段面的开挖是分岔隧道小间距段变形控制的关键步序。

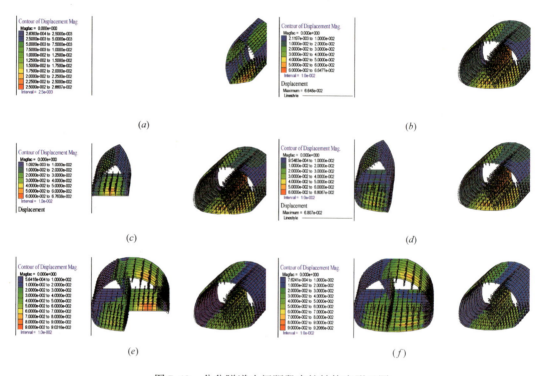

图 7-48   分岔隧道小间距段支护结构变形云图

（*a*）开挖右洞（匝道）右导洞（①部）；（*b*）开挖右洞（匝道）左半断面（②部）；
（*c*）开挖左洞（主隧道）左上导洞（③部）；（*d*）开挖左洞（主隧道）左下导洞（④部）；
（*e*）开挖左洞（主隧道）右上导洞（⑤部）；（*f*）开挖左洞（主隧道）右下导洞（⑥部）

7.5   小间距隧道围岩稳定性室内模型试验

在城市地下道路建设中，受特殊地质条件、地表建筑物、地面路网的衔接方式、总体路线线形和工程造价等因素的限制，隧道间距往往不能达到规范中的要求，因此，为获得较好的经济和环境效益，小间距隧道成为最常见的解决方案之一。

国内部分学者结合现场实测、模型试验和数值分析等方法对不同级别围岩下小间距隧道的力学行为和施工技术进行了系统的研究。但是城市地下隧道因其特殊的地层条件、不确定的地下水状况和复杂的施工环境，针对性的研究并不多见。

砂卵石土地层在北京城区有着分布的广泛，是一种典型的力学不稳定地层。针对砂卵石的特性，研制了以颗粒级配和内摩擦角为主要相似指标的围岩模型材料；通过千斤顶加载系统模拟不同埋深条件，对砂卵石地层条件下小间距隧道的渐进性破坏过程进行了深入研究，重点分析了围岩的应力场特征和结构内力的分布规律以及隧道的破坏过程。

7.5.1 试验概况

地层原型为北京城区埋深 20m 至 40m 间较常见的砂卵石土层；隧道断面参照《公路隧道设计规范》JTG D70—2004 取设计车速 80km/h 标准断面，复合衬砌总厚度为 90cm，衬砌混凝土强度均为 C30；隧道毛洞开挖宽度为 12.66m，高度为 9.99m，双洞间距为 4m，隧道结构断面如图 7-49 所示。

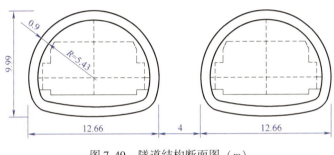

图 7-49　隧道结构断面图（m）

7.5.2 试验方案设计

1. 试验系统及相似材料

试验系统和采用的相似模型材料同第 6 章。

2. 量测方案

隧道模型顶部覆土为 2 倍洞高，加固圈厚度与中夹岩厚度均为 10cm（对应原型 4m，约 0.3 倍洞宽）。传感器均布设在模型中间断面，量测内容包括围岩应力及衬砌结构典型位置应变。测点布设见图 7-50。

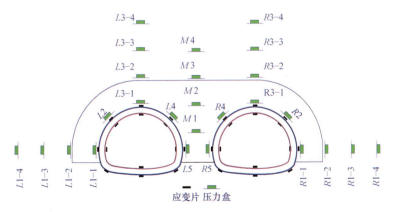

图 7-50　应变片及压力盒布置图

3. 试验过程

隧道模型试验分"先开挖后加载"和"先加载后开挖"2 种方法，其围岩的位移场不同，但应力场几乎是一致的。本次试验重点研究围岩应力场的分布以及结构内力特征，考虑到砂土开挖扰动后易松散，塌落的特点，采用了"先预埋后加载"的试验方法。

共分 5 级进行超载破坏试验，每级载荷为 0.03MPa，每级加载持荷 10 分钟，荷载加至 0.15MPa 时模型破坏，试验结束。

7.5.3 试验结果及分析

1. 围岩应力

本次试验通过埋设高精度微型土压力盒对围岩应力进行量测，计算公式如下：

$$P = K(\varepsilon_{终} - \varepsilon_{初始}) \tag{7-80}$$

其中 P 为压力盒应力，K 为标定系数，ε 为应变。

（1）围岩与衬砌的接触压力

图 7-51 为衬砌与围岩间的接触应力分布情况。样条曲线自衬砌向外依次对应施加 1～5 级荷载时围岩接触应力值。可以看出：1）左右洞室接触应力均以拱顶处最大，拱腰最小；近中夹岩侧的应力值相对较大。2）1～3 级荷载时，各点接触应力随着荷载增加呈线性增长，4～5 级荷载时拱顶、外侧拱肩和拱腰处应力增幅逐渐收敛，说明由于荷载的增加，围岩的拱效应逐渐增强。

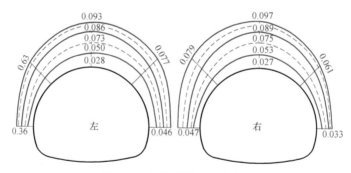

图 7-51　围岩接触压力分布图

（2）围岩内部应力

模型成对称布置，仅以右洞为对象进行分析。各测线上围岩应力分布如图 7-52 所示：

从上图可以得出以下结论：1）各点围岩径向应力均随着荷载的递增而增加，且除衬砌与加固圈接触面测点外，其他各点的应力值基本呈线性增长。2）围岩应力的变化范围为距衬砌 30cm 左右（约为 1 倍洞宽），大于这一距离的围岩应力接近原始应力。3）围岩径向应力在拱顶竖直方向上越靠近衬砌值越小；在拱腰方向上以加固圈与围岩交界面处最大；在中夹岩竖直方向上，最大值同样出现在加固圈与围岩交界面处，而最小值则在与结构拱顶平行的位置。

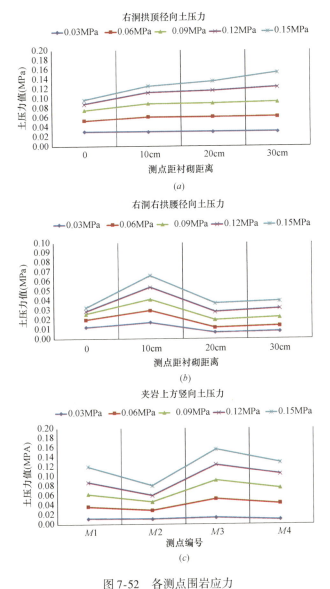

图 7-52 各测点围岩应力

（a）右洞拱顶围岩径向应力分布；（b）右洞右拱腰围岩径向应力分布；
（c）夹岩上方围岩竖向应力分布

2. 衬砌内力分析

通过相应测点的应变值计算出衬砌的截面内力。其单位长度衬砌的截面内力计算公式为：

$$N = \frac{1}{2}E(\varepsilon_{外} + \varepsilon_{内})bh \tag{7-81}$$

$$M = \frac{1}{12}E(\varepsilon_{内} + \varepsilon_{外})bh^2 \tag{7-82}$$

其中：b 为单位长度，取 1m；h 为衬砌厚度，按设计取值；E 为弹性模量，根据实测数据取值。

中轴力以受压为负，弯矩以内侧受拉为正，外侧受拉为负。加载 0.06MPa 和 0.09MPa 时的结构内力如图 7-53 所示。

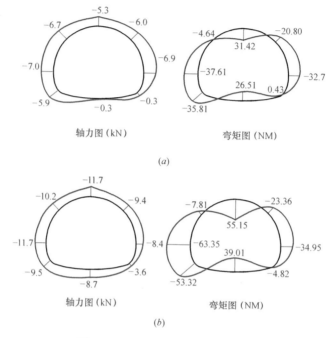

图 7-53　各级荷载下右洞内力分布

（a）0.06MPa；（b）0.09MPa

可以看到：1）结构轴力均为压应力，以拱腰处最大；随荷载的增加，各部位轴力均有增长，其中以拱顶轴力增长幅度最大，而仰拱部位则是在裂缝产生之后轴力迅速增加。2）拱顶和仰拱为内侧受拉，其他部位为外侧受拉；最大值出现在左拱腰处；结构左侧的轴力和弯矩均大于右侧相应位置，且随着荷载的增加两者差值越大。

3. 破坏过程

每级加载稳定 5 分钟后对衬砌结构的裂缝发展情况进行拍照和绘图，重点记录裂缝的走向、长度及分布情况；加载结束后对模型的最终破坏形态进行影像记录。其中荷载 0.12MPa 时裂缝分布如图 7-54 所示。

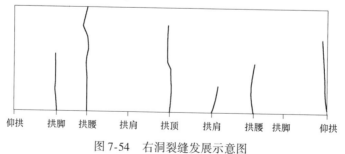

图 7-54　右洞裂缝发展示意图

178

总体上裂缝主要分布在靠近中夹岩一侧，当荷载加至 0.06MPa 时出现第一条细微裂缝，位于左拱腰位置；荷载 0.09MPa 时裂缝数量快速增长，拱顶、仰拱和左拱脚均出现纵向裂缝；荷载 0.12MPa 时裂缝已经充分发展，其中左拱腰裂缝已经基本贯通；荷载 0.15MPa 时衬砌左拱腰处发生错台断裂，结构破坏。

7.5.4　试验结论

本节就砂卵石地层条件下小间距隧道渐进性破坏规律和特点，从砂卵石土相似材料、多点量测系统等方面，开展了较为系统的研究工作，构建了适合砂卵石围岩下隧道渐进性破坏过程模拟的大型地质力学模型试验系统，取得的主要成果和结论如下：

1. 试验成功模拟了砂卵石土地层条件下小间距隧道的受力状态，得到了围岩应力和衬砌结构内力的分布规律，展示了隧道结构的渐进性破坏过程。

2. 围岩应力的变化范围大致位于衬砌周边 30cm（约 1 倍洞宽）以内。拱顶竖直方向上围岩径向应力自衬砌向外逐渐增大；而右拱腰水平方向上和中夹岩竖直方向上则以加固圈与围岩交界面处最大。

3. 小间距隧道衬砌的拱顶以及近中夹岩一侧的拱腰和拱脚部位受力较大，是结构薄弱部位；且随着埋深的增加，结构两侧内力的差值越大。

4. 衬砌裂缝以纵向为主，主要分布在结构靠近中夹岩一侧；可见强化中夹岩的稳定性对改善小间距隧道的变形和受力条件，保证隧道围岩稳定起到关键作用，应是设计、施工和监控量测的重点。

7.6　分岔隧道小间距段设计与施工建议

7.6.1　设计建议

北京城市地下道路分岔隧道小间距段由于其复杂的结构形式和特殊的工程环境，结构支护设计与一般围岩隧道也有一定的不同。通过前面章节对小间距段围岩稳定性分析和非对称小间距隧道围岩压力计算公式的推导，提出北京城市地下道路分岔隧道小间距段相关设计建议如下：

1. 由于北京城市地下道路小间距段地层条件相对较差，隧道开挖后势必引起较大的围岩压力，从而造成支护结构承受较大的内力。应根据工程经验并结合数值计算结果，综合确定小间距段支护结构设计建议参数。

2. 不同的地质条件、不同的中夹岩柱厚度对洞室稳定性影响程度差异较大。一般情况下要求小间距隧道中夹岩柱的最小厚度 D_{min} 应达到表 7-12 的要求，否则将难以发挥中夹岩柱的作用，如果强行保留也将会付出较大的代价。

3. 当两洞室之间中夹岩柱达到一定厚度 D_0 时，两洞室之间的相互影响将减少到可以忽略的程度，此时可以作为两座独立的隧道进行设计施工，如表 7-13 所示。

中夹岩柱的最小厚度 D_{min}（m）　　　　　　　　　　　　　　表 7-12

围岩级别	Ⅱ级	Ⅲ级	Ⅳ级	Ⅴ级
坚硬岩	2.0	2.5	3.5	—
较坚硬岩	2.5	3.0	4.5	4.5
较软岩	—	3.5	5.5	6.0
软岩	—	—	6.5	7.5

不考虑相互影响的中夹岩柱的最小厚度 D_0（m）

表 7-13

围岩级别	Ⅱ级	Ⅲ级	Ⅳ级	Ⅴ级
坚硬岩	15	20	25	—
较坚硬岩	20	25	30	35
较软岩	—	30	35	40
软岩	—	—	40	45

当隧道间距接近中夹岩柱的最小厚度时，应在中夹岩柱上设置对拉钢筋或对拉锚杆，以保证初期支护的稳定；当隧道间距大于 10m 时，不宜设置对拉钢筋或对拉锚杆。对拉锚杆如果设计为永久支护的一部分，则应注意对其做好防腐蚀方面的保护工艺设计。

7.6.2　施工建议

北京城市地下道路小间距段具有地质条件差，施工工艺复杂，施工难度大等特点，根据分岔隧道小间距段施工工法优化及围岩稳定性研究分析的结论，结合工程经验，提出北京城市地下道路分岔隧道小间距段施工建议如下：

1. 由于隧道断面大，且北京城区地质条件相对较差，各工法施工均会引起立交隧道产生明显的洞周变形（尤其是沉降变形）、地表沉降和塑性区。因此，为很好的控制城市地下道路分岔隧道小间距段施工引起的洞周变形、地表沉降和塑性区范围，建议在分岔隧道小间距段施工中采用三车道隧道 CRD 法与两车道隧道 CD 法相结合的工法进行施工，具体施工步骤如表 7-14 所示。

城市地下道路分岔隧道小间距段建议施工工法　　　　　　表 7-14

施工工法	示意图	施工步序
小洞 CD + 大洞 CRD 法		步序1：开挖①部，施作初期支护和临时竖撑； 步序2：开挖②部，施作初期支护； 步序3：开挖③部，施作初期支护和临时支撑； 步序4：开挖④部，施作初期支护和临时支撑； 步序5：开挖⑤部，施作初期支护和临时支撑； 步序6：开挖⑥部，施作初期支护

2. 要确定合理的施工方案。如对后行洞采用控制变形技术进行开挖，以减少其对先行洞身支护结构的影响，降低对中夹岩的扰动；对中夹岩进行技术加固等方案，对围

180

岩受力薄弱环节进行加强。

3. 应严格控制关键工序及施工步距。小间距隧道的关键工序为控制超前支护的质量、中间岩柱加固的措施、两洞工作面施工步距控制等。只有关键工序严格控制，才能保证隧道施工的质量及安全。

4. 中间岩（土）柱加固

为了保证中间岩柱的坚固及永久稳定，可采用超前导管注浆及水平拉杆加固等措施。

超前导管注浆。在先行洞施工后，为了保证中间岩柱坚固，首先在中间岩柱部位打设小导管进行预注浆，小导管采用 $\Phi50mm \times 5mm$ 钢管，长度 7.6m。为了防止水平拉杆对岩柱的应力受到影响，小导管沿中间岩柱面 45°角打入，钢管间距 80cm × 80cm。浆液为水泥—水玻璃双液注浆。

水平拉杆加固。待中隔墙加固稳定后，进行隧道的后行洞开挖。同时，进行中隔墙水平预应力拉杆的施工。水平预应力拉杆为 $\phi25mm$ 精轧螺纹钢，钢筋抗拉力为 1000MPa，拉杆长度比中间岩柱孔道长 5cm，两端采用螺纹结构。

5. 监控量测

按新奥法原理设计，隧道的开挖及支护全部在监控量测的指导下进行施工。由于隧道为小间距，洞身的开挖对围岩的扰动非常大。所以，必须加强对围岩的监控量测。主要进行地表下沉、周边收敛及洞内围岩观测等进行监控量测，及时反馈量测信息保证了隧道的施工安全。

8 城市地下道路盾构隧道安全施工关键技术

城市地下道路主线隧道一般具有埋深大、断面大、地层复杂以及周边环境影响控制严格等特点。由于主线隧道为长大隧道，通常适宜选择盾构法施工，当然也可采用矿山法施工。经过多年的工程实践和积累，矿山法隧道在大断面深埋富水条件下的施工经验也较多，但矿山法施工一般需降水作业，由于城市地下道路主线隧道较长，因此降水影响的范围也相对较大，这与城市环境要求之间存在一定的矛盾。随着技术的发展，通过科学合理的工艺和技术措施，也可以解决矿山法在城市大断面深埋富水条件下施工所面临的技术难题。

考虑到城市地下道路的主线隧道为线长形结构，一般情况下采用盾构法施工具有较好的适应性，因此本章内容主要阐述城市地下道路主线隧道的盾构施工关键技术。由于城市地下道路隧道跨度大，因此盾构直径一般超过10m，甚至达到15m，为典型的大直径盾构，而且在北京城市环境中极易遇到富水砂卵石地层，在该地层条件下进行盾构施工是比较困难的。相对于一般的软土地层，砂卵石地层具有颗粒直径大、流动性差、卵石强度高、黏聚力小和摩擦系数大等特点。施工中将面临难于排出大直径卵石、刀盘扭矩过大、刀具磨损严重和低效率掘进等诸多问题。

虽然在北京、沈阳、成都等地对砂卵石地层的盾构施工取得了一定的经验，但很多关键技术尚未得到很好的解决。我国砂卵石地层性质也存在很大差异，如成都的砂卵石地层卵石颗粒间没有其他杂质，结构松散，盾构容易切削，而北京地区的砂卵石间充满了细砂、黏土等细颗粒，结构致密，局部出现胶结，整体强度高，刀具更易磨损。鉴于国家重大工程建设的需要，砂卵石地层中盾构掘进技术已逐渐成为研究的热点问题。尽管一些学者在砂卵石地层盾构施工方面进行了一些研究，并取得了一定的研究成果，但在富水砂卵石地层大直径盾构刀具磨损分析及适应性方面的研究成果很少，难以满足工程建设的需要。为此，本章基于北京地层条件，重点阐述城市地下道路主线隧道盾构施工中面临的盾构选型、刀盘刀具配置、开挖面稳定性以及环保型盾构泥浆配置等关键问题，以期对北京城市地下道路盾构隧道及类似工程施工提供参考。

8.1 北京城市地下道路盾构选型

8.1.1 盾构选型的主要指标

在土压平衡盾构和泥水加压平衡盾构之间进行选择时，一般按照地层的渗透性、地层的颗粒级配及地下水压三个主要指标。

1. 根据地层的渗透系数进行选型

地层渗透系数对于盾构选型是一个很重要的影响因素。根据欧美和日本的施工经验：

　　　渗透系数小于 10^{-7} m/s 时，可选用土压平衡盾构。

　　　渗透系数大于 10^{-7} m/s，小于 10^{-4} m/s 时，可选土压平衡盾构或泥水平衡盾构。

　　　渗透系数大于 10^{-4} m/s 时，宜选用泥水平衡盾构。

　　　盾构选型与地层渗透性的关系如图 8-1 所示。

　　以北京城市铁路地下直径线为例，隧道所处地层渗透系数为 1.74×10^{-3} m/s，颗粒粗，渗透率大，水量充足，渣土为流体状，螺旋机不能形成土塞，土仓建立不了压力，仅依靠大颗粒充满土仓来形成机械力支撑土体时，即使土仓充满水也会造成堵仓。因此，适合采用泥水平衡盾构进行施工。从北京城市地下道路可能穿越的地层来看，其主线隧道选择泥水平衡盾构更为适宜。

　　2. 根据地层的颗粒级配进行选型

　　一般来说，细颗粒含量多，渣土易形成不透水的塑流体，容易充满土仓，在土仓中可以建立压力，平衡开挖面的土体。粗颗粒含量高的渣土塑流性差，实现土压平衡困难。一般情况下，当岩土中的粉粒和黏粒总量达到40%以上时，通常采用土压平衡盾构，否则采用泥水盾构。

　　盾构类型与颗粒级配的关系如图 8-2 所示，图中蓝色区域为淤泥黏土区，为土压平衡盾构适应范围，绿色区域为粗砂、细砂区，即可使用泥水盾构，也可经土质改良后使用土压平衡盾构，黄色区域为卵石砾石粗砂区，为泥水盾构适用的颗粒级配范围。

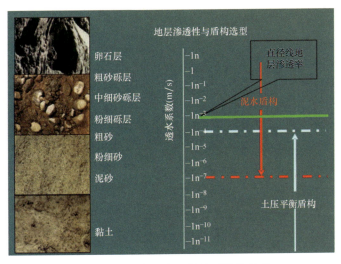

图 8-1　盾构类型与地层渗透性的关系

　　北京城市地下道路主线隧道所穿越的砂卵石地层，没有足够的细颗粒含量，若使用土压平衡盾构机，则需采取辅助的处理措施，比如注入泡沫、聚合物或泥浆帮助解决细颗粒问题。泥水平衡盾构机更适合于砂卵石地层，粗颗粒含量高的渣土能借助于大比重的泥浆悬浮，传递压力并被输送。从掘进的角度，泥水平衡盾构机也适用于细颗粒土层，但细颗粒浆液的泥水分离难度大。因此，根据地层的颗粒级配，北京城市地下道路主线隧道宜选用泥水平衡盾构。

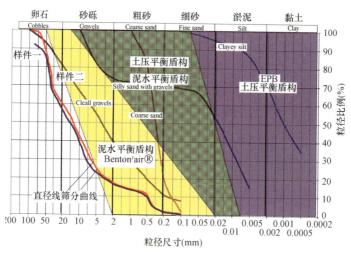

图 8-2　盾构类型与地层颗粒级配的关系

3. 根据地下水压进行选型

当水压小于 0.3MPa 时，可选用土压平衡盾构。

当水压大于 0.3MPa 时，宜选用泥水平衡盾构。

当水压大于 0.3MPa 时，如采用土压平衡盾构，螺旋输送机难以形成有效的土塞效应，在螺旋输送机排土闸门处易发生渣土喷涌现象，引起土仓中土压力下降，导致开挖面坍塌。

当水压大于 0.3MPa 时，如因地质原因需采用土压平衡盾构，则需增大螺旋输送机的长度，或采用二级螺旋输送机，或采用保压泵。

北京市城市地下道路主线隧道地下水压一般不小于 0.3MPa，宜选用泥水加压平衡盾构。

北京市城市地下道路主线隧道采用泥水加压平衡盾构，具有以下适应性特点：

（1）在渗透性强的砂卵石地层中能稳定开挖面，能确保施工安全。

（2）泥水压力传递速度快而均匀，控制精度高，对开挖面周边土体的干扰小，地面沉降控制精度高。

（3）盾构出土由泥水管道输送，速度快而连续。

（4）刀具、刀盘磨损小，易于长距离盾构施工。

（5）刀盘所受扭矩小，更适合大直径隧道的施工。

8.1.2　土压平衡和泥水平衡盾构的适应性

1. 土压平衡盾构

（1）地表沉降控制

在土仓中加膨润土泥浆和在刀盘前面加泡沫等添加剂，可以改善卵石土的渗透性和流塑性，能使盾构土仓内的渣土变成具有良好流动性的均匀混合物，能形成土压平衡。在实际施工过程中，由于北京城市地下道路工程的卵石土中的细颗粒含量少，掘进时随时需要在土仓内加入 30% 左右的膨润土，但很难使盾构土仓内的渣土在掘进过程中达到理想的状态，很难形成土压平衡，从而易引起地表沉降。

由于北京城市地下道路主线隧道地层渗透率高、地下水位高，盾构掘进时极易在螺旋机出渣口处发生不同程度的喷涌。这种情况发生时，土仓压力长时间偏低，地面沉降也随之加剧。

目前没有真正意义上的保压泵渣装置，所谓保压泵只是保证稀渣泵送到渣车处。采用双螺旋机可以在一定程度上实现保压作用，但由于其间歇性的出渣将严重影响掘进速度。

（2）掘进进度

如上所述，土压平衡盾构在北京城市地下道路主线隧道工程水文地质条件下的状态一旦不能形成非渗透性和流塑性的渣土，必会导致喷涌发生，不管采用保压泵还是双螺旋机辅助，为了保持土仓压力，只能间歇性的出料，施工进度大大降低。实际进度的降低程度现在难以预料，根据经验，发生喷涌时，一天的掘进进度约为 1 环左右，不能满足预定的工期要求。

（3）刀盘刀具磨损及开仓换刀

根据北京地铁土压平衡盾构的施工经验，在砂卵石地层掘进，平均掘进 $100 \sim 300m$ 需要换刀一次。即使采用重型的镶嵌碳化钨合金刀具，也应进行 5 次以上的换刀。北京城市地下道路主线隧道地层渗透系数比较高，带压进仓换刀时，由于压气的泄漏及泄漏量可能的变化，土仓压力有不稳定的危险。

（4）漂石及卵石处理

北京城市地下道路主线隧道盾构机的大直径对螺旋机直径的加大非常有利，可以输出绝大部分的卵石，如遇到更大粒径的卵石或漂石，需要工人在土仓内进行处理，整个过程缓慢而又危险。

（5）膨润土添加量过大及环境保护问题

由于北京城市地下道路主线隧道地层细颗粒含量少，需要加入开挖量约 30% 左右的膨润土，这意味着水平运输与垂直运输的工作量要比原来增加 2/3，加大的运输量要靠增大洞内运输系统的能力来解决，膨润土的储蓄场地和搅拌设备将占据约 $500 \sim 600m^2$ 的场地。另外，如此大量膨润土的弃渣在很长的时间内不会干化，造成棘手的环境污染。

2. 泥水平衡盾构

（1）地表沉降控制

泥水平衡盾构在开挖面形成的泥膜把盾构与地层隔离和密封，均质、易流动的泥浆把泥水压力均匀地传递到切削面，未开挖的地层基本上能保持原有的原始状态，地层受到的扰动减少到最低程度，可以有效防止地表沉降，获得最小的地表沉降量。

使用泥水盾构最关键点是调制出适于地层的泥浆，在盾构刀具切削后的瞬间迅速形成泥膜，同时泥浆有足够的附着力，能够运送含量很大的卵石。泥水处理设备在设计时就与盾构机作为一个整体考虑，首先要保证掘进的安全性，其次才考虑泥水分离功能。

在实际施工时，通过理论计算确定出工作面的初始压力值，在该参数指导下进行试掘进，及时反馈掘进与地面沉降变化。根据这些信息，及时调整压力设定值。

采用泥水平衡盾构时，由于地层受到的扰动少，泥浆能向后渗透到盾体与开挖面的间隙中支撑土体，与同步注浆的浆液相接，理论上几乎没有失衡的区域。

（2）漂石卵石处理和掘进进度

泥水盾构在仓内配置破碎机，可以破碎粒径达600mm的卵石，如果卵石直径过大，破碎机不能破碎，可以关闭盾构机隔板上的安全门阀，人员进入气垫仓在正常气压下处理石块。

由于掘进过程不需进行渣土的运输，有利于实现预计的进度计划。

（3）刀盘刀具磨损及开仓换刀

泥水平衡盾构由于有泥浆的润滑作用，刀盘刀具的磨损较小，掘进中可以减少换刀的次数，同时也减少了开仓的次数，减少了进入仓内的危险次数，并能更好的保证施工进度。

（4）泥水处理装置的场地布置

泥水盾构需要在地面占用较多的场地来布置泥水分离和调浆制浆装置。在北京的繁华地带进行土木工程施工都会面临的制约因素之一就是场地问题，直径线工程也不例外。但经过详细的现场调查和慎重的施工布置分析、比较，虽说施工场地十分紧张，但还是可以布置泥水处理装置的。

（5）环境保护

由于北京城市地下道路主线隧道地层细颗粒含量少，采用泥水平衡盾构产生的弃浆量少。采用先进的泥水分离装置，使用滚筒筛分方式，可以使设备的运行噪声降低到环境背景噪声的程度。还可以采用隔离法，将可能超标的噪声源与环境隔离开来，把运行噪声降低到环境背景噪声分贝度以下。

综上分析可见，在北京城市地下道路主线隧道工程施工中，相对土压平衡盾构而言，采用泥水平衡盾构更为适宜。

8.2 北京砂卵石地层盾构刀盘刀具适应性分析

盾构刀盘刀具的配置是盾构掘进过程中非常重要的一环，其配置能否适应工程的地质条件直接影响到盾构机的切削效果、掘进速度和施工效率。北京铁路地下直径线工程盾构隧道所穿越的地层以圆砾、卵石土层为主。该地层砂卵石间充满了细砂、黏土等细颗粒，结构致密，局部出现胶结，整体强度高，刀具更易磨损。因此，需要对穿越砂卵石地层的刀盘刀具配置进行讨论和分析，优化、改造刀盘，使之适应砂卵石地层的要求。鉴于北京铁路地下直径线隧道与北京城市地下道路主线隧道的工程相似，下文在阐述盾构道具工作原理的基础上，以北京铁路地下直径线工程为例，详细阐述北京砂卵石地层盾构刀盘刀具的合理配置问题。

8.2.1 盾构刀具工作原理

1. 盘形滚刀：以直径17英寸（ϕ432mm）最为常见，但19英寸大滚刀应用日渐增多；根据岩体性质和安装位置不同，可选择单刃、双刃、三刃及四刃滚刀。

三刃及四刃滚刀只用于刀盘中心，以适应刀盘中心小半径旋转；双刃滚刀通常用于泥岩、页岩等软岩，该类地层要求刃距S较小，采用双刃滚刀可适应地质要求；当岩体强度较高时，刃距S过小一方面会导致掘进效能低下，另一方面双刃强行同步旋转，在开挖面非理想平整状况下将加剧磨损，且其中一刃磨损，整刀失效，因此双刃滚刀在中、硬质岩层不提倡采用。

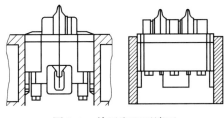

图 8-3　单刃和双刃滚刀

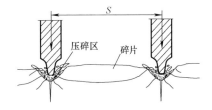

图 8-4　滚刀破岩机理

2. 刮刀（齿刀或切削刀）：适用于软土及泥岩地层，布置在刀盘开口两侧，是一般地层的主要切削刀具，其参数设计、材料工艺选择对盾构掘进有重要意义，刮刀形式及几何参数定义如下：

（1）前刃面：切削层流过的表面。

（2）后刃面：土壤和岩石新破碎面所面对的刀具表面。

（3）前角 γ：是刀具前刃面和通过主刀刃而垂直于切削面的平面之间的夹角。

（4）后角 δ：是刀具后刃面与切削面之间的夹角。

（5）切削角 α：是刀具的前刃面与切削面之间的夹角。

（6）刃角 β：是刀具前刃面与后刃面之间的夹角。

刮刀的切削原理是盾构向前推进的同时，刮刀随刀盘旋转对开挖面土体产生轴向（沿隧道前进方向）剪切力和径向（刀盘旋转切线方向）切削力，在刀盘的转动下，通过刀刃和刀头部分插入到地层内部切削地层。与地层性质密切相关，影响刮刀切削性能的参数及要素包括：前角 γ、后角 δ、刀刃截面尺寸、合金硬度、抗弯强度、合金和刀体连接工艺（热镶或中、低频焊接）。

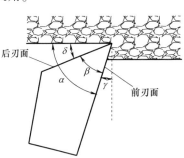

图 8-5　刀具几何参数定义

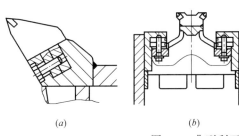

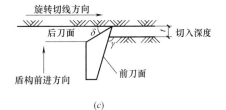

（a）　　　　　　　　　　（b）　　　　　　　　　　（c）

图 8-6　典型刮刀及其工作原理示意

（a）普通刮刀；（b）羊角刀（双头刮刀）；（c）工作原理

3. 先行刀或超前刀：布置在面板和辐条上、刮刀切削轨迹之间，先行刀通常比刮刀高 40～50 mm，不起直接切削作用，用于先行松动原始地层，减小刮刀切削阻力，降低其磨损。

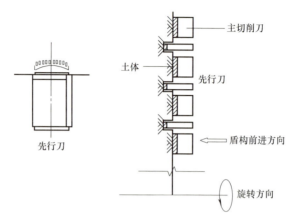

图 8-7　先行刀工作原理示意

4. 鱼尾刀：安装在盾构刀盘中心，通常用于砂卵石地层或强度较高的黏土地层，鱼尾刀高出刮刀 200～300 mm，用于先行刮刀盘中心部位土体，改善中心部位土体的流动性，防止结泥饼，同时减小其他刮刀切削阻力，降低磨损。

安装在盾构刀盘中心鱼尾状刀具，尺寸较大，一般长 1200～1500 mm，高 400～500 mm，高出普通刮刀 200～300 mm。鱼尾刀的设计和布置原理是：（1）鱼尾刀设计与其他刀具不在一个平面上，故鱼尾刀最先切削土体，松动原始地层。（2）鱼尾刀根部设计成锥形，使刀盘旋转时随鱼尾刀切削下来的土体增加一项翻转运动，这样既解决了中心部分土体的切削问题，又改善了切削土体的流动性。

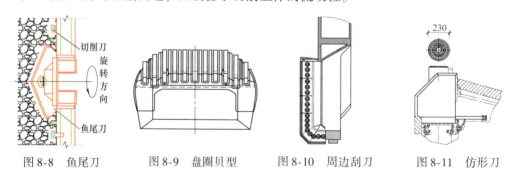

图 8-8　鱼尾刀　　图 8-9　盘圈贝型　　图 8-10　周边刮刀　　图 8-11　仿形刀

5. 盘圈贝型刀：可视为周边先行刀，用于周边为直角形式刀盘，切削外径稍大于盾体外径，减小盾构推进阻力，防止刀盘磨损，同时清理刀盘底部土渣，提高掘进效率，对砂卵石地层有极其重要意义。

6. 周边刮刀：用于周边为弧形或折角形式刀盘，涵盖盘圈贝型刀的作用，同时还参与直接切削，在岩石地层中可用于刮渣，不足之处在于易于磨损失效。

7. 仿形刀：置于刀盘辐条内，液压油缸控制行程，普通地段不工作，曲线施工时刀头伸出进行超挖。

8.2.2 北京地下直径线刀盘刀具适应性分析及改进

1. 工程概况

在建的北京地下直径线为连接北京站与北京西站之间的铁路线，线路全长9156m，其中盾构隧道长5155.29m，采用一台直径为11.97m的泥水加压盾构机，仅设1个工作井从东往西掘进的方案。线路平面最小曲线半径850m，最小竖向曲线半径10000m，最大纵坡度10‰，最小纵坡为3‰。盾构隧道最大覆土厚度为32.92m，最小覆土厚度为10.5m。盾构隧道采用管片拼装式衬砌，由9块管片组成，管片外径11.6m，厚550mm，环宽1.8m，采用错缝拼装。盾构隧道大致呈东西走向，自北京站起在崇文门十字路口东侧进入地下，向西途经过前门、和平门、宣武门、西便门、天宁寺，最后到达北京西站。沿线重要建筑物密集，明城墙、箭楼、正阳门等国家级文物紧邻隧道，与地铁二号线平行通过，依次上穿地铁5号线崇文门站和下穿地铁4号线宣武门站，下穿西便门桥、天宁寺、护城河及人防工程等。

地下直径线位于永定河冲积扇的中下部，土层以第四系全新统的人工堆积层素填土、杂填土和冲洪积的黏性土、粉土、砂土、圆砾及第四纪晚更新统冲洪击的黏性土、粉土、砂土及圆砾、卵石为主。盾构隧道主要穿越的地层为：圆砾、卵石土层；向西卵石粒径逐渐加大。一般粒径20~40mm，最大粒径为550mm，大于20mm的颗粒含量约占总重的60%，亚圆形，中粗砂充填。

地下水主要储存于第四系松散堆积层中，其中砂、砾、卵石层中水量丰富，上层滞水主要接受大气降水渗入及管道渗漏补给，其水位动态受多种因素影响变化复杂。潜水及承压水天然动态类型属渗入—径流型，主要接受大气降水渗入，地下水侧向径流补给，以地下水侧向径流为主要排泄方式。其水位动态变化一般规律为：11月份~来年3月份水位较高，其他月份相对较低，年变化幅度一般为1~3m。

由于北京地下直径线盾构隧道直径大，地层条件差，沿线穿越多座重要建筑物，其中包括多座国家级重要文物，一旦发生停机等故障或事故，可能导致过大地表沉降甚至地面塌陷事故，将对周边建筑物的安全造成严重威胁，因此，摸清在上述工程地质和水文地质条件下盾构刀具的磨损规律，并采取有效措施降低盾构刀具磨损从而实现长距离掘进是工程成败的关键。根据盾构始发段地质及周边环境情况，将里程DK6+276~DK6+785共计长度为509m作为盾构隧道试验段，以针对大直径盾构在富水砂卵石地层中掘进的关键技术问题进行系统研究。

2. 原刀盘刀具应用情况

以卵石、砾石为主的地层结构，刀具磨损情况主要是冲击磨损和磨料磨损，安装于刀盘外端的刀刃部分必须有较高的抗冲击韧性和良好的耐磨性，施工中若出现较密实卵石层，且部分工段出现集中钙化或胶结物的趋势，对刀盘的磨损将较为严重。盾构始发掘进67m至DK6+718.2后，出现刀盘扭矩过大，主驱动保险轴断裂。经带压进仓检查，发现刀盘刀具磨损非常严重。刀盘周边刮刀的刀齿全部磨损或脱落，刀座也发生局部磨损，刀盘边沿处耐磨焊也已磨损；同时，所有切刀和重型撕裂刀的刀齿不同程度地出现崩齿脱落；刀盘幅板也有磨损的迹象。

3. 原刀盘刀具问题原因分析

北京地下直径线工程的实际地质情况与初步设计的地勘有较大的出入，主要表现在：一是盾构隧道实际穿越地层的密实程度为很密（即 N120 > 14）；二是实际施工过程中发现在地下水位变化区域存在 1 ~ 2m 厚的一层卵石胶结层，经取样试验最大强度达 30MPa；三是揭露的卵石粒径比地勘报告所描述的要大。详细的揭露卵石、胶结层见图 8-12。

结合以上实际情况可将原刀盘出现磨损的原因分为以下两点：

（1）盾构刀具配置与实际地层特点不匹配，实际地层呈现为非常致密的卵石层，以致大卵石含量远超过地勘报告并且出现局部的胶结层后，重型撕裂刀无法松动土层，损坏严重，使切刀被迫参与土体切削，形成实际上盾构机只能利用切刀松动土体的状况。切刀刀齿受卵石碰撞导致大范围崩落，进而发生刀盘、刀具磨损。

（2）周边刮刀由刀齿切削地层改变为刀座切削地层，刮刀因旋转线速度大，磨损也最严重，刀齿过度损坏后，地层直接磨损刀座，刀具由刀齿点接触改变为面接触，刀盘扭矩增大，进一步加剧刀具磨损，从而增大掘进扭矩，最终导致刀盘、刀具磨损进一步加重。

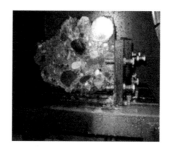

图 8-12　直径线揭露的胶结层及大卵石

4. 刀盘刀具改造

针对原装刀盘刀具配置所出现的问题，根据对地层的认识及不同刀具对地层的适应情况（见表 8-1）将直径线盾构刀盘刀具改造如下。

刀具适应性对照表

表 8-1

序号	刀具类型	适应地层或工况
1	滚刀	硬岩地层，一般作为先行刀设计，有滚刀齿型和盘型两种
2	重型撕裂刀	较松散的砂卵石地层，一般作为先行刀设计
3	切刀（齿刀、刮刀）	软土：一般适用于粒径小于 400mm 的砂、卵石、黏土等松散体地层
4	贝型刀	较松散的大粒径砂卵石地层
5	鱼尾刀、锥形刀、羊角刀	软岩刀具。一般作为中心刀使用。最先切入土体，掌子面破出中心槽，以增加开挖仓土体的流动性
6	周边保护刀	保护刀盘周边，适用于砂砾石地层
7	耐磨合金刀	保护刀盘圆弧面过渡区，适用于砂砾石地层原刀盘未配备，改造后配备
8	仿形刀或超挖刀	适用于有较大曲线的隧道开挖

（1）刀具改造

利用立体切削原理进行三层刀具切削地层设计，滚刀作为先行刀，先行松动地层。滚刀与切刀之间增加一层撕裂刀参与切削，滚刀高于撕裂刀25mm，撕裂刀高于切刀15mm。因此，刀盘实际掘削过程中，滚刀作为先行刀高于切刀40mm，实际掘进过程中贯入度一般不到20mm，滚刀起主要切削地层作用，切刀、周边刮刀仅起辅助切削和保护刀盘的作用。具体如下：

1）将原设计的重型撕裂刀、切刀和周边刮刀分别更换为滚刀、新型耐磨切刀及新型耐磨刮刀。

2）割除原设计中12把中心鱼尾状切刀刀座，改造为5把中心双联滚刀，同时对刀盘旋转接头进行改造以适应滚刀，主要是更改仿形刀和检测刀液压管路并进行保护。

3）在刀盘90°和270°辐条上各新增1把17″滚刀。在刀盘辐条新增26把可更换撕裂刀，辐板上新增26把焊接撕裂刀。在刀盘辐条外径处各新增1把切刀，共计16把切刀。

4）在刀盘周边辐板上开孔，制作短刀梁，安装边滚刀，刀梁两侧新增1把刮刀和3把切刀，同时在短刀梁两侧附近刀盘倒角处各新增1把焊接撕裂刀，共计8把边滚刀，16把刮刀，48把切刀。

5）在刀盘外周及外经过渡区新增96把周边保护刀。

改造后的刀具如图8-13所示。

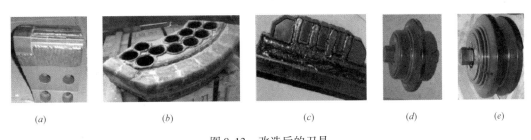

(a)　　　　　　　　(b)　　　　　　　　(c)　　　　　　　　(d)　　　　　　　　(e)

图8-13　改造后的刀具

（a）切刀；（b）周边刮刀；（c）撕裂刀；（d）单刃滚刀；（e）双刃滚刀

（2）刀盘整体钢结构加固

改造后的刀盘所产生的最大应力是525 MPa，远远高于改造前刀盘的设计屈服应力355 MPa，为此增加加强筋板对刀盘进行加固，确保加固后的刀盘结构满足刀盘整体的强度要求。

（3）刀盘整体耐磨处理

1）在刀盘辐板正面外围区域增加耐磨钢板，耐磨钢板材料为hardox500，厚度20mm；在刀盘辐板靠近中心部位贴焊10mm耐磨钢板，并在辐板正面增加焊接撕裂刀来提高刀盘的耐磨性。

2）盾构机掘进距离长，地质条件复杂，刀盘外圈线速度最大，磨损最严重，所以在现有基础上增加40道保径刀，平均每道保径刀间距0.9m，同时在原有耐磨堆焊空隙部位采取焊接耐磨三角块、增加耐磨堆焊的方式增强刀盘耐磨性能。

3）刀盘外圈与正面倒角位置磨损最为严重，其原因是周边刮刀磨损后导致该位置磨损，所以在短刀梁两侧焊接耐磨撕裂刀，同时撕裂刀两侧各增加两把合金刀，与短刀梁上的滚刀、周边刮刀、焊接撕裂刀共同保护刀盘倒角位置，提高刀盘的耐磨性。

4）在幅板辐条所有溜渣口位置贴焊耐磨钢板及堆焊耐磨层，增强耐磨性能。

5）对增加的滚刀刀座及新增刀具采取堆焊耐磨层进行保护。

改造后的刀盘、刀具配置如图8-14所示。

 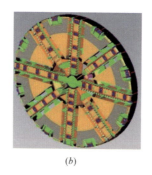 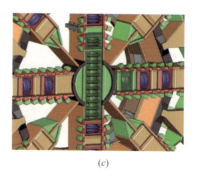

(a)   *(b)*   *(c)*

图8-14　刀盘刀具配置

（*a*）原刀盘结构效果图；（*b*）改装后刀盘结构效果图；（*c*）中心改为双刃滚刀效果图

5. 刀盘改造后的刀具磨损统计分析

改造前，切刀、周边刮刀等各类刀具均非正常损坏严重，现有刀具配置无法继续掘进。改造后，切刀、周边刮刀磨损较小，单刃、双刃滚刀正常磨损，刀具非正常损坏较少，施工中主要对磨损量较大的单、双刃滚刀进行了更换。

通过对每次更换的滚刀磨损情况进行现场量测、记录，计算其磨损量，进而可推算出滚刀的平均磨损系数。

磨损系数定义为刀具每转动1km时的刀具磨损量。显然，磨损量一定时磨损系数越小，可掘进的距离越长。

一般情况下，刀具磨损计算公式为：

$$\delta = \frac{L \cdot k_n \cdot N \cdot \pi \cdot D}{V} \qquad (8\text{-}1)$$

式中：δ——刀具磨损量（mm）

    L——掘进距离（km）

    k_n——磨损系数（10^{-3}mm/km）

    D——刀具切削轨迹外径（m）

    N——刀盘转速（rpm）

    V——推进速度（mm/min）

由式（7-1）可得，刀具磨损系数计算公式为

$$k_n = \frac{\delta \cdot V}{\pi \cdot L \cdot N \cdot D} \qquad (8\text{-}2)$$

因此，实际工程应用中，可以根据刀具磨损实测数据反算刀具磨损系数，进而反推

刀具一次最长掘进距离。根据当前刀具磨损现状及已有工程经验，建议滚刀允许磨损值取为20mm，磨损系数取已检查滚刀磨损平均值，据此反推滚刀一次最长掘进距离作为必需的换刀距离。

（1）DK6+630位置刀具磨损情况

经检测，滚刀没有发生大的偏磨现象，磨损量大部分在10mm以内，部分滚刀磨损量超过10mm，其中38号单刃滚刀磨损最为严重，且发生了偏磨。中心部位的滚刀没有发生大的磨损或偏磨现象，主要原因是中心旋转线速度小，目前的地层还不足以使中心滚刀旋转起来偏磨。此次更换刀具还发现切刀的螺栓有松动现象，部分切刀的螺栓甚至掉落，幸亏发现及时未造成更大的损失。分析原因：长时间的冲击势必导致螺栓的松动，而在设计时未考虑到切刀螺栓松动的问题，而滚刀固定采用楔块压紧式设计效果很好。

图8-15　刀具磨损情况照片

根据当前刀具磨损现状及已有工程经验，滚刀允许磨损值取为20mm，磨损系数取已检查滚刀磨损平均值 $kN = (70+65.1)/2 = 67.55 (10^{-3} \text{mm/km})$，据此反推最外周（$D=12\text{m}$）滚刀一次最长掘进距离为112m；$D=6\text{m}$的滚刀一次最长掘进距离为224m。

（2）DK6+439位置刀具磨损情况

撕裂刀及单刃滚刀磨损情况对比见图8-16和表8-2。

撕裂刀和单刃滚刀磨损情况对比表　　　　　　　　表8-2

名称	安装位置	安装里程	更换里程	使用距离	磨损情况
撕裂刀	30号、31号、32号	DK6+497.140（2009.8.15）	DK6+439.495（2009.9.2）	57.645m	刀头脱落
单刃正滚刀	30号、31号、32号	DK6+439.495（2009.9.2）	DK6+276.540（2009.10.13）	162.955m	磨损20mm

从以上数据可以看出在本工程地质条件和刀盘设计下，撕裂刀掘进57m距离内刀头就全部脱落，遭到毁灭性损坏；单刃滚刀在掘进163m距离内磨损20mm，还没有达到磨损极限。通过对比可知，单刃滚刀比撕裂刀更适合在此地层中掘进使用。

6. 刀具磨损状况及分析

（1）刀具磨损状况

通过对盾构试验段刀具磨损数据进行统计分析可知刀具整体磨损状况如下：

1）滚刀磨损量大、更换频繁，切刀、周边刮刀除少量崩齿外，磨损量小。这说明滚刀作为先行刀能有效地松动地层，切刀、周边刮刀仅起到辅助切削和保护刀盘作用。

图 8-16　更换下来的撕裂刀和单刃滚刀的照片

2）滚刀的磨损量与其转动距离有关。一般情况下，外周滚刀的磨损量要比内侧滚刀的磨损量大得多，这是因为同样的掘进距离下外周滚刀的转动距离要大得多。

3）滚刀的磨损量与盾构掘进参数关系见表 8-3。由该表可知：当掘进速度不超过 25mm/min 时，采用大贯入度、低转速模式掘进可将滚刀磨损量控制在 0.06mm/km 以内。

掘进参数与滚刀磨损量关系表　　　　　表 8-3

阶段	掘进速度 （mm/min）	贯入度 （mm/r）	转速 （r/min）	磨损量 （10^{-3}mm/km）
第 1 阶段	17	16	1.06	56.8
第 2 阶段	22	20	1.15	44.9
第 3 阶段	20	17	1.18	28.6

（2）单、双刃滚刀磨损系数对比

根据现场测量数据，分别对单刃滚刀和双刃滚刀的磨损量与转动距离进行了统计分析，两者之间的关系如图 8-17 所示。将各个滚刀的磨损系数进行统计分析，并作一元线性回归，可分别得到单刃滚刀、双刃滚刀的平均磨损系数。

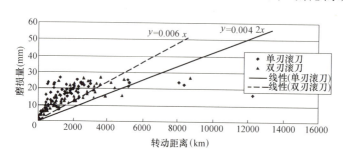

图 8-17　单、双刃滚刀磨损量与转动距离的关系

从图 8-17 可以看出：单刃滚刀的平均磨损系数要略小于双刃滚刀，双刃滚刀平均磨损系数约为 0.06mm/km，单刃滚刀平均磨损系数约为 0.042mm/km，也就是说在同样的地质条件和掘进距离情况下，同一条轨迹线上的单刃滚刀磨损量要小于双刃滚刀。

7. 刀盘刀具改造后的适应性分析

（1）刀盘刀具的适应性分析

1）改造后的刀盘，增加了滚刀、撕裂刀和合金刀，同时在面板不同位置加焊了耐磨焊和耐磨钢板，由刀具的主动切削替代了刀盘的被动磨损，很好地保护了刀盘本体。

2）环境要求和地质条件对刀盘开口率的影响很大，考虑到施工过程掌子面稳定、渣流及小于650mm孤石等因素，直径线采用幅条＋面板刀盘设计，基本适应了掘削需要。同时改造后的刀盘在总开口率上基本维持了原设计，保持在32%左右，但在局部开口率上进行了适当优化：改造中心鱼尾为滚刀，周边开孔增加滚刀，客观上改变了土体在刀盘面板上的运动轨迹，改善了渣土的流动性。

3）切刀适应性分析。在目前近1.8km盾构施工过程中，切刀非正常损坏比较严重。主要原因为切刀与刀座接触部位角度太小，刀盘在旋转过程中，切刀背部及侧面受到卵石、漂石的高速冲击，导致刀具螺栓频繁、不均匀疲劳受力，螺栓被剪断，切刀掉落，掉落的切刀堆积在开挖仓底部，刀盘转动过程中，掉落的刀具与刀盘、刀具发生激烈碰撞冲击，造成了更大范围的切刀、刮刀刀具的掉落，从而导致刀盘刀具损伤比较严重，必须对掉落的刀具进行带压潜水打捞和对刀盘、刀具进行恢复。

4）滚刀适应性分析。直径线正面滚刀为双刃滚刀，边滚刀为单刃刀，刀间距80mm，施工过程中滚刀磨损基本上全部正常磨损，偏磨及刀圈断裂现象微乎其微，但是总结发现双刃滚刀磨损较单刃滚刀大，磨损量也较大，同时发现有部分双刃滚刀刀圈串轴的现象，经过分析研究，在盾构推进和刀盘转动过程中，双刃滚刀受到大粒径卵石、漂石的高速冲击，造成刀圈的串轴和刀体变形。为了减少滚刀刀具的磨损，延长刀具使用寿命，节约成本，将双刃滚刀更换为单刃滚刀，使用寿命延长了1/3，但是双刃刀更换为单刃滚刀后刀间距增加了，相对而言，面板上的滚刀数量显得不足，加大了砂砾石对刀盘的磨损。

（2）刀盘刀具改造前后效果对比分析

1）掘进参数对比（见表8-4）。表8-4数据分析表明：改造后的刀盘参数在掘进速度、刀盘转速和贯入度基本不变的前提下，刀盘扭矩和刀盘推力发生了一些变化，改造后的刀盘扭矩和推力峰值更小，并且更趋于稳定。

掘进参数对比表 表8-4

参　数	改造前	改造后
刀盘扭矩（kN·m）	1314～9397	780～8149
掘进速度（mm·min^{-1}）	12～18	12～18
刀盘转速（r·min^{-1}）	0.84～1.15	0.88～1.1
刀盘推力（kN）	3306～6332	3091～5807
贯入度（mm·r^{-1}）	10～21	10～18

2）重型撕裂刀改换成滚刀后，增加了52把撕裂刀（其中26把可更换），改造后的滚刀作为先行刀，滚刀、撕裂刀、切刀之间刀高差各相差20mm，实现了立体切削。立体切削的实现，对刀盘刀具的保护更为突出：首先是刀具切削作用有了相对明显的分工，滚刀、撕裂刀、切刀随贯入度和刀具磨损程度的变化依次参与土体切削；其次是立体切削更有利于切削后的渣土在刀盘面板上的流动，减少了渣土对刀盘刀具的二次磨损。

3）重型撕裂刀更换成滚刀后，刀间距在不同位置有不同程度的增大，采用了两种补救措施：一是在刀间距较大部位使用双刃滚刀；二是在刀盘辐条上增加撕裂刀。

北京地下直径线通过滚刀、撕裂刀、切刀等长短刀具的合理立体配置：滚刀作为先行刀，切刀、周边刮刀作为辅助切削刀具，可以实现对砂卵石地层的有效切削；对致密的砂卵石地层的刀盘刀具配置采用盘形滚刀是必要的，并应根据卵石粒径、密实程度尽量加大滚刀尺寸，加大1、2层刀高差：滚刀刀具高于撕裂刀2cm，撕裂刀高于切刀2cm，严格控制掘进刀具贯入度在20mm以内、掘进速度控制在20~25mm/min，可以很好地保护撕裂刀及切刀，避免其非正常损坏。

从北京地下直径线刀具检查和更换情况看，单刃滚刀的平均磨损系数要略小于双刃滚刀，双刃滚刀平均磨损系数约为0.06mm/km，单刃滚刀平均磨损系数约为0.042mm/km，也就是说在同样的地质条件和掘进距离情况下，同一条轨迹线上的单刃滚刀磨损量要小于双刃滚刀。重型撕裂刀只掘进了不到60m就发生刀头脱落的情况，这说明重型撕裂刀不适合致密性强度大的砂卵石地层，目前刀盘刀具的配置对地层的适应性较好，滚刀的刀具磨损量正常。

综合刀具磨损现状分析，滚刀基本未出现偏磨，切削刀几乎没有任何磨损痕迹，说明切削刀尚未参与工作，计算得滚刀平均磨损系数为80×10^{-3}mm/km。根据试验段刀具磨损情况，在正常掘进过程中，外周边的滚刀掘进距离在120m左右，刀盘中间部分的滚刀掘进距离在230m左右，大多数都不超过180m。据此建议在北京致密性砂卵石地层掘进中，每100~120m进行一次带压进仓检查，对磨损较大的刀具进行更换；每隔230~300m设置一个停机加固点进行刀具更换。

8.3 砂卵石地层泥水盾构开挖面稳定性分析

砂卵石地层的特点是地层胶结较差、结构松散、卵石颗粒点对点传力、单个石块强度高（100~200MPa）、内摩擦角大、流动性差。由于砂卵石地层非连续的结构特点，机理性问题采用连续介质对其模拟计算存在较大的差异及困难，如图8-18所示。

图8-18　物理介质的离散概念

由于颗粒介质内部应力的这种不确定性，人们只能建立松散介质的简化模型，以便能够计算或测定其内部应力和位移。其中最常用的模型是把介质视为圆盘或颗粒，用来解析、试验或数值模拟。砂卵石土体颗粒之间基本无黏性，离散性很强，很适合采用颗粒模型进行分析。

8.3.1 双轴数值试验及结果

1. 颗粒流细观模型参数与试样宏观参数的关系

按照摩尔—库伦破坏准则，土体抗剪强度与黏聚力、内摩擦角的关系为：

$$\tau = c + \sigma \tan\varphi \tag{8-3}$$

也可用偏应力表示为：

$$\sigma_1 - \sigma_3 = \frac{2}{1-\sin\varphi}(c \cdot \cos\varphi + \sigma_3 \sin\varphi) \tag{8-4}$$

或

$$\sigma_1 - \sigma_3 = \frac{2\cos\varphi}{1-\sin\varphi}c + \frac{2\sin\varphi}{1-\sin\varphi}\sigma_3 \tag{8-5}$$

上式表明，在三轴试验中破坏时的偏应力与围压之间为线性关系。可以利用摩尔—库伦强度准则建立细观参数与宏观参数之间的关系。取一组细观参数，在不同围压下进行颗粒流数值仿真试验，通过回归分析，可得试样偏应力（$\sigma_1 - \sigma_3$）与围压 σ_3 之间的关系，从而可求得试样的宏观参数 c、φ。具体模拟方法及流程如图 8-19 所示。

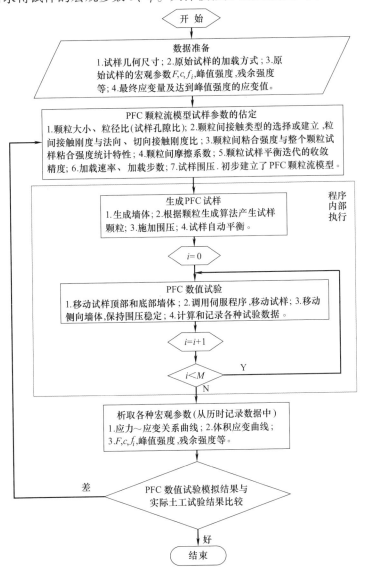

图 8-19 双轴试验的颗粒流模拟方法及流程

197

2. PFC^{2D}双轴数值试验参数

北京典型砂卵石土体的物理力学参数见表8-5。由前述颗粒流分析原理，编制了PFC^{2D}双轴数值试验自动执行程序。根据细观参数对土体宏观本构特性的影响规律及工程土质的实际情况，确定PFC^{2D}模型参数取值见表8-6。根据编制好的程序，分别在不同围压下（200、400、600、800、1000、1200、1400、1600kPa）进行加载试验，并记录下仿真实验结果。

3. PFC^{2D}双轴数值试验结果

由前述可知，颗粒间的摩擦系数主要影响试样的峰值强度，可通过调整颗粒间的摩擦系数来调整试样的峰值强度；颗粒间的法向刚度主要影响试样的初始弹性模量，可通过调整法向刚度可知试样出现峰值强度时对应的应变值和曲线的形状。经过反复试算，所得的不同围压下的偏应力与轴应变关系曲线如图8-20所示。偏应力与围压的关系见图8-21，弹性模量E_{50}与围压的关系见图8-22。由图可知，随着围压的增大，试样的峰值强度逐渐增高，相应的轴向应变也变大。同时，材料的弹性模量也有所变大。

北京典型砂卵石土体的主要物理力学参数　　　　　　　　　　　　表8-5

弹性模量 E(MPa)	泊松比 μ	密度 ρ(kg/m^3)	黏聚力 c(kPa)	内摩擦角 φ(°)
90~100	0.15	2150	0.0	三轴 40
				直剪 45

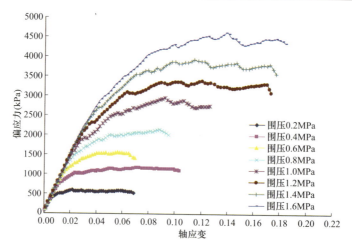

图8-20　不同围压下双轴试验的偏应力与轴应变的关系

土体 PFC^{2D} 双轴试验的颗粒输入参数　　　　　　　　　　　　表8-6

试样尺寸（宽×高）(mm)	粒径 R_{min}(mm)	R_{max}/R_{min}	摩擦系数	颗粒间接触模量 E_c(MPa)	颗粒刚度比	接触强度均值(N)	接触强度偏差比	加载速率(mm)	收敛控制	初始锁定应力(kPa)
300×600	1.0	2.6	0.5	90	1.5	5	0.1	9	0.92	75

由上述数值试验结果，由围压和每个围压下的峰值强度可以得到黏聚力 c 和内摩擦角 φ。弹性模量 E_{50} 为峰值强度的50%除以其对应的应变值。现场实际土体参数及

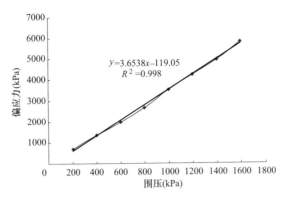

图 8-21　试样偏应力与围压的关系

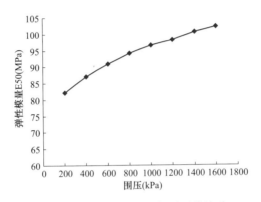

图 8-22　试样弹性模量与围压的关系

PFC^{2D}双轴数值试验所得到的土体宏观参数汇总于表 8-7。从各表中可以看出，二者所得到的宏观参数基本一致，这表明所确定的砂卵石颗粒流模型参数可以代表实际土体进行下一步的研究。

三种试验所得的土体宏观参数　　表 8-7

	弹性模量 E_{50}（MPa）								黏聚力 c（kPa）	内摩擦角 φ（°）
围压 σ_3（kPa）	200	400	600	800	1000	1200	1400	1600	—	—
实际土体参数	80.21	88.67	89.53	93.55	97.72	99.23	103.38	104.53	0.0	42
PFC^{2D}双轴数值试验	82.43	87.34	91.00	94.22	96.65	98.35	100.74	102.36	0.0	40.3

8.3.2　开挖面失稳破坏的颗粒流模型建立

1. 模型尺寸

根据实际工程概念及隧道埋深，设定盾构隧道模型尺寸：宽 57m，高 45m，盾构外径取 12m，埋深 24m，埋深比 H/D = 3.33。土体及盾构模型的边界共设计 8 道墙体，考虑到颗粒数量庞大，缩尺 1/100 建模，如图 8-23 所示（单位：mm）。其中，墙体 1、2、6 及 8 为模型边界，墙体 3、4 及 5 为盾构边界。

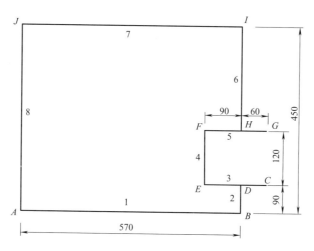

图 8-23　盾构隧道颗粒流模型及尺寸

2. 盾构隧道模型土体颗粒生成

模型颗粒的生成采用排斥法。首先指定颗粒半径范围及要求的孔隙率，并给出生成颗粒数量的上限，在指定的空间内生成足够多的颗粒，以获得期望的孔隙率。在颗粒生成过程中，在给定的区域内随机安放颗粒会导致大量的颗粒重叠和较大的接触力。还会使颗粒产生较大的初始速度，可能大到足以穿透墙体逃逸（若重叠量大于颗粒半径则会发生）。在开始较少的计算循环步内使速度为 0，以消除动能，然后再正常计算使之收敛至平衡状态。排斥法生成颗粒的算法流程如图 8-24 所示。

颗粒的几何、力学性质参数按照模型尺寸及比例，建立的原始地层模型如图 8-25 所示，产生的颗粒数目为 24522 个。

根据模型相似比关系，设置重力加速度为 $100g$（$1g = 9.81\mathrm{m/s^2}$），颗粒集合体生成之后在自重应力下平衡，经过 26000 步的计算，颗粒集合体达到重力平衡。以平衡后的颗粒集合体为基本计算模型，图 8-25 为重力平衡后的盾构隧道土体颗粒流模型。

盾构开始开挖后的颗粒流模型如图 8-26 所示。为了清楚、直观的观测开挖面土体运动形成的位移和生成的剪切带，类似有限元方法，用不同颜色的颗粒将土体划分为一定数量的网格。考虑到网

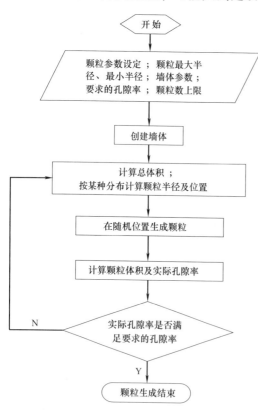

图 8-24　排斥法生成颗粒的算法

200

格划分要满足获得土体测量变量的变化和代表整个土体的参数。网格划分的边长与最大颗粒的半径的比值为 12 左右，网格尺寸为 0.03m×0.03m。

图 8-25　重力平衡后的土体颗粒流模型

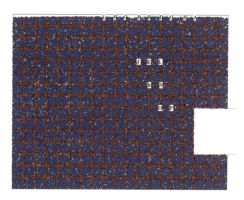

图 8-26　彩色颗粒网格划分图

8.3.3　盾构隧道开挖面土体剪切带的形成和发展

1. 剪切带形成过程分析

不同计算阶段开挖面土体破坏的变形发展情况如图 8-27 所示。从土粒的滑移及破坏来看（图 8-27），土体呈渐近破坏的特征。在荷载的作用下土体首先产生压缩，而后开挖面土体颗粒开始向外鼓出并下落。随着循环步数的增加，从开挖面下落的颗粒逐渐增多，因土体应力松弛而地层损失逐渐加大，开挖面内侧土体网格遭到破坏，开挖面附近土体逐渐破坏。因而，造成由开挖面延伸至地表的松动区域，同时，靠近开挖面的土体上部出现明显的沉降。随着计算步数的进一步增加，开挖面内侧土体破坏范围逐渐增大，开挖面内侧土体颗粒网格出现明显的倾斜变形，水平红色网格发生弯曲，地层出现沉降，土体表面形成明显的盆状沉降槽。

从颗粒接触力链来看 [图 8-27（h）]，塌落部分颗粒之间的接触力较小，难以形成粗大、强劲的有效力链，计算过程中，力链很容易被打破，在开挖面上方也就无法形

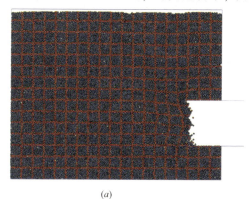

(a)

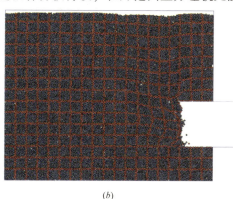

(b)

图 8-27　开挖面土体破坏的变形发展情况

（a）46000 steps 土体变形；（b）66000 steps 土体变形

成有效的承载拱，开挖面破坏严重，致使形成大范围的塌落区。这是由于颗粒之间摩擦系数较小，而开挖面又处于无压状态，开挖面和地层的稳定性较差，无法自稳。

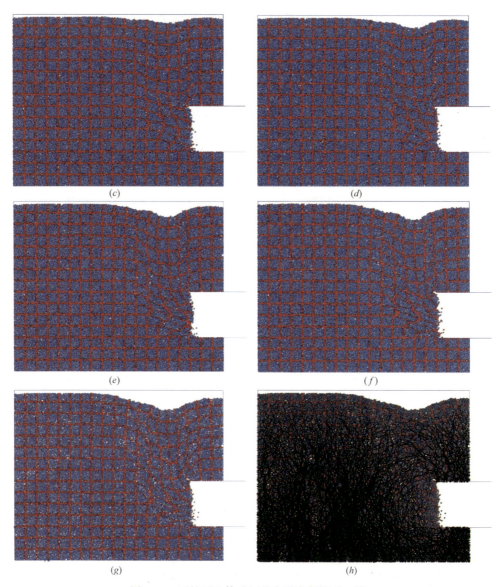

图 8-27　开挖面土体破坏的变形发展情况（续）

（c）86000 steps 土体变形；（d）106000 steps 土体变形；（e）126000 steps 土体变形；（f）146000 steps 土体变形；（g）166000 steps 土体变形；（h）166000 steps 土颗粒接触力链

2. 模拟细观分析

由图 8-28 土体颗粒滑移及破坏可知，经过一定的计算步数，土体内各颗粒位移得到重新定向，靠近开挖面内侧及其斜上方土体位移大小和方向已经十分清晰，形成了明显的滑移界限。在界限左侧，颗粒位移极小，重定向不清晰；在界限右侧，颗粒位移明显，重定向清晰，在二者之间形成了一种急剧不连续的位移梯度，大量的剪切变形集中

202

在相对狭窄的带状区域，如图 8-28 所示，图中粗实线为根据颗粒位移发展情况用手工绘制的界限。剪切带出现过程中，土体滑移界面上剪应变率很大，表明其剪应变分布呈现局部化而不是均匀分布［图 8-28（c）］。

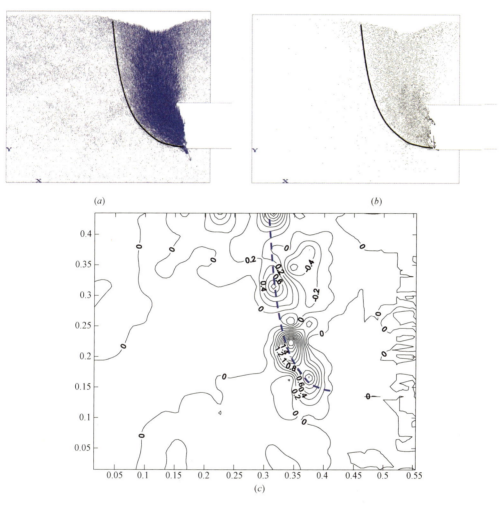

图 8-28　土颗粒位移重定向及形成的滑移界限

（a）剪切滑动带—位移场；（b）剪切滑动带—速度场；（c）剪切应变率

8.3.4　颗粒间摩擦系数对无压开挖面稳定性的影响

颗粒间摩擦系数分别取 0.5、0.8、1.2、1.6、2.0、2.4，对盾构隧道开挖面及地层渐进性破坏进行计算，计算结果如图 8-29 所示。由图可知，摩擦系数较小时，地层、地表变形及坍塌轮廓很大，地表沉降槽很大。随着摩擦系数的增大，地层变形及坍塌轮廓逐渐缩小，地表沉降也减小。当摩擦系数很大时，地层土体变形和滑移很小，地表沉降轻微。可以看出，颗粒摩擦系数越大，地层坍塌轮廓越小、越窄、越陡峭，地表沉降也越小。反之，地层坍塌轮廓越大、越宽，地表沉降越大，开挖面破坏越严重。

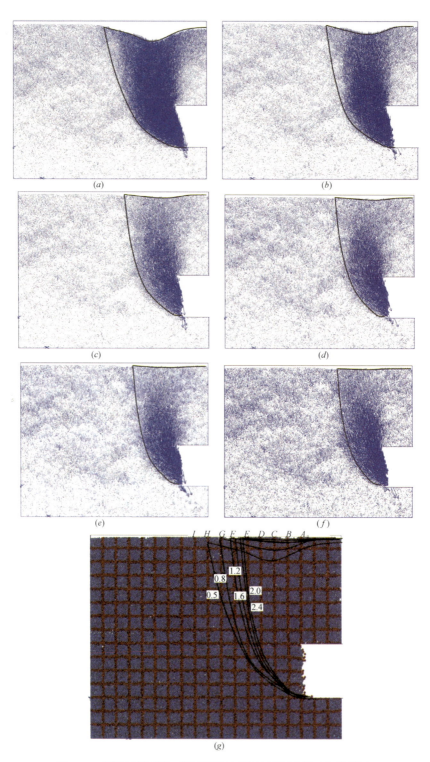

图 8-29 颗粒摩擦系数对隧道开挖面及地层渐进性破坏的影响

（a）fr＝0.5；（b）fr＝0.8；（c）fr＝1.2；（d）fr＝1.6；

（e）fr＝2.0；（f）fr＝2.4；（g）不同摩擦系数下的土体破坏轮廓

数值计算过程中，对地表各点（$A \sim I$）的竖向位移进行监测，可得地表沉降变化及其与摩擦系数的关系，如图8-30和图8-31所示。图8-30为不同摩擦系数下的地表各点沉降分布，从而表达出地表沉降槽的清晰轮廓，可知摩擦系数越小，地表沉降槽越深。图8-31为地表各点随摩擦系数增大而变化的曲线，可知，当摩擦系数超过2.4时，变化曲线逐渐平缓，说明地表各点沉降逐渐趋于稳定。

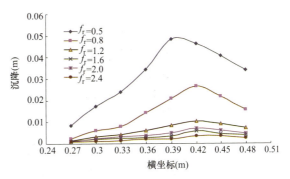

图 8-30　不同摩擦系数下地表沉降分布

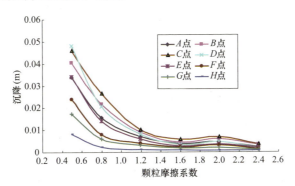

图 8-31　地表沉降与颗粒摩擦系数关系

8.3.5　泥膜对开挖面稳定的影响

在开挖面前方一定范围内设置接触粘结模型以模拟形成的理想状态泥膜。泥水加压平衡盾构掘进过程中，在开挖面上形成良好的泥膜，对于维持开挖面稳定具有重要的作用。特别是泥膜的厚度、强度和致密性，对于减小开挖面变形、降低渗透性至关重要。本节认为在开挖面能形成理想的泥膜，研究泥膜厚度、强度对开挖面及地层变形的影响。

1. 泥膜厚度的影响

泥膜主要由黏性微粒组成，因此采用微细粘结颗粒进行泥膜建模。泥膜颗粒尺寸在 0.5～0.8mm 之间通过所编制的 FISH 函数进行随机取值，泥膜颗粒之间加入接触粘合模型，接触粘合强度 ball_ nb_ mud = ball_ sb_ mud =5e3N/m。在隧道开挖面上创建一定厚度的泥膜，其厚度分别取 5mm、10mm、15mm、20mm、25mm、30mm 建立颗粒流数值分析模型，用于数值计算。通过颗粒流编程，所建立的带泥膜的隧道颗粒流模型如图8-32所示。

开挖面不同厚度的泥膜变形如图8-33所示。由图8-33可知，泥膜粘合强度相同，泥膜厚度越大，开挖面的凸出变形越小，当泥膜厚度很薄时，开挖面出现明显的凸出变形，将会引起较大的地层及地表变位。

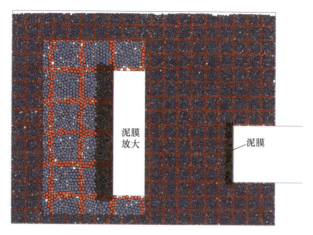

图 8-32　开挖面形成的理想状态泥膜

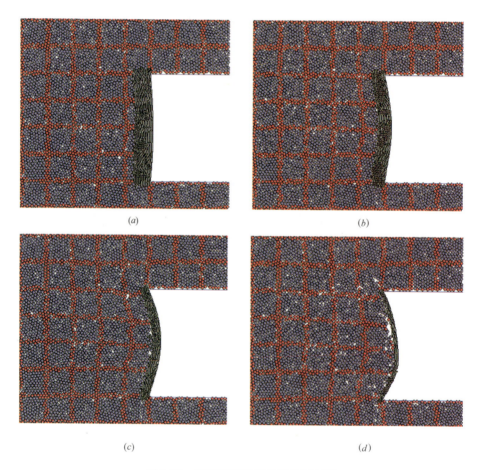

图 8-33　不同厚度泥膜的开挖面变形

(a) 泥膜厚度 20mm；(b) 泥膜厚度 15mm

(c) 泥膜厚度 10mm；(d) 泥膜厚度 5mm

不同泥膜厚度数值计算过程中，泥膜厚度在 5~15mm 时，开挖面泥膜中点凸出变形和地表沉降计算都不能收敛，说明泥膜较薄时，不能保证开挖面的稳定。而当泥膜厚度达到 20mm 时，开挖面泥膜中点凸出变形和地表沉降计算能够收敛，说明泥膜达到一定厚度时，开挖面及地层变形能够收敛，开挖面的稳定能够保证。

不同泥膜厚度计算过程中，对开挖面上方地表 B、C、D 三个点 [图 8-29（g）所示] 的竖向变位和开挖面泥膜中点的水平凸出变位进行监测，计算 80000 步后提取计算结果，得到地表 B、C、D 三个点的竖向变位和开挖面泥膜中点的水平变位与泥膜厚度的关系，如图 8-34 和图 8-35 所示。

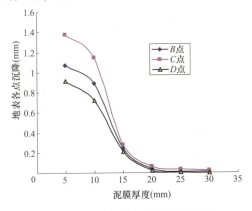

图 8-34　地表沉降与泥膜厚度关系

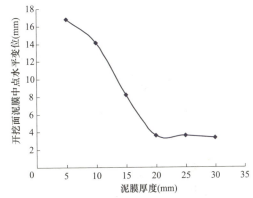

图 8-35　开挖面泥膜中点水平位移与泥膜厚度关系

2. 泥膜强度的影响

开挖面不同泥膜粘合强度下的泥膜变形破坏如图 8-36 所示。由图 8-36（a）~（f）可知，泥膜厚度相同，泥膜粘合强度越小，开挖面的凸出变形越大，当泥膜粘合强度较小时，开挖面出现明显的凸出变形，并出现泥膜破裂及坍塌，继而引起较大的地层及地表变位。

不同泥膜粘合强度计算过程中，对开挖面上方地表 B、C、D 三个点 [图 8-29（g）

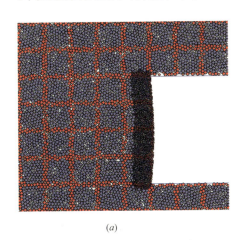

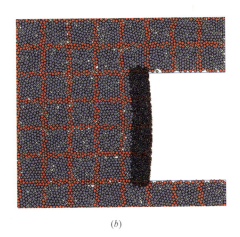

(a)　　　　　　　　　　　　　　　　　　　(b)

图 8-36　不同泥膜粘合强度的开挖面变形及破坏

（a）泥膜粘合强度 2200N/m；（b）泥膜粘合强度 1800N/m；

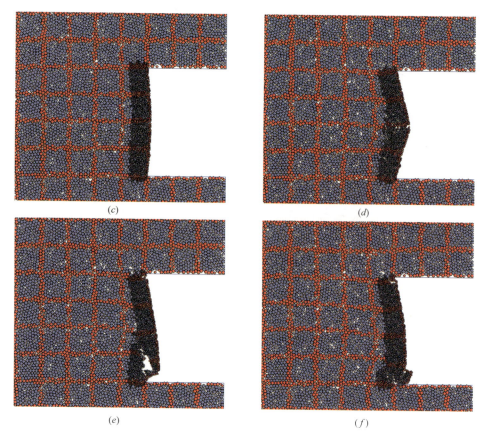

图 8-36　不同泥膜粘合强度的开挖面变形及破坏（续）

(c) 泥膜粘合强度1400N/m；(d) 泥膜粘合强度13300N/m；(e) 泥膜粘合强度1250N/m；

(f) 泥膜粘合强度1000N/m

所示] 的竖向变位和开挖面泥膜中点的水平凸出变位进行监测，计算80000步后提取计算结果，得到地表 B、C、D 三个点的竖向变位和开挖面泥膜中点的水平变位与泥膜粘合强度的关系，如图8-37和图8-38所示。由图可知，各点变位在泥膜粘合强度达

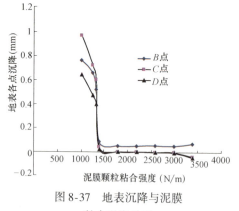

图 8-37　地表沉降与泥膜
粘合强度关系

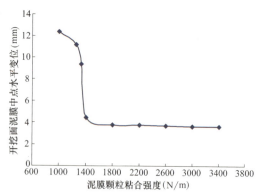

图 8-38　开挖面泥膜中点水平位移
与泥膜粘合强度关系

到 1400N/m 以上时均趋于收敛，与图 8-29 所示结论相同。

8.4 砂卵石地层泥水盾构环保型泥浆制备

8.4.1 研究背景

泥水盾构工法的广泛采用导致开挖出的大量泥浆土处理困难，目前多数泥浆由天然黏土、膨润土、水、增粘剂 CMC（钠羧甲基纤维素）所构成，其突出表现为废弃泥浆（土）量大且降解难度大，添加剂中多采用化合物和聚合物，容易造成较严重的水土环境污染。针对城市中泥水盾构每年都要开挖出大量泥土，很有必要开展相对来源广泛、价格合理、降失水效果好、抗盐能力强且对环境无污染的绿色泥浆的研究。

以水、膨润土、黏土、淀粉和固体碱为原材料配制绿色环保型盾构泥浆。分别研究上述四种材料不同含量对泥浆特性的影响规律，并结合工程实例类比，在分析砂卵石地层工程特性的基础上，以多组试验结果为依据，基于上述四种材料优选出具有良好特性参数的砂卵石地层盾构泥浆配比；针对砂卵石地层，对优选泥浆开展泥浆渗透试验，分析试验优选泥浆的砂卵石地层适应性，

(a)   *(b)*

图 8-39　质量较差的泥膜 SEM 照片
（*a*）泥膜表面图（放大 100 倍）；（*b*）泥膜断面图（放大 300 倍）

优化泥浆配比。泥水质量包括泥水最大粒径、泥水配比、泥水浓度、泥水压力等，而土层性质包括土体类型、土体颗粒直径和土体渗透性等。与土层性质配合恰当的泥水将形成有效的、致密的泥膜；反之，则形成孔隙大、疏松的泥膜。图 8-39 和图 8-40 是在实

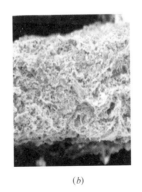

(a)   *(b)*

图 8-40　质量较好的泥膜 SEM 照片
（*a*）泥膜表面图（放大 100 倍）；（*b*）泥膜断面图（放大 300 倍）

209

验室内模拟盾构隧道开挖面工况制作的泥膜在电子显微镜（SEM）下照片。

8.4.2 实验材料和方法

制备绿色环保型盾构泥浆的原材料包括水、天然黏土、膨润土、可溶性淀粉和无水碳酸钠。材料中的水为普通的自来水，黏土和膨润土等固体颗粒所组成的体系称为泥浆的固相材料，淀粉和无水碳酸钠所组成的体系称为制浆添加剂。泥浆原材料及基本特性见表8-8。

泥浆原材料及基本特性 表8-8

序号	材料名称	基本性质与用途
1	清水	无色、无味，是泥浆主要的液相材料
2	天然黏土	从北京某泥水盾构隧道施工现场取回，经筛分而得到的自然黏土，粒径≤0.25mm，需干燥保存，是泥浆主要的固相颗粒材料
3	膨润土	采用钠性膨润土，其主要成分为蒙脱石，易吸水，是泥浆主要的固相颗粒材料
4	无水碳酸钠	呈白色颗粒状，提供钠离子，调节泥浆酸碱度
5	可溶性淀粉	白色粉末，充分搅拌后溶于水，对泥浆主要特性均产生影响

砂卵石土样材料取自北京地下直径线工程现场，其中最大卵石粒径大于110mm，

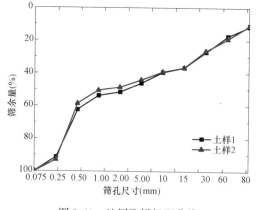

图 8-41 地层取样级配曲线

多呈椭圆形，占总质量的12%左右；粒径在0.25mm到0.5mm之间的砂粒所占比重较大，约占1/3左右。由土样级配曲线（图8-41）可知，$d_{10}=0.30$mm，$d_{30}=0.40$mm，$d_{60}=10.0$mm，$C_u=d_{60}/d_{10}=33.3$，$C_c=d_{30}^2/d_{60}\times d_{10}=0.053$。所以，该地层土样所含颗粒的直径相差悬殊，属于级配不良土；而且孔隙率大，土体渗透性强，自稳能力差，在该地层中进行隧道施工开挖面稳定性差，容易发生坍塌事故。试验地层的基本性质参数如表8-9所示。

试验土层的基本参数 表8-9

土层厚度	质量	粒径范围	密度	渗透系数	孔隙比
27cm	52kg	≤110mm	1.53g/cm³	1.515×10^{-3}m/s	0.31

通过室内试验研究适于砂卵石地层的盾构泥浆。首先进行原材料各成分含量对泥浆特性的影响规律测定试验，根据试验结果确定泥浆材料各成分的合理配比，并按此配比配置泥浆材料；然后针对配置好的泥浆材料进行泥浆渗透试验，验证所配置泥浆对砂卵石地层的适应性。

1. 原材料各成分含量对泥浆特性的影响规律测定

基于工程经验，首先确定原材料中的清水、黏土和膨润土的质量比为 800∶120∶80，配置 1000g 试验用的基础泥浆，在基础泥浆中分别添加可溶性淀粉和无水碳酸钠，并研究可溶性淀粉和无水碳酸钠含量对泥浆特性（比重、黏度和滤失量）的影响规律。根据试验结果，并参考国内外在砂砾石地层泥水盾构所用泥浆特性参数，提出适于砂卵石地层的泥浆材料配比。试验采用的仪器包括泥浆比重计、泥浆黏度计和泥浆滤失量测定仪，如图 8-42 所示。

(a)　　　　　　　　　　　(b)　　　　　　　　　　　(c)

图 8-42　试验仪器实物照片

(a) 泥浆失水量测定仪；(b) 泥浆黏度计；(c) 泥浆比重计

2. 泥浆对砂卵石地层的适应性验证

按前述研究得到的原材料配比制备泥浆，并通过泥浆渗透试验分析和验证泥浆对砂卵石地层的适应性。通过自行设计的有压泥浆渗透试验装置及数据监测系统，对所配置的泥浆开展渗透研究，测量泥浆在砂卵石地层中渗透及泥膜形成过程中，地层中孔隙水压力以及渗流量的变化规律，以孔隙水压力与渗流速率的变化规律为依据，分析泥浆在地层中所形成泥膜的质量，进而对该泥浆对砂卵石地层的适应性做出评价。

试验采用的泥浆渗透装置示意图和装置实物图见图 8-43 和图 8-44 所示。装置净空 400×500（内径 × 内高：mm），两端由钢质端封板通过螺杆连接，连接处均布设橡胶圈，使得装置内形成一个密闭环境。结构体系承压不小于 0.5MPa，结构体系受力后局部变形小于 1mm，加工精度小于 0.5‰。具体试验步骤如下：

在填装土层的过程中，当土层高度与测压管位置平齐时，埋设相应编号的孔隙水压力计，测压管编号与孔隙水压力计编号一一对应。先移走土样表面富余的水，然后将渗透装置的排水管阀门、测压管阀门关闭，往渗透装置圆筒内慢慢加入已经配制好的泥浆，泥浆的高度 10cm，保持排水管出口与泥浆液面平齐，排水管出水口距渗透装置底部高度为 45cm。此时，可根据测压管出水口与孔隙水压力计所在位置距泥浆液面的高度计算出各测点的静水压力（将自然状态下的泥浆压力近似为水压力），测压管编号 1、2、3、4 的中心位置距泥浆液面的高度分别为 12cm、15cm、19cm、27cm，对应的初始静水压力分别为 1.2kPa、1.5kPa、1.95kPa、2.7kPa。

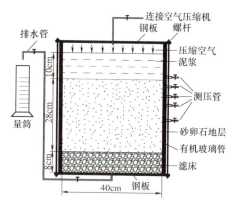

图 8-43　泥浆渗透试验装置示意图

图 8-44　渗泥浆透试验装置实物图

8.4.3　实验结果和讨论

1. 原材料各成分含量对泥浆特性的影响规律

（1）可溶性淀粉含量对泥浆特性的影响规律

在基础泥浆中添加可溶性淀粉，采用单一因素变量法，研究淀粉含量对泥浆特性的影响规律。从图 8-45 可以看出，随着可溶性淀粉添加量的增加，泥浆比重和泥浆黏度

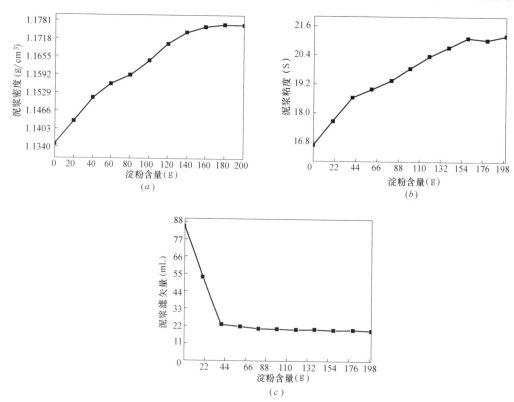

图 8-45　淀粉含量对泥浆特性的影响规律

（a）淀粉含量对泥浆比重的影响；（b）淀粉含量对泥浆粘度的影响；（c）淀粉含量对泥浆滤失量的影响

随之增大，且增幅较大，可见可溶性淀粉具有显著提高泥浆比重和黏度的作用。值得说明的是，由于淀粉在水中溶解度是有限，当使用量超过 160g 后（图中最大值仅为 120g，补充数据）泥浆比重和黏度不再随着淀粉含量的增加而增大。从图 8-45 中还可以看出，随着可溶性淀粉添加量的增加，泥浆滤失量显著降低，但当淀粉用量添加量大于 40g 以后，泥浆滤失量随淀粉含量的增加而降低的效果不再明显。

（2）无水碳酸钠含量对泥浆特性的影响规律

在基础泥浆中添加无水碳酸钠，采用单一因素变量法，研究无水碳酸钠含量对泥浆特性的影响规律。从图 8-46 中可以看出，无水碳酸钠对泥浆特性有着显著影响。由于无水碳酸钠可以提高泥浆对固相颗粒的悬浮能力，因此，随着碳酸钠含量的增加，分散到泥浆中的固相细颗粒增多，从而导致泥浆的比重相应增大，但当碳酸钠含量超过 5g 后，再行添加碳酸钠对泥浆比重的增加已没有效果。同时，通过提高泥浆中固相细颗粒的含量，无水碳酸钠也相应地对泥浆滤失量产生重要影响，随着碳酸钠含量的增大，泥浆滤失量显著降低，但当碳酸钠含量超过 3.5g 后，再行添加碳酸钠对泥浆滤失量的降低已没有效果。从图 8-46 中还可以看出，随着碳酸钠含量的增加，泥浆黏度有一定的提高，但提高的幅度不大，特别是当碳酸钠含量超过 3.5g 后，再行添加碳酸钠对泥浆黏度的提高已没有效果。

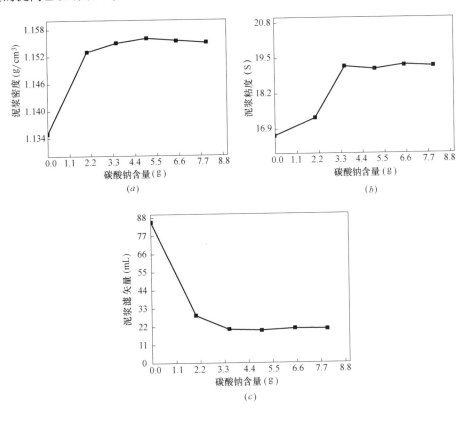

图 8-46　碳酸钠对泥浆特性的影响规律

（a）碳酸钠含量对泥浆比重的影响；（b）碳酸钠含量对泥浆粘度的影响；（c）碳酸钠含量对泥浆滤失量的影响

（3）合理泥浆配比

参考国内外在砂砾石地层泥水盾构所用泥浆特性参数，初步确定适于砂卵石地层泥浆特性指标的参考值为：比重 $1.05 \sim 1.18 g/cm^3$，黏度 $25 \sim 40 s$，滤失量小于 $15 mL$。基于上述泥浆特性指标参考值和泥浆特性试验结果，确定了适于砂卵石地层的环保型泥浆配比，并针对该泥浆配比进行了对应的泥浆特性参数测定。环保型泥浆配比及对应的泥浆特性参数见表8-10。

淀粉固体碱混合固相优选泥浆配比 表8-10

清水（g）	黏土（g）	膨润土（g）	制浆剂类型/用量（g）		比重（g/cm³）	黏度（s）	滤失量（ml）
1000	150	100	碳酸钠/2.5	淀粉/150	1.17	26	12

2. 泥浆对砂卵石地层的适应性分析

地层渗流量随渗透时间的变化规律、土层中超静孔隙水压力随测点与泥浆与土层交界面的距离变化规律等如图8-47～8-49所示。

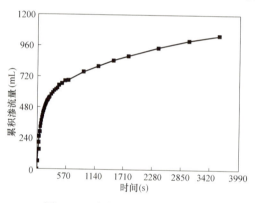

图 8-47 渗流量随时间变化规律

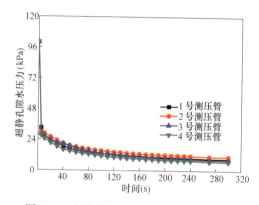

图 8-48 超静孔隙水压力随时间变化规律

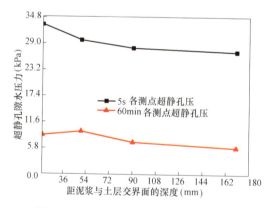

图 8-49 超静孔压沿地层深度消散规律

从试验过程中渗流量与超静孔隙水压力随泥浆渗透时间的变化曲线可以看出，在渗透开始后5s左右，渗流量随时间变化曲线的斜率减小，超静孔隙水压力迅速减低，说

214

明土层的渗透系数降低，泥膜初步形成，此时泥浆渗透速率降低至约0.5mL/s，各测压管超静孔隙水压力迅速减小，平均值约9.5kPa。随着时间推移，土层中的超静孔隙水压力平均值变为8kPa，并保持稳定，此时泥浆渗透速率小于0.1mL/s，这表明在泥浆与土层的交界面已经形成一层密封性非常好的泥膜，有效地阻止了泥浆进一步向土层中渗透，自此泥膜完全形成。试验后，形成泥膜的厚度为8mm。同时，试验还对泥浆渗透时土层中不同深度位置的超静孔隙水压力进行测定，分析了超静孔隙水压力沿土层深度方面的变化规律，土层中超静孔隙水压力随测点位置距土层与泥浆交界面距离增大而减小，距离泥浆与土层交界面越近，超静孔隙水压力越大，分析不同时间段的超静孔隙水压力的大小和沿地层深度的变化规律后可知，泥膜完全形成后，在泥浆与土层交界面处的泥浆压力（亦称有效泥浆压力）约为91kPa。

泥浆与地层的适应性评价指标主要有：泥膜形成时间、泥膜形成过程中的泥浆的渗流量以及泥膜形成后土层中的超静孔隙水压力三个方面。在相同试验条件下，试验过程中，泥膜形成的时间越短，有效泥浆压力越大，渗流量越小，对应泥浆与地层的适应性越强；泥膜完全形成后，土层中超静孔隙水压力的大小反映了最终形成的泥膜质量，超静孔隙水压力越小，有效泥浆压力越高，泥膜质量越好，对应泥浆的地层适应性越强。在上述试验过程中，试验开始5s时试验优选泥浆初步形成泥膜，此时有效泥浆压力为67kPa，所以泥膜形成速度较快；泥膜完全形成后，测得土层中超静孔隙水压力为9kPa，即有效泥浆压力为91kPa，所以泥浆压力折减不到10%，有足够的泥浆压力作用在开挖面上，开挖面的稳定性较强。另外，试验优选泥浆渗透时最终渗流量也是判断泥浆与地层适应性的重要指标，泥浆最终的渗透量越小，对应泥浆的地层适应性越强，试验测得优选淀粉固体碱混合固相泥浆渗流量较为理想。因此，通过对上述试验数据分析，针对试验所用的砂卵石地层，试验所配的淀粉固体混合固相泥浆具有良好的地层适应性，同时也满足绿色环保的要求。

本节主要针对城市地下道路主线隧道盾构法施工中的关键问题进行了阐述。由于城市环境的差别较大，要求也不尽相同，加之盾构选型的多样化和工法选择的多样性，未来的城市地下道路路网建设中究竟是采用盾构法还是矿山法修建主线隧道，还要根据实际情况进行合理选择，以期取得更好的效果。

附录 城市地下道路分岔与立交暗挖隧道建造安全技术指南

根据本书研究成果，为了使城市地下道路分岔与立交暗挖隧道安全建造关键技术更加实用，在充分考虑对现行相关规范、规程及指南继承性的基础上，编制了《城市地下道路分岔与立交暗挖隧道建造安全技术指南》，并作为本书的附录。《城市地下道路分岔与立交暗挖隧道建造安全技术指南》共分9章，可供从事本领域设计和施工人员及大专院校师生参考。

1 总 则

1.0.1 为保障城市地下道路分岔与立交暗挖隧道建造安全，特制定本指南。

1.0.2 本指南主要适用于北京城区地层条件下地下道路分岔与立交暗挖隧道工程，除分岔部位特殊专项设计外，其他断面均采用三车道公路隧道标准断面。本指南用于其他城市类似项目时须根据其地层条件和工程尺度做相应调整。

1.0.3 若本指南规定与国家、部委和地方政府部门所颁发的有关技术标准、规范、规程有矛盾之处，以国家、部委和地方政府部门所颁发的有关技术标准、规范、规程为准。

2 城市地下道路工程建筑规划与技术指标

2.1 一般规定

2.1.1 城市地下道路工程的建筑规划应根据交通流、交通组成、行车环境、建筑构造等特点，从城市地下道路总体设计、横断面、平纵线形、出入口、交通工程、附属设施以及防灾等方面提出相应的技术要求。

2.1.2 城市地下道路工程的建筑规划的具体指标包括建筑限界、车道宽度、紧急停车带宽度、横断面、平纵断面、行车速度与最大纵坡要求。

2.1.3 城市地下道路工程规划应从经济、技术等方面进行综合比选，确定最优方案。

2.2 城市地下道路横断面

2.2.1 道路横断面设计是在城市规划的红线宽度范围内，考虑道路功能等级、设计速度、交通流量、服务对象、地形等因素，确定横断面形式和各组成尺寸，以保证满足机动车、行人等安全、便捷畅通出行需求。

2.2.2 城市道路横断面一般由机动车道、非机动车道、人行道、分车带、设施带、绿化等组成，特殊断面还包括应急车道、路肩和排水沟等。

2.2.3 城市地下道路横断面空间大致可分为交通通行空间、设施设备空间与安全空间。

2.2.4 城市地下道路横断面选取应考虑与两端接线道路横断面的衔接关系，尽量保持一致和连续，因地制宜，当条件受限时，地下道路内横断面形式在特殊情况下可以适当降低标准。

2.2.5 城市地下道路横断面可选择圆形、拱形或矩形，应根据地质条件、地形条件和施工方法等因素，因地制宜、合理确定。

2.2.6 一条道路宜采用相同形式的横断面。当道路横断面形式或横断面各组成部分的宽度变化时，应设过渡段。

2.3 城市地下道路纵断面

2.3.1 城市地下道路的纵断面布置应根据地质、地形、地下设施障碍物等因素综合确定，还应考虑未来运营后的通风和节能。

2.3.2 结构顶部覆土厚度是控制地下道路纵断面线形布置的重要指标。影响结构顶部覆土厚度因素较多，应根据地下管网、地质条件、结构安全、施工工艺等确定，当作为人防工程时，还应考虑防空工程的最小覆土厚度。

2.3.3 道路纵坡的选取应分别满足最大纵坡和最小纵坡的要求。

2.3.4 最大纵坡是指能够保证车辆在道路上、下坡的过程中安全行驶，不致发生危险的纵坡最大限值。它是纵断面线形设计的一项重要指标，直接影响路线长度、行驶舒适性、安全与工程经济性等。道路最大纵坡主要依据车辆的动力特性、道路等级、自然条件、运营经济性等因素确定。

2.3.5 城市地下道路设计应尽量采用较小的纵坡，综合考虑各种机动车辆动力性能、道路等级、设计速度以及地形条件等，当纵坡大于最大纵坡的推荐值时，应限制坡长，但不得超过最大纵坡限制值。

2.4 城市地下道路设计速度

2.4.1 设计速度指在气候条件良好，车辆行驶只受道路本身条件影响时，具有中等驾驶技术水平的人员能够安全、熟手驾驶车辆的速度。

2.4.2 设计速度是决定道路集合线形的基本依据，如平曲线、竖曲线的半径、超高、视距、车道宽度等技术指标都直接或间接与设计速度相关。

2.4.3 城市地下道路的设计速度、功能等级宜与两端接线的地面道路相同，具体设计速度的选择应根据道路交通功能、通行能力、工程造价、运营成本、施工风险、控制条件以及工程建设性质等因素综合论证确定。

2.4.4 短距离的城市地下道路应与两端接线道路采用相同的设计速度。

2.4.5 除短距离地下道路外，其他地下道路的设计速度一般不应大于80km/h。

2.4.6 考虑到城市地下交通长远发展需求、建设成本大、建成后再改建难度较大，同时为充分发挥地下道路高容量、高速、安全和舒适的特点，地下道路必须具备良好的道路几何线形条件和行车条件。

2.4.7 地下道路设计速度也不宜过低，尤其对于两端接线道路设计速度较低的道路，在地下道路段不应再降低设计速度标准，否则未来容易成为交通瓶颈路段。

2.5 城市地下道路车道宽度

2.5.1 城市地下道路车道宽度宜在 3.25~3.75m 之间。

2.5.2 设计速度是决定道路集合线形的基本依据，如平曲线、竖曲线的半径、超高、视距、车道宽度等技术指标都直接或间接与设计速度相关。

2.5.3 地面道路路侧带是指车行道边界与路权边界线之间的空间，主要用来设置人行道、管线、标志牌、交通信号灯、停车咪表、自行车道等，国外路权边界线相当于我国的红线。

2.5.4 地下道路路侧带是指路缘带靠检修道侧边界与建筑结构实体之间的空间，主要用来设置检修道、标志牌、交通信号灯等。

2.6 城市地下道路分岔隧道过渡段选型

2.6.1 分岔隧道过渡段隧道是为了主线隧道与匝道隧道之间车速的平稳过渡而设置的。该段长度与主线隧道设计时速、车辆发动机的减（加）速性能、匝道隧道设计时速有关。

2.6.2 由主线隧道向匝道隧道分流、或由匝道隧道向主线隧道汇流过渡段的变化方式包括突变式、渐变式和台阶式三种。

2.6.3 突变式断面结构形式少、工序简单、有利于组织施工，但开挖工程量大，变速段为大跨度隧道，施工难度大。

2.6.4 渐变式开挖工程量比较小，但隧道跨度将会连续变宽，很难实施整体式模注衬砌。

2.6.5 台阶式开挖工程量介于上述两种方案之间，但隧道跨度分段加宽，要用多个不同规格的模板台车，存在多个交点，易形成围岩、结构受力集中。

3 城市地下道路暗挖隧道近接施工影响分区

3.1 一般规定

3.1.1 城市地下道路暗挖隧道近接施工影响分区采用强影响区、弱影响区和无影响区 3 区段划分方法，并根据各区特征制定相应的设计与施工对策。

3.1.2 对于强影响区，新建隧道对既有结构物有影响，且影响较强，通常会产生危害。

3.1.3 对于弱影响区，新建隧道对既有结构物有影响，但影响较弱，通常不会产生危害。

3.1.4 对于无影响区，一般不需要考虑新建工程对既有结构物的影响。

3.1.5 影响分区的判定准则应综合考虑强度、刚度和稳定性三方面。其中强度对应于近接施工引起的附加应力，刚度对应于近接施工引起的附加位移，稳定性对应于近接施工引起的塑性区分布。

3.2 近接施工影响分区划分方法

3.2.1 针对北京城市地下道路三车道公路隧道，将基准隧道（也可称之为既有隧道）埋深固定为45m（北京城市地下道路隧道埋深），考虑近接隧道与之不同角度的方位关系，采用 FLAC3D 软件建立平面应变模型。

3.2.2 根据后建隧道与既有隧道的方位关系（相对位置）和净距不同进行组合，共得到了 34 种组合，如图 3-1 和表 3-1 所示。三车道隧道直径取 $D=14m$。

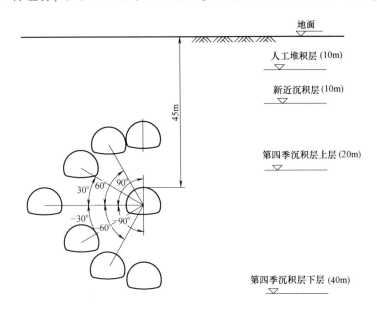

图 3-1 地层剖面图

暗挖隧道近接施工影响分区模拟计算工况 表 3-1

计算工况	方位角度	两洞净距 L
工况 1～5	−90°	$1.0D$、$1.5D$、$2.0D$、$2.5D$、$3.0D$
工况 6～10	−60°	$1.0D$、$1.5D$、$2.0D$、$2.5D$、$3.0D$
工况 11～15	−30°	$1.0D$、$1.5D$、$2.0D$、$2.5D$、$3.0D$
工况 16～20	0°	$1.0D$、$1.5D$、$2.0D$、$2.5D$、$3.0D$
工况 21～25	30°	$0.5D$、$1.0D$、$1.5D$、$2.0D$、$2.5D$
工况 26～30	60°	$0.5D$、$1.0D$、$1.5D$、$2.0D$、$2.5D$
工况 31～34	90°	$0.5D$、$1.0D$、$1.5D$、$2.0D$

3.3 暗挖隧道近接施工影响分区划分准则

3.3.1 城市地下道路暗挖隧道近接施工影响分区准则应综合考虑城市环境的极度复杂性，可以借鉴城市地下铁道大断面隧道的施工经验。

3.3.2 参考日本铁路隧道近接施工指南，从结构物稳定出发，后建隧道对既有隧道的影响以应力增加的容许值为基准，拉应力的容许增加值为 0.5MPa，压应力的容许增加值为 2.0MPa。

3.3.3 参考城市地下铁道的施工经验，将新建隧道施工引起既有隧道支护结构发生 30mm 附加变形作为强、弱影响分区阈值，将 20mm 附加变形作为弱、无影响分区阈值。将附加位移引起的结构倾斜 2‰ 和 1.2‰ 分别作为强、弱影响和弱、无影响分区阈值。

3.3.4 参考工程经验，将新建隧道洞周塑性区与既有隧道洞周塑性区贯通作为强、弱影响分区阈值，将塑性区间距超过 0.5D 作为弱、无影响分区阈值。

3.4 暗挖隧道近接施工影响分区划分

3.4.1 基于附加应力的影响分区

1. 根据数值计算结果和本指南制定的近接影响分区标准可知，如果按照附加拉应力来判定，则所有工况均可以归为无相互影响；如果按照附加压应力来判定，采用线性内插法可得到各方位角度强、弱影响区分区阈值和弱、无影响分区阈值。

2. 后建隧道位于既有隧道正下方（90°）和斜下方（-60°）两种方位对应的阈值分别为（0.54D、1.72D）和（2.0D、3.4D）。

3. 对于弱影响区的范围小于 0.5D 的情况取 0.5D，如对于两隧道方位角度为 30° 和 60° 情况，根据数值计算结果知弱影响区的范围分别为 0.4D（$1.4D \leqslant d < 1.8D$）和 0.2D（$1.5D \leqslant d < 1.7D$）。

4. 综上，对上述几种工况计算得到的影响分区结果进行适当修正，得到如表 3-2 所示的暗挖隧道近接施工影响分区结果。

基于附加应力的暗挖隧道近接施工影响分区 表 3-2

方位角度	强影响区	弱影响区	无影响区
-90°	$d \leqslant 1.5D$	$1.5D \leqslant d \leqslant 2.5D$	$d \geqslant 2.5D$
-60°	$d \leqslant 2.0D$	$2.0D \leqslant d < 3.0D$	$d \geqslant 3.0D$
-30°	$d \leqslant 2.1D$	$2.1D \leqslant d < 3.0D$	$d \geqslant 3.0D$
0°	$d \leqslant 1.7D$	$1.7D \leqslant d < 2.4D$	$d \geqslant 2.4D$
30°	$d \leqslant 1.4D$	$1.4D \leqslant d < 1.9D$	$d \geqslant 1.9D$
60°	$d \leqslant 1.5D$	$1.5D \leqslant d < 2.0D$	$d \geqslant 2.0D$
90°	$d \leqslant 1.0D$	$1.0D \leqslant d < 1.5D$	$d \geqslant 1.5D$

3.4.2 基于附加位移的影响分区

根据数值计算结果和本指南制定的近接影响分区标准，采用线性内插法可得到基于附加位移和附加倾斜的各方位角度强、弱影响分区阈值和弱、无影响分区阈值，如表 3-3 所示。

基于附加位移的暗挖隧道近接施工影响分区 表 3-3

方位角度	附加位移准则		附加倾斜准则	
	强弱分区	弱无分区	强弱分区	弱无分区
-90°	1.49D	—	0.74D	1.66D
-60°	1.65D	2.50D	1.86D	2.01D

方位角度	附加位移准则		附加倾斜准则	
	强弱分区	弱无分区	强弱分区	弱无分区
−30°	0.88D	1.43D	1.13D	1.69D
0°	—	—	—	—
30°	0.53D	0.77D	0.97D	1.23D
60°	1.06D	1.39D	1.45D	1.69D
90°	1.01D	1.49D	1.14D	1.67D

3.4.3 基于洞周围岩塑性区的影响分区

1. 两隧道位于同一水平面

两隧道净距为 1.0D 时，隧道间塑性区连通，近接影响非常严重；两隧道净距为 1.5D 时，既有隧道塑性区变化较小，但后建隧道塑性区仍有一定程度增长，尽管其增长幅度较小，但也必须引起足够重视，故把 1.5D 作为是强影响区和弱影响区的分界；两隧道净距为 2.0D 时，既有隧道塑性区几乎不受后建隧道影响，且两隧道塑性区分布于单隧道开挖时近似一致，故可以把 2.0D 作为弱影响区和无影响区的分界。

2. 两隧道位于同一竖直面内

两隧道净距为 0.5D 时，隧道间塑性区连通，近接影响非常严重；两隧道净距为 1.5D 时，既有隧道塑性区变化较小，但后建隧道塑性区仍有一定程度的增长，尽管其增长幅度较小，但也必须引起足够重视，故可以把 1.5D 作为强影响区和弱影响区的分界；两隧道净距为 2.0D 时，既有隧道塑性区几乎不受后建隧道影响，且两隧道塑性区分布于单隧道开挖时近似一致，故可以把 2.0D 作为弱影响区和无影响区的分界。

3. 两隧道连线成其他角度时可以按同样方法分析隧道间净距对地层塑性区范围的影响，得到以地层塑性区分布为依据的暗挖隧道近接影响分区，如表 3-4 所示。

基于塑性区分布的暗挖隧道近接施工影响分区 表 3-4

两洞连线的水平角度	近接影响分区		
	强影响区域	弱影响区域	无影响区域
两洞连线 −90°	$L \leqslant 1.5D$	—	—
两洞连线 −60°	$L \leqslant 1.5D$	$1.5D < L \leqslant 2.0D$	$L > 2.0D$
两洞连线 −30°	$L \leqslant 1.5D$	$1.5D < L \leqslant 2.0D$	$L > 2.0D$
两洞连线 0°	$L \leqslant 1.5D$	$1.5D < L \leqslant 2.0D$	$L > 2.0D$
两洞连线 30°	$L \leqslant 1.0D$	$1.0D < L \leqslant 2.0D$	$L > 2.0D$
两洞连线 60°	—	—	—
两洞连线 90°	$L \leqslant 1.5D$	$1.5D < L \leqslant 2.0D$	$L > 2.0D$

3.4.4 考虑多因素的影响分区

1. 鉴于地质条件的高度复杂性和计算程序的局限性，数值模拟很难准确地给出定量结果，而作为规律性研究更具有实际意义。

2. 出于安全性考虑，综合分区阈值取两种准则的较大值（小数点后取值采用进一法），且对于弱影响区的范围小于 0.5D 的情况取 0.5D，得到如表 3-5 和图 3-2 所示的近接影响分区。

北京城市地下道路暗挖隧道近接施工影响分区结果 表 3-5

两洞连线水平角度	强影响区	弱影响区	无影响区
−90°	$d \leqslant 1.5D$	$1.5D \leqslant d \leqslant 2.5D$	$d \geqslant 2.5D$
−60°	$d \leqslant 2.0D$	$2.0D \leqslant d < 3.0D$	$d \geqslant 3.0D$
−30°	$d \leqslant 2.1D$	$2.1D \leqslant d < 3.0D$	$d \geqslant 3.0D$
0°	$d \leqslant 1.7D$	$1.7D \leqslant d < 2.4D$	$d \geqslant 2.4D$
30°	$d \leqslant 1.4D$	$1.4D \leqslant d < 1.9D$	$d \geqslant 1.9D$
60°	$d \leqslant 1.5D$	$1.5D \leqslant d < 2.0D$	$d \geqslant 2.0D$
90°	$d \leqslant 1.5D$	$1.5D \leqslant d < 2.0D$	$d \geqslant 2.0D$

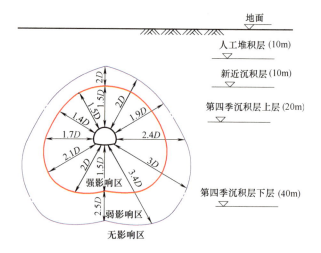

图 3-2 北京城市地下道路暗挖隧道近接施工分区示意图

3.5 暗挖隧道近接施工安全性控制对策

3.5.1 若既有隧道位于新建隧道的无影响区范围内，一般不需考虑近接施工影响。

3.5.2 若既有隧道位于新建隧道的弱影响区范围内，新建隧道对既有隧道有一定影响，但影响较弱，一般以采用合适的设计及施工方法为控制对策，并根据既有隧道结构抵抗附加应力和变形的能力来决定是否采取其他措施。

3.5.3 对于强影响区，新建隧道对既有隧道的影响较大甚至巨大，必须从设计及施工方法上采取措施，并根据既有隧道结构抵抗附加应力和变形的能力来决定是否采取其他措施，同时应对既有隧道和新建隧道工程实施安全风险管理。

3.5.4 近接隧道施工控制的重点在于减小后建隧道施工引起既有隧道结构的差异沉降，从而避免其结构破坏。

3.5.5 两近接隧道位于同一竖直面内时，施工控制的难点在于下侧隧道施工对上部既有隧道的影响严重，而如何控制地层沉降是控制的关键，应从合理的施工顺序、合理的地层沉降标准及过程控制标准方面制定相应的控制对策。

222

4 城市地下道路立交暗挖隧道建造安全

4.1 一般规定

4.1.1 城市地下道路立交暗挖隧道合理间距、施工方法的确定，应综合考虑地下结构的安全性、经济性及技术可行性等因素后进行确定。

4.1.2 立交暗挖隧道间距不宜过大或过小，间距过大会导致道路线形变差，影响行车速度和安全；而间距过小，则隧道施工的相互影响大，施工安全风险控制的难度大。

4.1.3 城市地下道路立交暗挖隧道围岩稳定性控制应在选择合理间距和施工方法的基础上，对设计和施工方案进行优化，并给出支护加强范围。

4.2 立交暗挖隧道合理间距及支护加强范围

4.2.1 立交暗挖隧道的合理间距确定包括竖向间距和水平间距，如图 4-1 所示。

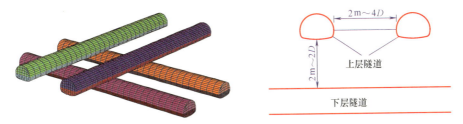

图 4-1 立交暗挖隧道竖向间距和水平间距示意图

4.2.2 相对于水平间距，竖向间距改变对北京城市地下道路立交暗挖隧道地表沉降、立交区域洞周变形和塑性区范围的影响不大，且对于围岩变形存在一个最不利的竖向间距。

4.2.3 无论从地表沉降、洞周变形还是立交区域塑性区控制，北京城市地下道路立交暗挖隧道水平间距均宜取 1 倍洞径以上，且无论水平间距多大，受立交暗挖隧道施工影响较为显著的区域主要集中在距立交中心点 3 倍洞径的圆形区域，而距立交中心点 5 倍洞径外的区域基本不受影响。

4.2.4 受上层隧道开挖造成底部地层应力的释放影响，当竖向间距和水平间距一定时，立交暗挖隧道上层隧道拱顶沉降量要普遍大于下层隧道。因此，对于立交暗挖隧道而言，上层隧道的拱顶沉降是隧道沉降变形控制的重点。

4.2.5 由于下层隧道初始地应力水平较高，而上层隧道开挖应力释放对下层隧道的影响主要集中在中夹地层，当竖向间距和水平间距一定时，立交暗挖隧道下层隧道水平变形要普遍大于上层隧道。因此，对于立交暗挖隧道而言，下层隧道的水平变形是隧道水平变形控制的重点。

4.3 城市地下道路立交暗挖隧道支护结构规定

4.3.1 立交隧道又称交叠隧道，是指两隧道在平面线形上存在上下交叉的隧道。

立交隧道主要有垂直立交隧道和倾斜立交隧道两种，一般应优先选取垂直立交结构，以减小上下两层结构的相互影响范围。

4.3.2 根据立交隧道上下两层结构的间距，可分为双层整体式结构，即零间距结构和分体式结构两种。分体式结构根据上下两洞间的相互影响程度，又可分空间分离式结构和空间小净距结构。

4.3.3 当上下两层结构间的围岩全部开挖，以混凝土等高强结构回填处理时，为双层整体式结构，又称零间距立交隧道。

4.3.4 当上下两层结构间围岩的厚度大于下层结构的设计深埋厚度时，为立交空间分离结构；当上下两层结构间围岩的厚度小于下层结构的设计深埋厚度时，为立交空间小净距结构。

4.3.5 立交隧道上下两层结构应保证各自的建筑限界，避免在空间上形成平面交叉，增加交通转换的压力。立交隧道设计必须结合整体路线、地形、地质和施工条件综合考虑。

4.3.6 立交隧道宜采用双层整体式结构或空间分离式结构，并优先采用复合式衬砌，支护参数可采用工程类比或计算分析确定。当采用空间小净距结构时，上下两层隧道应采用空间模型进行结构计算分析。

4.3.7 立交隧道中隔板或中隔岩设计应在满足结构与施工安全的前提下，综合考虑两端接线要求、防排水系统的可靠性等因素。

4.3.8 双层整体式结构围岩荷载和计算模型可参看《公路隧道设计规范》JTG D70—2004。双层整体式结构中隔板宜采用板结构进行设计和计算，上层隧道两侧边墙宜采用深梁结构进行设计和计算；板、梁结构的跨度应综合考虑施工方法、下层结构的内轮廓宽度、围岩条件和水文条件等因素；梁、板结构应保证下部持力层的稳定性，并向下层结构内轮廓最大跨度处向外延伸长度不小于6m。

4.3.9 立交隧道空间分离结构可按照普通分离式隧道按《公路隧道设计规范》JTG D70—2004进行设计。

4.3.10 立交隧道空间小净距结构应充分考虑两洞间的相互影响因素，上层结构应考虑下层结构的支撑条件，下层结构除了考虑单洞结构的围岩压力外，还应考虑上层结构的超载影响。

4.3.11 立交隧道结构设计由于施工过程复杂，结构计算应按施工阶段和运营阶段分别进行计算。

4.4 城市地下道路立交暗挖隧道施工方法

4.4.1 城市地下道路立交暗挖隧道施工过程中的围岩稳定性控制和施工方案的优化是工程建设中必须解决的技术难题，应通过工程经验类比，结合数值计算对比分析，综合确定。

4.4.2 城市大断面浅埋隧道常用的施工方法有临时仰拱台阶法（台阶法）、中隔壁法（CD法）、交叉中隔壁法（CRD法）和双侧壁导坑法（双侧壁法）。

4.4.3 数值模拟计算结果表明：立交区域同时受到了上下层隧道施工影响，在地表形成了一个椭球形沉降盆，在洞周出现了较大差异沉降，在地表和洞周拱脚、拱肩截面的"X"形区域出现了较为集中的破坏区，而 CRD 法和双侧壁法在控制立交暗挖隧道地层变形和破坏方面具有明显优势。

4.4.4 无论哪种方法，由于隧道断面大且北京城区地质条件较差，城市地下道路立交暗挖隧道施工均会引起较大的地表沉降、洞周变形和塑性区范围。因此在立交区域施工宜选择控制地层变形能力较强的 CRD 法和双侧壁法。

4.4.5 立交区域同时受到了上下层隧道施工的影响，上层隧道施工对地表沉降的影响较为直接和明显，而下层隧道施工对地表沉降的影响较小但影响范围大，在地表形成了一个椭球形的沉降盆，且上下层隧道上半断面的开挖支护都是立交暗挖隧道地表沉降控制的关键步序。

4.4.6 受立交暗挖隧道洞室群多次施工扰动地层的影响，每座隧道的洞周变形沿开挖纵向在立交区域呈现出较大的差异变形，上层隧道拱顶沉降增大，而下层隧道拱顶沉降减小；立交区域上层隧道的洞周水平变形略小于下层隧道，但在立交区域的差异变形显著。因此，立交区域差异变形尤其差异沉降的控制应作为立交暗挖隧道洞周变形控制的重点。

4.4.7 地表地层较弱的力学参数、竖向应力为主导的地应力条件和公路隧道扁平的断面形状造成立交暗挖隧道塑性区主要集中在地表地层和每条隧道洞周拱脚、拱肩截面的"X"形区域。因此，立交暗挖隧道施工应做好地表地层和洞周"X"形区域的地层加固。

4.5 城市地下道路立交暗挖隧道施工围岩稳定性控制

4.5.1 立交暗挖隧道各部开挖引起的应力释放是造成地层变形的主要原因，而施工顺序对最终变形量的影响很小。相对而言，下层隧道开挖引起地表中心点沉降量要略大于上层隧道。工程实践中可根据具体环境和施工便利性选择施工顺序。

4.5.2 各步序相比较而言，上半断面开挖对地表沉降的影响最为直接和明显，如 CRD 法的①部和③部开挖。因此，上半断面施工是地表沉降控制的关键，下半断面施工重在及时支护封闭，减少上部支护的悬空时间。

4.5.3 上层隧道中线（A 线）在立交区域受到了下层隧道施工的影响，地表沉降量显著增大，形成了一个宽度较大但坡度较缓的"V"形沉降槽，最大沉降出现在地表中心点（M 点）；而下层隧道中线（B 线）则在立交区域受到了上层隧道施工的影响，形成了一个宽度较小但坡度较陡的"W"形沉降槽，最大沉降不再出现在地表中心点，而是位于上层两分离隧道拱顶的正上方，且地表沉降量越大这种现象越明显（空间位置关系见图 4-2）。

4.5.4 由于上层隧道埋深浅，对地表沉降的影响更为直接和明显；而下层隧道埋深大，对地表沉降影响相对较小但影响范围大。

4.5.5 上、下层隧道中线（A 线和 B 线）分别受到上、下层隧道施工的影响，均发生了比较明显的整体沉降，其中立交区域同时受到上、下两层隧道影响，沉降量要显著大于非立交区域，且相对而言上层隧道中线（A 线）两侧的沉降量要略大于下层隧道

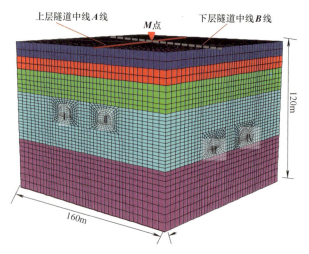

图 4-2　立交暗挖隧道数值模型网格及特征线

中线（*B* 线）两侧的沉降量，在地表形成了一个明显的"椭球形"沉降盆。

4.5.6　相比于一般台阶法，CRD 法增设的竖向临时支撑和横向临时支撑，虽有效控制了围岩变形，但也承受了较大的围岩压力，即临时支撑（包括与初期支护相邻的节点）成为显著的应力集中区，如拉应力主要集中在临时支撑与初期支护相邻的节点截面，尤其竖向临时支撑与初期支护相邻的拱顶截面和拱底截面，而压应力则分别主要集中在 CRD ①部和 CRD ②部竖向临时支撑的中间部位。

4.5.7　4 条隧道施工均会在立交区域产生明显的地表沉降和洞周变形，且随着同层两分离隧道水平间距的减小，沉降和变形会加剧增大。因此，为很好的控制城市地下道路立交暗挖隧道施工引起的地层变形，应做好每一条隧道中的每一步开挖工序的地层变形控制。

4.6　地下水对城市地下道路立交暗挖隧道施工安全性的影响

4.6.1　渗流对立交暗挖隧道开挖面稳定性影响作用明显。全断面开挖考虑渗流时，隧道开挖面最大挤出变形近似为无渗流时的 4～5 倍，开挖面前方塑性区范围近似为无渗流时的 1.5～2 倍。

4.6.2　考虑渗流作用后，若不在开挖面施加支护力，隧道开挖面出现了较大的挤出变形，围岩塑性区集中在隧道洞周及开挖面前方 1.9～2.6 倍洞径区域，隧道开挖面不能自稳。采用极限分析上限法的计算结果与数值模拟结果最为接近。

4.6.3　无渗流作用时，CRD 法施工开挖面挤出变形相比全断面法降低了 32.3%，掌子面前方塑性区范围约为全断面法施工时的 0.3～0.5 倍；CRD 法施工能够实现开挖面的稳定性，但是渗流作用下的地层变形量依然很大，引起隧道开挖面出现较大挤出变形。渗流作用下 CRD 法施工对开挖面挤出变形影响效果最为显著，其次是拱腰收敛和拱顶沉降，对拱底回弹变形的影响程度最小。

4.6.4　随隧道埋深逐渐降低，立交暗挖隧道掌子面前方塑性区破坏范围逐渐减小，但下层隧道掌子面前方塑性破坏范围变化不大，下层隧道洞周破坏范围明显大于上层隧道。

4.6.5 隧道掌子面挤出变形、拱顶沉降和拱腰收敛与隧道埋深呈线性关系，掌子面各点变形随隧道埋深减小而降低，挤出变形随隧道埋深变化幅度最大，拱顶沉降次之，而拱腰收敛变化幅度最小，拱底回弹线性效果不显著。

5 城市地下道路分岔隧道大跨段建造安全

5.1 一般规定

5.1.1 根据行车需要，地下立交在隧道分岔点之前（分流时）或之后（汇合时）应该设置一段变速车道，即过渡段。

5.1.2 地面立交是通过渐进扩大路面宽度（直接式减速，用于分流）或先平行后渐进缩小路面宽度（平形式加速，用于汇合）来实现，相对容易，但是在地下互通立交中则需要通过改变隧道的跨度来实现。

5.1.3 鉴于隧道自身的施工、支护特点，是采取突变式、台阶式还是渐变式来改变隧道的跨度，需要从施工、工程量和结构与围岩稳定等角度进行分析论证。

5.1.4 工程经验及理论分析结果均表明，介于突变和渐变之间的台阶过渡从设计和施工角度来说是一种最好选择，每一台阶隧道建筑限界的净宽不同，则断面内轮廓尺寸将不同，但形状是相似的。

5.2 分岔隧道大跨段扁平率

5.2.1 隧道在断面尺寸设计时，在保证建筑限界的基础上，尽量减小拱顶高度，减小限界以上多余净空，减少土方开挖，进而节约工程造价，此时需要减小扁平率，但扁平率的降低会造成隧道稳定性降低，结构受力更加不利，带来安全隐患。

5.2.2 对分岔隧道大跨段而言，合理的扁平率设计对于节约成本和提高结构安全性都有至关重要作用。

5.2.3 本指南提出了一种大跨段隧道扁平率优化的流程和方法，如图5-1所示，主要包括以下几个步骤：

1. 计算模型建立与求解

根据工程地质勘察结果将工程所在地层的地质条件分层概化；根据工程经验类比和规划设计建筑限界要求等确定备选断面扁平率；根据文献调研结合室内试验确定地层与支护的物理力学参数，为数值模拟奠定基础；采用数值分析软件建立网格模型，模拟扁平率条件下隧道施工过程，求解地层与支护结构的力学响应。

2. 目标函数与计算结果提取

根据浅埋大跨城市隧道建设安全性、经济性和环境影响控制的要求，提出包括隧道开挖面积、地表沉降、拱顶沉降、水平位移、支护拉应力、塑性区面积和破坏严重度在内的7项优化目标函数，并根据数值模拟结果，获得各扁平率条件下的目标函数值。

3. 基于层次分析法的优化

层次分析法的计算流程主要包括建立递阶层次结构模型、构造成对比较的判断矩阵、层次单排序及其一致性检验，以及层次综合排序及其一致性检验等共4步骤。

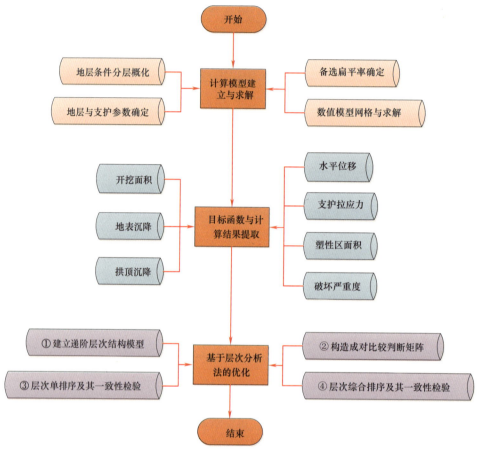

图 5-1　分岔隧道大跨段扁平率优化流程

5.2.4　针对北京城市地下道路分岔隧道大跨段，首先对北京城区的地质条件进行分层概化，确定地层及支护的物理力学参数和备选的扁平率，建立数值模型网格，利用 FLAC3D 有限差分软件模拟 5 种不同扁平率下隧道地层与支护的力学响应。

5.2.5　数值模拟结果表明，随着扁平率增大，开挖面积、地表沉降量、拱顶沉降量、围岩破坏严重度逐渐增大；水平位移量、支护拉应力、塑性区面积先减小后增大。

5.2.6　分岔隧道大跨段的施工中，支护结构所受的最大拉应力均出现在横向临时支撑与初期支护连接的节点处，应力集中现象十分明显。由于较大的拉应力对由混凝土结构构成的支护结构的稳定性影响更为显著，因此，初期支护与临时支撑各节点的安全稳固连接成为整个支护结构稳定性控制的重中之重。

5.2.7　通过层次分析法对影响隧道经济性、稳定性与安全性的开挖面积、地表沉降、拱顶沉降、水平位移、支护受力特性、塑性区面积及破坏严重度进行优化并计算其权值，对 5 种不同扁平率隧道断面形式进行优选，综合考虑经济性、稳定性和安全性，

228

结果表明，扁平率为 0.6 的断面形式是最优方案。

5.3 分岔隧道大跨段支护结构规定

5.3.1 根据大跨段的结构形式可以将其分为有、无中央分隔墙两种形式。对于无中隔墙的方案，左右洞的通风设计应联合考虑；对于有中隔墙的方案，通风设计过程中也应考虑两洞室之间的影响。

5.3.2 当根据隧道通风需要必须设置中央分隔墙时，可以将其设计为仅仅分隔功能的轻型结构，也可以将其设计为能够承担一定变形荷载的承重结构。但中隔墙可能承担荷载时，应根据地质条件、结构刚度及施工工序等方面综合分析确定承担变形荷载的比例，根据承担的设计荷载进行内力分析、强度校核和稳定性验算。

5.3.3 分岔隧道大跨段的支护采用复合式衬砌方案，即衬砌分两次或三次施作，一般条件下 II 级与 III 级围岩宜采用两层支护方案，IV 级与 V 级围岩可采用三层支护方案。

1. 初期支护

对 II、III 级围岩地段由径向锚杆、钢筋网及喷射混凝土组成，对于 IV、V 级围岩地段由工字钢拱架（钢筋格栅）、径向锚杆、钢筋网及喷射混凝土组成。

2. 二次衬砌

对于两层衬砌方案，二次衬砌仅承担少量围岩变形荷载，对于三层衬砌方案，二层衬砌是对初级支护的补充加强，与初期支护共同组成主要承载结构。二次衬砌可采用型钢拱架混凝土或钢筋拱架混凝土结构。

3. 三次衬砌

一般情况下三次衬砌可采用素混凝土结构，当围岩压力荷载较大需要第三层衬砌承担部分荷载时，可采用钢筋混凝土，其合理施作时间应严格按照监控量测数据进行，应尽可能发挥初期支护与二次衬砌的承载能力。

5.3.4 初级支护应边开挖边施作，三层支护方案的二次衬砌应在洞室开挖完成后及时施作甚至在施工开挖过程中分步施作。如果开挖完成后初期支护在后续施工期间不能完全稳定洞室，应立即施作二次衬砌，最后在确定洞室周边收敛变形基本稳定的条件下进行三次衬砌施工。

5.3.5 大跨段支护参数应根据实际地形地质条件，结合拟定的施工开挖方法进行围岩稳定分析或进行结构强度校核后确定。

5.3.6 由于北京城市地下道路大跨段开挖跨度及开挖断面超大，地层条件相对较差，隧道开挖后势必引起较大的围岩压力，从而造成支护结构承受较大的内力，应基于荷载结构模型计算结果，并结合工程经验，综合确定大跨段支护结构设计参数。

5.3.7 在大跨段开挖阶段，较大的围岩压力使初期支护（含临时支撑）产生较大的内力，安全系数普遍较低。因此，建议工程条件允许时应考虑及时施作刚度、厚度均较大的二次衬砌，与初期支护联合承载抵抗较大的围岩压力。且鉴于隧道围岩压力超大，建议二次衬砌强度、刚度达到设计要求后再进行临时支撑的拆除。

5.3.8 鉴于大跨段开挖阶段，初期支护（含临时支撑）的安全性较低，而且之所以安全性较低主要因为混凝土的抗拉能力较差所致，而初期支护（含临时支撑）中的钢架能够发挥较大的抗拉作用，因此，在进行初期支护（含临时支撑）设计时应适当缩短钢架间距，且喷混凝土尽量选择高性能材料。

5.3.9 在大跨段二次衬砌施作阶段，尽管二次衬砌分担了较大的围岩压力，降低了初期支护内力，提高了其安全系数，可是鉴于围岩压力较大，初期支护拱部的安全性仍较低，不满足安全性要求，因此，建议适当加大超前小导管长度，减小环向间距并严格注浆。

5.3.10 大跨段二次衬砌施作后，承受了较大的内力，尤其拱顶和拱肩截面弯矩很大，因此，大跨段二次衬砌应严格按照承载结构设计，并适当增大设计厚度和配筋率、提高混凝土设计标号和钢筋标号。

5.3.11 大跨段三次衬砌作为安全储备，并承受一定的流变变形荷载，应尽量在二次衬砌变形稳定后施作，可采用素混凝土结构。

5.4 分岔隧道大跨段施工方法

5.4.1 由于隧道断面大，且北京城区地质条件相对较差，采用各种方法施工均会引起立交隧道产生明显的洞周变形（尤其是沉降变形）、地表沉降和塑性破坏区。

5.4.2 为很好的控制城市地下道路分岔隧道大断面段施工引起的洞周变形，建议采用能够同时很好控制拱顶沉降和水平变形的 CRD 法和双侧壁法相结合的方法进行施工，具体施工步骤如表 5-1 所示。

北京城市地下道路分岔隧道大跨段建议施工方法　　　　　　　　　　表 5-1

施工方法	示意图	施工步序
大跨段施工：双侧壁和 CRD 结合开挖法		步序1：开挖①部，施作初期支护、临时竖撑和临时横撑； 步序2：开挖②部，施作初期支护和临时竖撑； 步序3：开挖③部，施作初期支护、临时竖撑和临时横撑； 步序4：开挖④部，施作初期支护和临时竖撑； 步序5：开挖⑤部，施作初期支护和临时竖撑； 步序6：开挖⑥部，施作临时横撑和临时竖撑； 步序7、8：开挖⑦部、⑧部

5.5 分岔隧道大跨段围岩稳定性

5.5.1 在分岔隧道大跨段各施工步序中，开挖中导洞弧形导坑引起的地层变形量和地表沉降量最大，应作为分岔隧道大跨段围岩变形控制的关键步序；当两侧导坑开挖时，较大的围岩变形主要集中在开挖轮廓线周围两节点之间的中间跨度处；临时支撑可有效控制围岩变形。

5.5.2 分岔隧道大跨段各步序施工中，支护结构应力集中现象十分明显，其中支护结构与临时支撑相邻节点的拉应力集中尤其明显，而较大的压应力主要集中在竖向临时支撑的中间部位或隧道侧墙的中间位置。由于较大的拉应力对由混凝土结构构成的支护结构的稳定性影响更为显著，因此，分岔隧道大跨段支护结构各节点的安全稳固连接为整个支护结构稳定性控制的重中之重。

5.5.3 在大跨段开挖阶段，临时支撑的安全性普遍较低，尤其临时支撑自身，或与初期支护的连接节点处的安全性更低；临时支撑将超大断面分割成多个小断面，其中中间竖向临时支撑承受了较大的竖向压力，有效地减小了初期支护拱顶的内力（尤其弯矩）；除竖向支撑外的其他支撑则承受了不同的程度的拉应力作用，而混凝土的抗拉能力很差，造成其安全系数较低，再次印证了临时支撑及其节点的施作质量控制对于整个支护体系稳定的重要意义。

6 城市地下道路分岔隧道连拱段建造安全

6.1 一般规定

6.1.1 连拱隧道根据中隔墙的形式不同可以将其分为整体式中隔墙连拱隧道和夹芯式中隔墙连拱隧道。

6.1.2 一般整体式中隔墙连拱隧道对洞外路基的中央分隔带的宽度要求低，综合造价低，施工过程中稳定性好，但是中隔墙部分的防排水施工质量难以保证，夹芯式中隔墙连拱隧道则反之。

6.1.3 由于分岔隧道左右洞室之间的距离由小逐渐加大，因此分岔隧道连拱段一般同时包含这两种形式的连拱隧道：起初为整体式中隔墙连拱隧道，随着两洞室距离加大，中隔墙厚度也相应增加，当中隔墙增加到一定厚度时，则将整体式中隔墙变为夹芯式中隔墙。

6.1.4 连拱段中隔墙厚度应根据隧道地质条件、埋置深度以及拟定的施工方案综合拟定，一般情况下整体式中隔墙的厚度可在 1.2 ~ 2.0m 选择，相应要求起点附近全幅路基的中央分隔带宽度达到 2.5 ~ 3.0m；夹芯式中隔墙之夹心墙的厚度可在 1.0 ~ 1.2m 选择，相应要求起点附近全幅路基的中央分隔带宽度要达到 4.5 ~ 5.0m。

6.1.5 连拱段支护参数应根据实际地形地质条件以及拟定的施工开挖方法进行围岩稳定分析或进行结构强度校核后确定。

6.2 非对称连拱隧道围岩压力计算方法

6.2.1 单洞隧道普氏理论

普氏理论是俄国学者普罗托奇雅阔诺夫（Протодъяконов）于 1907 年提出的针对松散地层和破碎岩体的松动压力计算公式：

$$P = \gamma h_1 \tag{6-1}$$

$$h_1 = \frac{a_1}{f} = \frac{a + h\tan(45° - \varphi_g/2)}{f} \tag{6-2}$$

水平压力计算公式为：

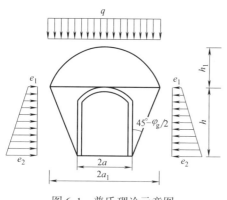

图 6-1 普氏理论示意图

$$e_i = r(h_1 + l)\tan^2(45° - \varphi_g/2) \quad (6-3)$$

式中：a 为开挖跨度的一半；h 为开挖跨度的高度；h_1 为自然拱高度；γ 为围岩重度；l 为隧道侧壁任意点至隧道拱顶的垂直距离；φ_g 为围岩计算摩擦角；f 为岩石坚固性系数，根据公路、铁路隧道设计规范中，岩石坚硬强度对应的岩石单轴饱和抗压强度 RC 的数值，取 $f = 0.1RC$。

6.2.2 非对称连拱隧道围岩压力作用模式

1. 连拱隧道施工中一般采用中导洞先行开挖且中隔墙施工完成后再开挖两侧导洞的施工步序，因此，中隔墙的稳定性及对其顶部岩土体的主动支护压力作用直接影响了连拱隧道围岩压力的作用模式。

2. 根据普氏理论可以认为中隔墙的非常稳定和非常不稳定是连拱隧道承载拱形成的两个极端情形。

3. 当中隔墙非常稳定时，两侧的洞室就可以分别形成独立的承载拱，连拱隧道围岩压力可以简化为两个单侧承载拱下部不稳定土体引起的松散压力，如图 6-2 所示。

4. 当中隔墙非常不稳定或中隔墙顶部回填不密实，围岩变形过大，左右两个洞室将连成一个整体形成共同

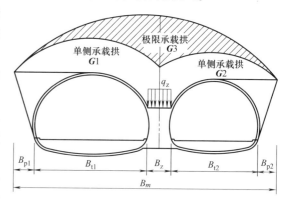

图 6-2 深埋非对称连拱隧道承载拱曲线

的承载拱，即不考虑中隔墙的支护作用，以整个连拱隧道开挖宽度形成一个大的极限承载拱，此时连拱隧道围岩压力可以简化为该极限承载拱下方不稳定土体引起的松散压力。

5. 深埋连拱隧道围岩压力作用模式通常介于两种极限情况之间，即中隔墙的主动承载作用分担了极限承载拱内的松散压力，抑制了极限承载拱的形成，因此连拱隧道围岩压力可以看作拱部松散压力和中隔墙顶部压力之和，可以简化为中隔墙顶均布荷载 q_z、基本松散土压力 q_1、附加松散土压力荷载 q_2 和中隔墙顶松散土压力荷载 q_3 等一共 4 部分，如图 6-3 所示。

6.2.3 计算基本假定

1. 假定连拱隧道单侧承载拱曲线和极限承载拱曲线均为抛物线，因此该承载拱曲线与隧道拱顶水平线围成的区域面积 S 可以根据承载拱跨度 B 和承载拱拱高 H 计算得到，即 $S = 2BH/3$。

2. 基本松散土压力 q_1 可以看作由单侧洞室形成稳定承载拱下部的岩土体重量产生，根据左右洞室的平衡拱高度分别求得。

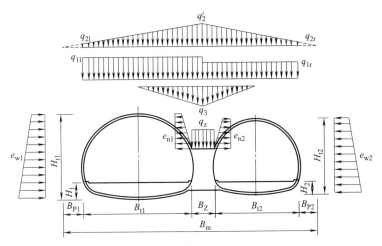

图 6-3　深埋非对称连拱隧道围岩压力分布

3. 根据普氏理论，假定左右洞室的平衡拱高度 H_{q1l} 和 H_{q1r}，以及极限承载拱高度 H_u 分别为

$$H_{q1l} = \frac{1}{2} \times \left(B_{t1} + B_{p1} + \frac{1}{2} B_z \right) \bigg/ f \tag{6-3}$$

$$H_{q1r} = \frac{1}{2} \times \left(B_{t2} + B_{p2} + \frac{1}{2} B_z \right) \bigg/ f \tag{6-4}$$

$$H_u = \frac{1}{2} \times B_m / f \tag{6-5}$$

其中：$B_m = B_{t1} + B_{t2} + B_z + B_{p1} + B_{p2}$；$B_{p1} = (H_{t1} - H_1) \tan\left(45° - \frac{\varphi_g}{2} \right)$；$B_{p2} = (H_{t2} - H_2)$

$\tan\left(45° - \dfrac{\varphi_g}{2} \right)$；$B_{t1}$ 为左侧隧道跨度；B_{t2} 为右侧隧道跨度；B_z 为中隔墙宽度；H_{t1} 为左侧

隧道高度；H_{t2} 为右侧隧道高度；H_1 为左侧隧道基础至破裂面起始点的高度；H_2 为右侧

隧道基础至破裂面起始点的高度；其他符号及意义同前。

6.2.4　计算公式推导

1. 中隔墙均布土压力荷载 q_z

中隔墙顶部的均布压力 q_z 主要取决于中隔墙顶岩土体的抗压能力 p_s 和极限承载拱内的附加总重量 G_3，即 $q_z = \min(p_s, G_3/B_z)$，B_z 为中隔墙能够发挥支撑作用有效宽度。中隔墙顶岩土体的抗压能力 p_s 可通过下式求得

$$p_s = R_s^B / K_z \tag{6-6}$$

其中，R_s^B 为中隔墙顶岩体的设计抗压强度；K_z 为中隔墙对上部岩体支撑能力的安全系数，一般取 2；

极限承载拱内附加总重量 G_3 则可以表示如下：

$$G_3 = \frac{2}{3} \gamma B_m H_m - \frac{2}{3} \gamma B_{q1} H_{q1} - \frac{2}{3} \gamma B_{q2} H_{q2} \tag{6-7}$$

233

式中：$B_{q1} = B_{t1} + B_{p1} + \dfrac{1}{2}B_z$，$B_{q2} = B_{t2} + B_{p2} + \dfrac{1}{2}B_z$。

2. 基本松散压力 q_1

将连拱隧道左、右洞基本松散压力均简化为均布荷载 q_{1l} 和 q_{1r}，可以表示如下：

$$q_{1l} = \gamma H_{q1l} \tag{6-8}$$

$$q_{1r} = \gamma H_{q1r} \tag{6-9}$$

3. 附加松散土压力荷载 q_2

假设 q_2 在拱顶平面上呈三角形分布，且向上的支撑压力与承载拱内的土体重量平衡，则可得到：

$$\frac{2}{3}\gamma\left(B_{q1}H_{q1} + B_{q2}H_{q2}\right) + \frac{B_m q_2'}{2} + q_z B_z = \frac{2\gamma B_m H_m}{3} \tag{6-10}$$

$$\frac{q_{21}}{q_2'} = \frac{B_{p1}}{B_m/2} \tag{6-11}$$

$$\frac{q_{2r}}{q_2'} = \frac{B_{p2}}{B_m/2} \tag{6-12}$$

由上式可以得到 q_2'、q_{21}、q_{2r} 的计算公式如下

$$q_{21} = \frac{B_{p1}}{B_m/2} \cdot q_2' \tag{6-13}$$

$$q_{2r} = \frac{B_{p2}}{B_m/2} \cdot q_2' \tag{6-14}$$

$$q_2' = 2\left(G_3 - q_z B_z\right)/B_m \tag{6-15}$$

4. 中隔墙顶松散土压力荷载 q_3

中隔墙顶分布土压力荷载 q_3 可简化为三角形荷载：

$$q_3 = \gamma H_{q3} \tag{6-16}$$

其中 H_{q3} 可以近似取为单侧大断面隧道拱顶距中隔墙顶的距离。

5. 水平围岩压力

根据计算基本假定，作用在连拱隧道支护结构外侧的水平围岩压力 $e_{w1}^i = k(q_{1l} + q_2^i + \gamma h_i)$、$e_{w2}^i = k(q_{1r} + q_2^i + \gamma h_i)$，其中 k 为侧压力系数，按朗肯公式计算，$k = \tan^2\left(45° - \dfrac{1}{2}\varphi\right)$，式中 φ 为围岩内摩擦角；q_2^i 为衬砌外侧拱部及边墙计算点对应的附加松散土压力荷载；h_i 为计算点到拱顶外侧的距离。

作用在连拱隧道支护结构内侧拱部水平方向土压力荷载 $e_{n1}^i = k(q_{1l} + q_2^i + q_3^2)$、$e_{n2}^i = k(q_{1r} + q_2^i + q_3^i)$，式中 q_3^i 为衬砌外侧拱部及边墙计算点对应的中隔墙顶松散土压力荷载。

6.3　连拱隧道支护结构规定

6.3.1　一般整体式中隔墙连拱隧道对两隧道间距要求小，综合造价低，施工过程中稳定性好，但是中隔墙部位的防排水质量难以保证；复合式中隔墙连拱隧道则相反。

6.3.2 由于分岔隧道左右洞室之间的间距是由小逐渐加大，因此分岔隧道连拱段一般同时包含这两种形式的连拱隧道：间距小时为整体式中隔墙连拱隧道，随着两洞室间距加大，中隔墙厚度增加到一定厚度时，则采用复合式中隔墙。

6.3.3 在地质条件较好的地段，也可以只选用复合式中隔墙连拱隧道形式，用大跨隧道来替代整体式中隔墙连拱隧道段落，在对围岩变形控制严格的情况下，推荐采用无中墙连拱隧道结构形式。

6.3.4 两车道连拱隧道设计为整体式中隔墙时，中隔墙厚度不宜小于1.2m；设计为复合式中隔墙时，中隔墙厚度不宜小于2.0m。

6.3.5 三车道连拱隧道设计为整体式中隔墙时，中隔墙厚度不宜小于1.6m；设计为复合式中隔墙时，中隔墙厚度不宜小于2.2m。

6.3.6 连拱隧道暗挖段应优先采用复合式衬砌，支护参数应根据地形地质条件以及拟定的施工方法采用工程类比或计算分析进行确定。

6.3.7 无中墙连拱隧道的衬砌参数可以参考复合式中墙连拱隧道，加大先施作洞室靠中间一侧的初期支护和二次衬砌，将后施工洞室的初期支护与先行洞初期支护相连，保证后行洞初期支护拱脚部位固定牢固，为加强对围岩变形的控制，推荐采用二次初期支护。

6.3.8 北京城市地下道路分岔隧道连拱段由于其复杂的结构形式和特殊的工程环境，结构支护设计与一般围岩隧道也有较大的不同。应通过对连拱段围岩稳定性分析和非对称连拱隧道围岩压力计算，并结合工程经验，综合确定连拱段支护结构设计参数。

6.3.9 分岔隧道连拱段各步序施工中，支护结构应力集中现象十分明显，如较大的拉应力主要集中在支护结构（包括临时支撑）的节点处，其中支护结构与临时支撑相邻节点的拉应力集中尤其明显，而较大的压应力主要集中在竖向临时支撑的中间部位或隧道侧墙的中间位置。

6.3.10 由于较大的拉应力对由混凝土结构构成的支护结构的稳定性影响更为显著，因此，分岔隧道连拱段支护结构各节点的安全稳固连接成为整个支护结构稳定性控制的重中之重。

6.4 分岔隧道连拱段施工方法

6.4.1 施工方法的采用要综合考虑各方面因素，如果围岩级别较好、偏压较小，可考虑采用"中导坑＋台阶法"施工。施工工程中要结合具体情况调整施工步骤、优化施工工艺。这种施工方案工艺先进，各施工阶段应力传递很明确，施工顺序简单，施工工期也容易得到保障。

6.4.2 城市地下道路分岔隧道连拱段施工动态控制要紧密结合施工过程，原因是连拱隧道在动态施工过程中，其支护体系受力状态在不断发生着变化和调整，围岩经过多次扰动后，变形产生多次叠加。

6.4.3 由于隧道断面大，且北京城区地质条件相对较差，采用各种方法施工均会引起立交隧道产生明显的洞周变形（尤其是沉降变形）、地表沉降和塑性区。

6.4.4 为很好的控制城市地下道路分岔隧道连拱段施工引起的洞周变形、地表沉降和塑性区范围，建议在分岔隧道连拱段施工中采用中导洞法与 CD 法相结合的方法进行施工，具体施工步骤如表6-1所示。

城市地下道路分岔隧道连拱段建议施工方法　表6-1

施工方法	示意图	施工步序
中导洞与 CD 法相结合的5部开挖法	③⑤①④②	步序1:开挖①部,施作初期支护和临时竖撑; 步序2:开挖②部,施作初期支护和临时竖撑; 步序3:开挖③部,施作初期支护和临时竖撑; 步序4:开挖④部,施作初期支护; 步序5:开挖⑤部,施作初期支护

6.5 分岔隧道连拱段围岩稳定性

6.5.1 在分岔隧道连拱段各施工步序中，开挖左主洞右半断面引起的地层变形量最大，应作为分岔隧道连拱段围岩变形控制的关键步序。

6.5.2 当两侧导坑开挖时，较大的围岩变形主要集中在开挖轮廓线周围两节点之间的中间跨度处；临时支撑有效地控制了围岩变形，初期支护与临时支撑的节点将一个大的"拱形"位移等值线分割为两个较小的"拱形"位移等值线，在隧道开挖完成后在隧道开挖轮廓线正上方形成了一个显著的整体沉降区。

6.5.3 连拱段隧道施工过程中最重要的问题是如何保护中导洞的稳定以及中隔墙的稳定，以最大限度发挥中隔墙稳定整个隧道的作用，提高隧道支护结构的可靠性。

6.5.4 无论连拱隧道处于何种地质条件，一般均要求先施工中导坑，待整个连拱段的中导坑贯通后，立即施作中隔墙，待中隔墙达到设计强度后再根据地质条件确定两侧洞室的开挖与支护方法。

6.5.5 在中导坑施工过程中要做好地质资料的记录与分析，以便及时调整主隧道的支护方案与开挖方案；中导坑开挖完毕后，根据监控量测资料合理确定中隔墙的浇筑时机；充分重视中导坑顶部的喷锚支护质量以及中隔墙顶部回填土质量；为确保洞室的稳定，左右隧道的开挖工作面宜保持在 10~30m 的间距；根据监控量测资料及时施作两侧主隧道的初期支护；任何条件下二次衬砌均应每 10~20m 设置一道变形墙，且中隔墙上的变形缝应与两侧主隧道的变形缝处于同一位置。

6.5.6 在北京城市地下道路分岔隧道连拱段三导坑施工还应注意以下几个问题：

1. 中导洞一般非对称于中隔墙设置，一侧留宽些，易做施工通道，另一侧留窄些，减少回填。同时，中隔墙施工时要在中墙底部增设锚杆，以抵抗较大的侧压力。

2. 左右侧导坑的施工通常不同步进行，以免引起围岩较大变形和应力的急剧释放，特别是浅埋地段，容易引起塌方。

3. 拱部开挖是洞身开挖的关键，围岩易塌落，遵循施工原则尤为重要，实施光面爆破，减少中墙上方三角带的塌方和对拱部围岩的扰动。同时，支护与衬砌要及时、合理。

4. 核部开挖应根据隧道长度、工期情况而定，一般在拱部衬砌完成后进行，现在开挖方式主要有一次性开挖和按台阶分部开挖两种。

6.5.7 双连拱隧道施工中受力体系的转换十分复杂，而尤以中隔墙的受力最为不利，处理不当，就会造成结构开裂，甚至塌方。为防止中墙受力不均产生附加弯矩，施工时中墙两侧回填片石混凝土，以抵抗施工中的不平衡推力。中墙顶回填土因施工困难，采用喷射混凝土。

6.5.8 为保证中墙顶回填土的质量和受力体系的安全转换，施工时在中墙顶部预埋主洞初期支护钢架，使主洞上部开挖后支护钢支撑能与之可靠连接。而预埋钢架又可作为中墙顶回填的外模支架，有利于喷射混凝土填充密实。

6.5.9 中墙是连拱隧道的传力和承力部位，是维系结构整体稳定的中枢，也是连拱隧道防排水的重点设置部位，是连拱隧道中最为重要的结构。现有的国内外连拱隧道资料表明，连拱隧道裂缝、渗水80%以上都出现在中墙部位，中墙顶部回填由于其施工质量较难控制，施工缝、变形缝不易处理，容易出现裂缝、渗水等情况。

6.5.10 隧道的防排水问题一直是隧道建设的一大普遍性难题，连拱隧道由于结构的特殊性、施工的复杂性，其防排水问题更加严重，特别是直中墙隧道中隔墙处防排水问题最为突出。目前，连拱隧道防排水技术主要涉及以下几个方面：

1. 隧道拱墙于二次衬砌间应铺设好封闭的防水层，通过无纺布衬层的毛细渗流引至边墙泄水孔对于出水较多地段应预设由环向、纵向透水管或引水管等组成的引排水系统，最后由洞内水沟排出。

2. 重点处理好中隔墙顶部V形汇水区的防排水问题，通过设置透水排水管并与竖向引水管相连，将水排到洞内水沟。混凝土结构自身防水要点在于施工缝和变形缝。

3. 施工缝可采用遇水膨胀的橡胶止水条，变形缝则不仅可铺设背贴式塑料止水带，并且可以设置中埋式橡胶止水带。各工序之间应避免相互干扰，并注意衔接，要求初期支护、防水及纵向排水管的铺设与导洞支护的架设及拆除随相关工序协调进行，以防止后期拱部开挖对超前洞已敷设的防水层的破坏。

4. 连拱隧道的防排水技术涉及设计施工等多方面因素，今后有必要在现有技术基础上，侧重从地下水渗流、结构设计、防排水材料、施工工艺等方面做系统、全面的深入研究，以彻底解决连拱隧道的渗漏水难题。

7 城市地下道路分岔隧道小间距段建造安全

7.1 一般规定

7.1.1 分岔隧道小间距段由于其复杂的结构形式和特殊的工程环境，结构支护设计与一般隧道有一定不同。

7.1.2 小间距隧道中间岩柱的稳定性控制至关重要，为了保证中间岩柱的坚固及永久稳定，可采用超前导管注浆及水平拉杆加固等措施。

7.1.3 不同地质条件、不同中夹岩柱厚度对洞室稳定性影响程度差异较大。一般情况下要求小间距隧道中夹岩柱的最小厚度应达到一定的要求，否则将难以发挥中夹岩柱的作用，如果强行保留也将会付出较大的代价。

7.1.4 当隧道间距接近中夹岩柱的最小厚度时，应在中夹岩柱上设置对拉钢筋或对拉锚杆，以保证初期支护的稳定；当隧道间距大于10m时，不宜设置对拉钢筋或对拉锚杆。对拉锚杆如果设计为永支护的一部分，则应注意对其做好防腐蚀方面的保护工艺设计。

7.2 浅埋小间距段隧道围岩压力计算方法

7.2.1 基本假定

1. 假定浅埋非对称小间距隧道围岩滑动破坏模式如图7-1所示。图中 B、B' 分别为左、右侧隧洞的开挖跨度，B_z 为两隧道间净距，H'、h' 分别为左、右侧隧洞拱顶埋深，H、h 分别为左、右侧隧洞地层外侧破裂角顶点至地表的竖向距离；W_1，W，W_2 分别为左侧隧洞岩（土）体 DHG，$EFGH$ 和 $ABCF$ 的重力；W_2'，W'，W_1' 分别为右侧隧洞岩（土）体 $A'BCF'$、$E'F'G'$ 和 $D'H'G'$ 的重力。

2. 假设地面为水平面，两隧道之间的破裂面交点位于地表以下，且左右隧道不同时施工，为推导方便，假定左洞先开挖，右洞后开挖。

3. 左洞开挖时，与规范单洞情况相同，根据隧道开挖后围岩运动规律，假设隧道顶上覆土柱 $EFGH$ 下沉从而带动两侧土体 $ABCF$ 与 DGH 下沉，出现斜直面 AC 和 DH 破裂面，且与水平面成 β_1 角，内外侧压力对称分布。

4. 右洞开挖时，隧道外侧岩土体中形成的破裂面 $D'H'$ 与水平面夹角同样为 β_1，同时假定内侧岩土体中形成的破裂面 $A'B$ 与水平面夹角为 β_2。在右侧后行洞施工影响下，中夹岩（土）柱地层再次受到扰动，左侧先行洞围岩滑移范围增大，假定左洞内侧滑移角为 β_3。

5. 当左洞岩土体 $EFGH$ 下沉时，两侧土体分别对其施加摩擦阻力 T_1 和 T_2；当右洞岩土体 $E'F'G'H'$ 下沉时，两侧土体分别对其施加摩擦阻力 T_1' 和 T_2'；假定这4个摩阻力与水平面夹角均为 θ，无实测资料时，θ 角的值可参照规范选用，其值小于土体的计算内摩擦角 φ_c。

6. 为简化分析，在计算过程中偏于安全地假定共同破裂面 BC 的法向相互作用力 $E=0$。

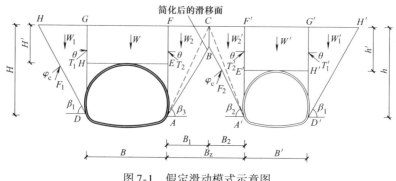

图7-1 假定滑动模式示意图

7.2.2 考虑左右洞先后施工时非对称小间距隧道围岩压力作用模式如图 7-2 所示。

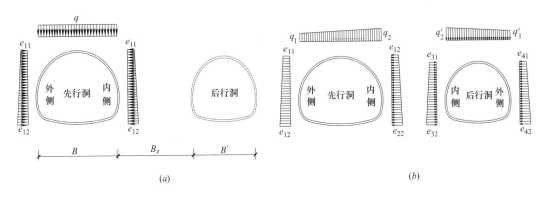

图 7-2　非对称小间距隧道围岩压力作用模式

（*a*）单开挖先行洞时；（*b*）再开挖后行洞时

7.2.3　单开挖先行洞时围岩压力计算

假设左侧隧道先行开挖，此时相当于单洞开挖，求解隧道外侧垂直压力和侧向水平压力的计算方法可采用规范中的计算公式，具体如下：

（1）先行洞两侧水平压力

侧压力系数 λ_1 为

$$\lambda_1 = \frac{\tan\beta_1 - \tan\varphi_c}{\tan\beta_1 \left[1 + \tan\beta_1 \left(\tan\varphi_c - \tan\theta \right) + \tan\varphi_c \tan\theta \right]} \tag{7-1}$$

其中：$\tan\beta_1 = \tan\varphi_c + \sqrt{\dfrac{\left(\tan^2\varphi_c + 1 \right) \tan\varphi_c}{\tan\varphi_c - \tan\theta}}$。

先行洞内外侧侧向水平压力

$$e_{1i} = \lambda_1 \gamma H_i \tag{7-2}$$

式中：H_i 为计算点至地表的垂直距离，γ 为岩体容重。

（2）先行洞拱顶竖向压力

参考规范，可以求得单开挖先行洞时的拱顶竖向压力为

$$q_1 = \gamma H' \left(1 - \frac{H'}{B} \lambda_1 \tan\theta \right) \tag{7-3}$$

7.2.4　再开挖后行洞时围岩压力计算

（1）后行洞外侧水平压力

再开挖右侧隧道时，其外侧水平压力为

$$e_{4i} = \lambda_1 \gamma h_i \tag{7-4}$$

式中：h_i 为计算点至地表的垂直距离（m）。

（2）后行洞内侧水平压力

为计算后行洞内侧水平压力，取隔离体 $BCF'A'$ 为研究对象进行受力分析，如图 7-3 所示。

根据力学平衡条件和上述假定，可以解得 T_2' 的计算表达式为

$$T_2' = \frac{\sin(\beta_2 - \varphi_c) W_2'}{\sin[90° - (\beta_2 + \theta - \varphi_c)]} \qquad (7\text{-}5)$$

其中：$W_2' = \dfrac{1}{2}\gamma B_2(2h - B_2\tan\beta_2)$。

鉴于隧道间距 B_z 一般较小，为简化分析设 $FC = KB$，$F'C = KB'$，$K = Bz/(B + B')$，经整理后可得

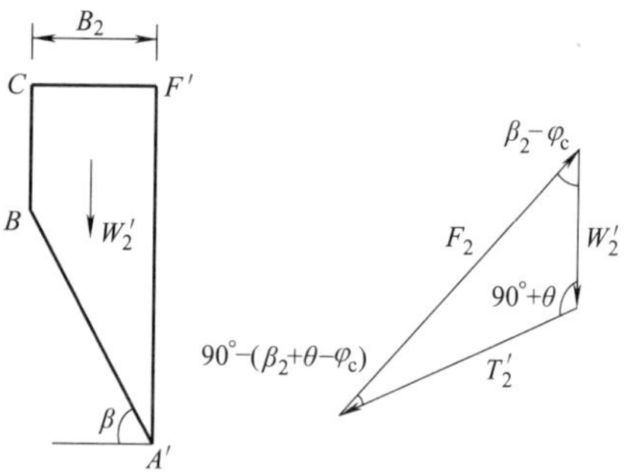

$$T_2' = \frac{1}{2}\gamma h^2 \frac{\lambda_2}{\cos\theta} \qquad (7\text{-}6)$$

图 7-3 右侧隧道内侧滑移体示意图

其中：$\lambda_2 = \dfrac{\dfrac{2KB'}{h}\left(1 - \dfrac{KB'}{2h}\tan\beta_2\right)(\tan\beta_2 - \tan\varphi_c)}{1 + \tan\beta_2(\tan\varphi_c - \tan\theta) + \tan\varphi_c\tan\theta}$

为使 T_2' 取得极大值，令 $\dfrac{\mathrm{d}\lambda_2}{\mathrm{d}(\tan\beta_2)} = 0$，整理得

$$\tan\beta_2 = \sqrt{\frac{\tan^2\varphi_c + 1}{\tan\varphi_c - \tan\theta}\left[\frac{1}{\tan(\varphi_c - \theta)} + \frac{2h}{KB'}\right]} - \frac{1}{\tan(\varphi_c - \theta)} \qquad (7\text{-}7)$$

则后行洞内侧水平压力 e_3 可以表示为

$$e_{3i} = \lambda_2\, \gamma h_i \qquad (7\text{-}8)$$

（3）后行洞竖向压力

同理，后行洞拱部竖向围岩压力 q_1' 和 q_2' 可以分别表示如下

$$q_1' = \gamma h'\left(1 - \frac{h'}{B'}\lambda_1\tan\theta\right) \qquad (7\text{-}9)$$

$$q_2' = \gamma h'\left(1 - \frac{h'}{B'}\lambda_2\tan\theta\right) \qquad (7\text{-}10)$$

（4）先行洞水平压力

开挖后行洞时，先行洞外侧水平压力可以近似认为保持不变，其计算方法参见式（7-1）和（7-2）。

为计算先行洞内侧水平压力，取隔离体 $BCFA$ 为研究对象进行受力分析，同理可得

$$T_2 = \frac{1}{2}\gamma H^2 \frac{\lambda_3}{\cos\theta} \qquad (7\text{-}11)$$

其中，λ_3 为后行洞开挖后先行洞内侧水平压力系数，表达式如下

$$\lambda_3 = \frac{\dfrac{2KB}{H}\left(1 - \dfrac{KB}{2H}\tan\beta_3\right)(\tan\beta_3 - \tan\varphi_c)}{1 + \tan\beta_3(\tan\varphi_c - \tan\theta) + \tan\varphi_c\tan\theta} \qquad (7\text{-}12)$$

为使 T_2 取得极大值，令 $\dfrac{\mathrm{d}\lambda_3}{\mathrm{d}(\tan\beta_3)} = 0$，整理得

$$\tan\beta_3 = \sqrt{\frac{\tan^2\varphi_c + 1}{\tan\varphi_c - \tan\theta}\left[\frac{1}{\tan(\varphi_c - \theta)} + \frac{2H}{KB}\right]} - \frac{1}{\tan(\varphi_c - \theta)} \qquad (7\text{-}13)$$

则先行洞内侧水平压力可以表示如下

$$e_{2i} = \lambda_3 \gamma H_i \qquad (7\text{-}14)$$

（5）先行洞竖向压力

开挖后行洞时，先行洞外侧竖向压力可以近似认为保持不变，其计算方法参见式（7-3）；先行洞内侧竖向应力则可以表示如下

$$q_2 = \gamma H' \left(1 - \frac{H'}{B} \lambda_3 \tan\theta \right) \qquad (7\text{-}15)$$

7.2.5　计算公式说明

1. 当小间距隧道左右两侧洞几何与结构对称，且假定 $\beta_3 = \beta_1$ 时，本指南推导的计算公式将退化为常规浅埋小间距隧道围岩压力的计算方法。

2. 本指南所推导的方法考虑了左右两侧洞几何与结构形式不对称对围岩压力分布的影响，具有更广的适用性。

7.3　深埋小间距段围岩压力计算方法

7.3.1　基本假定

1. 隧道开挖方式和中夹岩柱体的加固措施及效果对小间距隧道围岩压力的大小及平衡拱的形成影响较大。结合单洞普氏平衡拱理论，可以认为中夹岩柱的非常稳定和非常不稳定是小间距隧道承载拱形成的两个极端情形。

2. 当中夹岩柱厚度较大，且隧道施工方案合理，中夹岩柱非常稳定时，两侧的洞室就可以分别形成独立的承载拱，小间距隧道围岩压力可以简化为两个单侧承载拱下部不稳定土体引起的松散土压力。

3. 当中夹岩柱非常不稳定或围岩变形过大时，左右两个洞室将形成一个大的极限承载拱，此时小间距隧道围岩压力可以简化为该极限承载拱下方不稳定土体松散压力。一般而言，深埋小间距隧道围岩压力作用模式可以简化为介于两种极限情况之间，即中夹岩柱的承载力分担了极限承载拱内的松散压力，抑制了极限承载拱的形成。

7.3.2　围岩压力作用模式

1. 将深埋小间距隧道围岩压力作用模式简化为如图 7-4 所示的作用模式。

2. 图中 B_1、B_r 分别为左、右侧隧洞的开挖跨度，B_0 为两隧洞的净距，T 为两隧洞的开挖高度，W_1、W_r 分别为左、右侧隧洞形成的独立平衡拱的跨度，H_1、H_r 分别为左、右侧隧洞形成的独立平衡拱的高度，W_0 为两独立平衡拱间的最小净距，W_m 为两独立平衡拱外侧点的间距，也可以认为是附加承载拱或极限平衡拱的跨度。H'_m 和 H_m 分别为附加承载拱和极限承载拱的高度。

3. 左右隧道不同时施工，为推导方便，假定左洞先开挖，即为先行洞；右洞后开挖，即为后行洞。

4. 单开挖先行洞时，与规范单洞情况相同，先行洞左右侧滑移面与竖向夹角相同，设为 θ_1，$\theta_1 = (45° - \varphi_g/2)$，$\varphi_g$ 意义同前。后行洞开挖时，其右侧岩土体形成的滑移面与竖向的夹角同样为 θ_1；由于受到先行洞开挖的影响，后行洞左侧中夹岩柱受到扰动，其围岩滑移的范围增大，滑移面与竖向的夹角变为 θ_3（假定 $\theta_3 = k_3\theta_1$，k_3 为放大系

数）。在后行洞开挖的影响下，中夹岩柱再次受到扰动，先行洞右侧围岩滑移的范围增大，滑移面与竖向的夹角变为 θ_2（假定 $\theta_2 = k_2\theta_1$，k_2 为放大系数）。

5. 假定先行洞与后行洞开挖完成以后各自形成的独立平衡拱仍然满足普氏理论，即有：

$$H_1 = \frac{W_1}{2f} \tag{7-16}$$

$$H_r = \frac{W_r}{2f} \tag{7-17}$$

其中，$W_1 = B_1 + T\tan\theta_1 + T\tan\theta$，$W_r = B_r + T\tan\theta_1 + T\tan\theta_3$，其他符号意义同前。

6. 假定附加承载拱的高度 H'_m 与极限承载拱的高度 H_m 满足：

$$\frac{H'_m}{H_m} = \frac{W_1 + W_r}{W_m} \tag{7-18}$$

其中，$W_m = W_1 + W_0 + W_r$，极限平衡拱的高度 H_m 可根据普氏理论的平衡拱计算公式求得：

$$H_m = \frac{W_m}{2f} \tag{7-19}$$

由（7-18）和（7-19）式可得：

$$H'_m = \frac{W_1 + W_r}{2f} \tag{7-20}$$

其他符号意义同前。

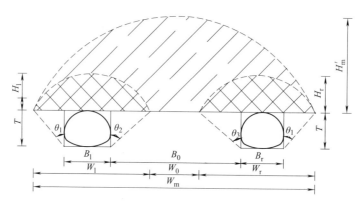

图 7-4　平衡拱模式

7.3.3　围岩压力计算简化模型

1. 根据以上分析，将深埋小间距隧道围岩压力计算简化为如下模型（图 7-5）。

2. 竖向压力简化梯形分布荷载，即将两洞室的围岩压力计算简化为单洞独立平衡拱模型和附加承载拱模型两部分之和，一部分是先行洞与后行洞拱顶的基本松散压力均布荷载 q_1 和 q_r；另一部分是先行洞与后行洞拱顶的附加梯形荷载 q'_1 和 q'_r。

3. 先行洞与后行洞共同形成的附加承载平衡拱下部松散土压力减去基本松散土压力及中夹岩柱体上部土压力荷载后的荷载，可以简化为梯形分布荷载，其中先行洞、后行洞开挖最大跨度线两端点上方附加梯形荷载分别为 q'_{l1}、q'_{l2} 和 q'_{r1}、q'_{r2}；侧向压力仍简化为梯形分布荷载。

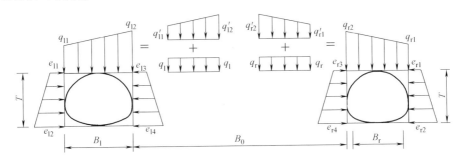

图 7-5　围岩压力计算简图

7.3.4　竖向土压力荷载计算

先行洞、后行洞拱顶的基本松散压力分别为

$$q_l = \gamma H_l \tag{7-21}$$

$$q_r = \gamma H_r \tag{7-22}$$

各个符号意义同前。

为求得附加竖向压力 q'_{l1}、q'_{l2} 和 q'_{r1}、q'_{r2}，假定小间距隧道单侧承载拱曲线和附加承载拱曲线均为抛物线，因此 S_l、S_r 和 S'_m 分别为二者与隧道拱顶水平线围成区域的面积，可以表示如下：

$$S_l = \frac{2W_l H_l}{3} \tag{7-23}$$

$$S_r = \frac{2W_r H_r}{3} \tag{7-24}$$

$$S'_m = \frac{2W_m H'_m}{3} \tag{7-25}$$

其他各个符号意义同前。

假定附加荷载在隧道拱顶呈三角形分布，则对附加承载拱内的土体（图 7-4 中阴影部分）进行受力分析如图 7-6 所示。图中 G'_m 为附加承载拱内土体的重量，可表示为 $G'_m = \frac{2}{3}\gamma W_m H'_m - \frac{2}{3}\gamma W_l H_l - \frac{2}{3}\gamma W_r H_r$；$W_0$ 为中夹岩柱有效承载宽度，近似认为其对附加承载拱的支撑力为 P_0；q'_{l0} 与 q'_{r0} 分别为先行洞与后行洞普氏平衡拱的内侧边沿处的附加荷载；其他符号及意义同前。

根据结构的支撑力与平衡拱内的土体重量平衡，则可得到：

$$\frac{2}{3}\gamma W_m H'_m - \frac{2}{3}\gamma W_l H_l - \frac{2}{3}\gamma W_r H_r = P_0 + \frac{1}{2}\gamma W_l H'_{l0} + \frac{1}{2}\gamma W_r H'_{r0} \tag{7-26}$$

式中：H'_{l0} 与 H'_{r0} 分别为 q'_{l0} 与 q'_{r0} 相对应的荷载高度，其他符号意义同前。且近似取 H'_{l0} 与 H'_{r0} 之间的比例关系为：

$$\frac{H'_{l0}}{H'_{r0}} = \frac{W_l}{W_r} \tag{7-27}$$

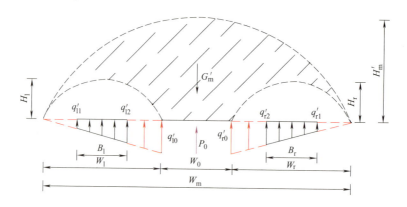

图 7-6　小间距隧道附加承载拱受力示意图

进一步求解得：

$$H'_{l0} = \frac{2W_1}{W_1^2 + W_1^2}\left[\frac{2W_1W_1 + W_0(W_1 + W_r)}{3f} - \frac{P_0}{\gamma}\right] \qquad (7-28)$$

$$H'_{r0} = \frac{2W_r}{W_1^2 + W_1^2}\left[\frac{2W_1W_r + W_0(W_1 + W_r)}{3f} - \frac{P_0}{\gamma}\right] \qquad (7-29)$$

各个符号意义同前。

根据比例关系可得：

$$\frac{Hq'_{11}}{H'_{l0}} = \frac{T\tan\theta_1}{W_1} \qquad (7-30)$$

$$\frac{Hq'_{11}}{Hq'_{12}} = \frac{T\tan\theta_1}{B_1 + T\tan\theta_1} \qquad (7-31)$$

$$\frac{Hq'_{r1}}{H'_{r0}} = \frac{T\tan\theta_1}{W_r} \qquad (7-32)$$

$$\frac{Hq'_{r1}}{Hq'_{r2}} = \frac{T\tan\theta_1}{B_r + T\tan\theta_1} \qquad (7-33)$$

式中：Hq'_{11}、Hq'_{12} 和 Hq'_{r1}、Hq'_{r2} 分别为 q'_{11}、q'_{12} 和 q'_{r1}、q'_{r2} 对应的荷载高度；其他符号意义同前。

进一步求解可得：

$$Hq'_{11} = \frac{T\tan\theta_1}{W_1}H_{l0'} \qquad (7-34)$$

$$Hq'_{12} = \frac{B_1 + T\tan\theta_1}{W_1}H'_{l0} \qquad (7-35)$$

$$Hq'_{r1} = \frac{T\tan\theta_1}{W_r}H'_{r0} \qquad (7-36)$$

$$Hq'_{r2} = \frac{B_r + T\tan\theta_1}{W_r}H'_{r0} \qquad (7-37)$$

则可求得先行洞和后行洞的竖向土压力荷载分别为：

244

$$q_{11} = q_1 + q'_{11} = \gamma (H_1 + Hq'_{11}) \tag{7-38}$$

$$q_{12} = q_1 + q'_{12} = \gamma (H_1 + Hq'_{12}) \tag{7-39}$$

$$q_{r1} = q_r + q'_{r1} = \gamma (H_r + Hq'_{r1}) \tag{7-40}$$

$$q_{r2} = q_r + q'_{r2} = \gamma (H_r + Hq'_{r2}) \tag{7-41}$$

式中各个符号意义同前。

7.3.5 侧向土压力荷载计算

水平土压力荷载作用在小间距隧道支护结构两侧，可通过竖向土压力荷载和侧压力系数的乘积简算得到。

7.3.6 中夹岩柱支撑力 P_0 的计算方法

在计算小间距隧道中夹岩柱的承载力时，考虑隧道支护结构（如预应力对拉锚杆）的主动支撑力对岩体抗压强度的提高效应，其换算强度表达式为：

$$R_0 = k_0 R_p \tag{7-42}$$

式中：R_p 为考虑加固前岩体抗压强度（kPa）；k_0 为放大系数；

因此，中夹岩柱对上部岩体的支撑力如下：

$$P_0 = R_0 W_0 \tag{7-43}$$

7.4　小间距段隧道支护结构规定

7.4.1　由于北京城市地下道路小间距段地层条件相对较差，隧道开挖后势必引起较大的围岩压力，从而造成支护结构承受较大的内力。

7.4.2　根据数值计算结果并结合工程经验，经综合分析后可确定小间距段支护结构设计建议参数，确保结构安全。

7.5　分岔隧道小间距段施工方法

7.5.1　由于隧道断面大，且北京城区地质条件相对较差，采用各种方法施工均会引起立交隧道产生明显的洞周变形（尤其是沉降变形）、地表沉降和塑性区。

7.5.2　为很好的控制城市地下道路分岔隧道小间距段施工引起的洞周变形、地表沉降和塑性区范围，建议在分岔隧道小间距段施工中采用三车道隧道 CRD 法与两车道隧道 CD 法相结合的方法进行施工，具体施工步骤如表 7-1 所示。

城市地下道路分岔隧道小间距段建议施工方法　　表 7-1

施工方法	示意图	施工步骤
小洞 CD + 大洞 CRD 法		步序 1:开挖①部,施作初期支护和临时竖撑; 步序 2:开挖②部,施作初期支护; 步序 3:开挖③部,施作初期支护和临时支护; 步序 4:开挖④部,施作初期支护和临时支护; 步序 5:开挖⑤部,施作初期支护和临时支撑; 步序 6:开挖⑥部,施作初期支护

7.6 分岔隧道小间距段围岩稳定性

7.6.1 确定合理的施工方案。如对后行洞采用控制变形技术进行开挖，以减少其对先行洞身支护结构的影响，降低对中夹岩的扰动；对中夹岩进行技术加固等方案，对围岩受力薄弱环节进行加强。

7.6.2 严格控制关键工序及施工步距。小间距隧道的关键工序为控制超前支护的质量、中间岩柱加固的措施、两洞工作面施工步距控制等。只有关键工序严格控制，才能保证隧道施工的质量及安全。

7.6.3 先行洞施工后，为保证中间岩柱坚固，首先在中间岩柱部位打设小导管进行预注浆。为防止水平拉杆对岩柱的应力受到影响，小导管沿中间岩柱面45°打入，浆液为水泥—水玻璃双液注浆。

7.6.4 水平拉杆加固。待中隔墙加固稳定后，进行隧道的后行洞开挖。同时，进行中隔墙水平预应力拉杆的施工。

7.6.5 按新奥法原理设计，隧道的开挖及支护全部在监控量测的指导下进行施工。

8 城市地下道路暗挖隧道施工监控量测

8.1 一般规定

8.1.1 城市地下道路暗挖隧道工程建设，必须将现场监控量测纳入工程设计文件和施工组织设计文件中。

8.1.2 监控量测的设计文件应根据工程地质及水文地质条件、城市地下道路暗挖隧道周边环境条件、埋深及结构形式等进行编制，同时考虑监测工作的经济性。

8.1.3 监控量测主要目的包括：1. 掌握围岩、支护结构和周边环境的动态，利用监测结果为设计和施工提供参考依据。2. 监测数据经分析处理与必要的计算和判断后进行预测和反馈，以便为工程和环境安全提供可靠信息。3. 积累资料和经验，为今后的同类工程提供类比依据。

8.1.4 监测项目分为应测项目和选测项目两类。

8.1.5 施工监测范围应根据隧道结构埋深和周围建（构）筑物情况予以综合确定。

8.1.6 监测频率应与施工进度密切配合，并针对不同施工步序分别制定相应的监测频率。

8.1.7 施工中应按施工进度及时进行监测，对监测数据进行分析处理后，及时反馈给建设、设计、监理和施工单位。

8.1.8 测点初始值应在测点稳定后进行测读，取三次观测数据的平均值作为初始观测值。

8.1.9 监测所采用的监测仪器及元件应满足各类监测工作的要求。

8.2 监控量测基本要求

8.2.1 严格按照设计要求拟定实施性监测方案确定监测所用的仪器、监测方法、监测精度、测点布置及观测周期，上报监理审批后实施。

8.2.2 观测工作做到观测及时、数据真实可靠。

8.2.3 按照工程具体情况设定各项观测项目的预警值，有超过预警值的情况发生应即上报并采取补救措施。

8.2.4 做好完整的观测记录、形象图表、曲线和观测报告。

8.2.5 施工过程中地面沉降的控制应保证相邻建筑物等不受损害不影响安全使用，地表不开裂。

8.3 监控量测项目

监控量测主要包括隧道内支护结构与隧道外周边环境及岩土稳定性监测，监控量测项目见表 8-1 所示。

城市地下道路暗挖隧道施工监控量测项目总汇　　　　　表 8-1

类别	监测项目	监测仪器及元件	测点布置	监测频率
应测项目	洞内及洞外观察	地质预探、描述，拱架支护状态、建(构)筑物等观察和记录	每一开挖环一个断面	开挖后立即进行
	地表沉降	水准仪	在工法变化的部位、车站与区间、车站与风道以及马头门处等部位均应设置监测断面	开挖面距监测断面≤2B 时 1～2 次/天;开挖面距监测断面≤5B 时 1 次/2 天;开挖面距监测断面>5B 时 1 次/周;基本稳定后 1 次/月
	邻近建(构)筑物	水准仪;经纬仪或全站仪;裂缝观测仪	根据建(构)筑物的沉降、倾斜、裂缝的不同内容分别布置	按设计要求
	地下管线沉降	水准仪	地下管线每 5～15m 一个测点,管线接头处、位移变化敏感部位	按设计要求
	初期支护结构拱顶(部)沉降	水准仪	每 10～30m 一个断面,每断面 1～3 个测点,对于浅埋暗挖车站,每个导洞均应布置断面	由开挖面距监测断面的距离和沉降速率综合决定,详见条文
	初期支护结构净空收敛	收敛计	每 10～30m 一个断面,每断面 1～3 根基线,对于浅埋暗挖车站,每个导洞均应布置断面	由开挖面距监测断面的距离和收敛速率共同决定,详见条文
	地下水位	电测水位计、PVC塑料管	取代表性地段设置	1 次/2 天

类别	监测项目	监测仪器及元件	测点布置	监测频率
选测项目	围岩压力及支护间接触应力	土压力盒、频率接收仪	取代表性地段设 1~2 个主测断面,每断面 5~11 个测点	开挖面距监测断面 ≤2B 时 1~2 次/天;开挖面距监测断面前 ≤5B 时 1 次/2 天;开挖面距监测断面 >5B 时 1 次/周;基本稳定后 1 次/月
	土体分层沉降及水平位移	分层沉降仪;测斜仪;多点位移计(洞内观测)	与上述主测断面相对应设 1~2 个断面,每断面 2~3 孔	开挖面距监测断面前后 ≤2B 时 1~2 次/天;开挖面距监测断面前后 ≤5B 时 1 次/2 天;开挖面距监测断面前后 ≥5B 时 1 次/周;基本稳定后 1 次/月
	钢筋格栅应力	钢筋计、测力计、频率接收仪	与上述主测断面相对应设 1~2 个断面,每断面测点数量按工程情况确定	与围岩压力及支护间应力相同
	初期支护(喷射混凝土)、二次衬砌内应力	应变计	与上述主测断面相对应设 1~2 个断面,每断面 5~11 个测点	与围岩压力及支护间应力相同

注:1. 隧道直径或跨度
　　2. 描述包括工程地质和水文地质描述

8.4 邻近既有工程监测基本要求

8.4.1 一般规定

1. 邻近既有工程施工应按所邻近既有工程的重要程度、邻近类型、周边环境条件等情况分成不同等级,并针对不同等级进行监测设计。

2. 对于邻近重要建(构)筑物的城市地下道路工程,除应对新建工程本身进行施工监测外,还应对所穿越工程进行穿越施工期间 24 小时不间断监测。

3. 在穿越地铁既有线时,应对既有线地铁结构、道床和轨道进行穿越施工全过程监测,其中对结构沉降缝的错台变形、轨道沉降、轨道横向差异沉降、轨距变化和道床纵向沉降等内容应进行 24 小时的远程实时监测。穿越铁路隧道和铁道线路时可参照穿越地铁既有线的要求进行监测。

4. 在穿越城市桥梁时,应对桥梁墩台、盖梁、梁板结构进行穿越施工全过程监测,并应按要求加密监测频率,对变形敏感的重要桥梁应根据设计要求进行 24 小时的远程实时监测。监测内容应包括:桥梁墩台的沉降及倾斜、盖梁及梁板结构的沉降及差异沉降。

5. 在穿越房屋及其他建(构)筑物时,应按照 8.4.2、8.4.3 及 8.4.4 条的基本要求执行。在穿越地下管线时应按 8.4.5 条的基本要求执行。该两项均应按要求进行较高频率的监测。

8.4.2 建(构)筑物沉降监测

沉降测点的位置和数量应根据工程地质和水文地质条件、建筑物的体型特征、基础形式、结构种类、建（构）筑物的重要程度及其与城市地下道路结构的距离等因素综合考虑。对于烟囱、水塔、油罐等高耸建（构）筑物，应沿周边在其基础轴线上的对称位置布点。对于城市桥梁，应按不同施工状况在桥墩、盖梁和梁、板结构上布点。

8.4.3 建（构）筑物倾斜监测

建（构）筑物倾斜监测原则上只在重要的高层、高耸建筑物或桥墩上进行。

8.4.4 建（构）筑物裂缝监测

对于建（构）筑物的一般裂缝应采用裂缝宽度板或游标卡尺进行监测的直接观测法，其精度为 0.2mm。对于比较重要和细微的裂缝，应采用裂缝观测仪进行监测，其精度为 0.1mm。

8.4.5 地下管线沉降监测

在地下管线沉降测点设计和设置前，应对施工影响范围内的重要地下管线进行实地调查，其中特别应了解有压管线的结构、材料情况和雨污水管的接头和渗漏状况。地下管线测点重点布置在有压管线（如煤气管线、给水管线等）上，对抗变形能力差、易于渗漏和年久失修的雨污水管也应重点监测。测点布置在管线的接头处，或者对位移变化敏感的部位。

8.5 监控量测管理及信息反馈

8.5.1 一般规定

1. 总则

（1）监控量测工作实行项目经理负责制，在其领导下成立监测组，责任落实到人。监测组应保证下列各项工作的正常实施。

（2）根据设计文件要求编制监控量测实施方案。

（3）监控量测工作必须建立完备的管理制度和信息反馈制度，建立及时和畅通的信息沟通渠道。

（4）监控量测过程中应做好测点的保护工作。

（5）监控量测过程中使用的仪器设备必须保证其精度和可靠性。

（6）监测数据及资料必须有完整清晰的记录，包括图表、曲线、文字报告等，以保证监控量测资料的完整性和连续性。

（7）及时对各种数据进行整理分析，判断工程的稳定性，并及时将有关信息反馈到施工中。

2. 监控量测项目设置的原则

（1）监控量测项目的设置应以满足地铁工程施工及周边环境安全为基本要求，同时兼顾经济性。

（2）应测项目和选测项目及其相应的监测范围、数量等应由设计单位根据地铁工程的具体条件和本规程的要求进行选择确定。

8.5.2 监控量测管理的基本要求

1. 监控量测管理工作是监控量测工作成败的关键，必须予以充分的重视。在监测工作中，监测组应与相关单位和人员密切配合，并应保证监测方案的合理性、监测数据的真实性、测点和仪器的稳定可靠性、数据处理、反馈的及时性以及监测周期的完整性。

2. 监控量测工作必须采取有力的质量保证措施，以确保该项工作高质量地完成。

8.5.3 监控量测的信息处理与反馈

1. 取得监测数据后，应及时进行整理和校对。施工监控量测的各类数据均应及时绘制成时态曲线，同时应注明开挖方法和施工工序及开挖面距监测断面的距离等信息。

2. 监控量测数据的计算分析工作中除应对每个项目进行单项分析外，还应进行多项目的综合分析。

3. 当监测时态曲线呈现收敛趋势时，应根据曲线形态选择合适的函数，对监测结果进行回归分析，以预测该测点可能出现的最终位移值和预测结构和建（构）筑物的安全性，据此确定施工方法及判定施工方法的适应性。

4. 监测项目应按"分区、分级、分阶段"的原则制定监控量测控制标准，并按黄色、橙色和红色三级预警进行反馈和控制。

5. 当实测数据出现任何一种预警状态时，监测组应立即向施工主管、监理、建设和其他相关单位报告，获得确认后应立即提交预警报告。

9 城市地下道路分岔与立交暗挖隧道安全风险评估

9.1 一般规定

9.1.1 城市地下道路工程建设各相关参建方应严格遵守国家、行业和北京市法律、法规、工程建设标准，开展城市地下道路分岔与立交暗挖隧道施工安全风险评估工作。

9.1.2 各相关参建方应建立自身的安全风险技术管理体系，确保在隧道施工阶段的安全风险技术管理工作有效开展。

9.1.3 城市地下道路分岔与立交暗挖隧道施工为高风险工程，一般应开展专项安全风险评估工作。

9.1.4 为便于进行安全风险技术管理，将城市地下道路分岔与立交暗挖隧道施工安全风险工程分为自身安全风险工程和环境安全风险工程两类。环境安全风险工程指因城市地下道路分岔与立交暗挖隧道周边环境条件复杂，隧道施工可能导致其正常使用功能或结构安全受到影响。周边环境主要指既有的轨道交通工程、建（构）筑物、地下管线、道路、水体等。

9.1.5 城市地下道路分岔与立交暗挖隧道施工过程中应对自身安全风险工程和环境安全风险工程进行风险识别、分级和评估，并在隧道施工过程中进行全面的安全风险控制。

9.2 安全风险评估的基本程序

9.2.1 隧道工程施工安全风险评估应成立评估小组、制定评估计划、选择安全风险评估方法、开展安全风险分析、进行安全风险估测、确定安全风险等级、提出安全风险控制措施建议、编制安全风险评估报告。

9.2.2 做好评估准备工作。首先按照要求成立安全风险评估小组，制订安全风险评估计划，编制安全风险评估大纲，确定安全评估方法。

9.2.3 开展总体安全风险评估。安全风险评估准备工作完成后，采用定性与定量相结合的方法初步分析隧道工程和周边环境静态条件下的固有安全风险特征，估测施工中发生重大事故的可能性，确定项目总体安全风险等级。

9.2.4 确定专项风险评估范围。对总体风险评估等级达到Ⅲ级（高度风险）及以上的安全风险工程，评估小组根据总体风险评估情况，提出专项风险评估中需要重点评估的风险源。其他安全风险等级的工程，也应视情况确定是否需要开展专项安全风险评估。

9.2.5 开展专项风险评估。应按照施工组织设计所确定的施工方法，分解施工作业程序，结合工序（单位）作业特点、环境条件、施工组织等致险因子，辨识施工作业活动中典型事故类型，从而建立风险源普查清单，并通过风险分析和估测，确定重大风险源，并对照风险可接受准则确定相应的风险控制措施。专项风险评估的基本程序包括：风险源普查、辨识、分析，并针对重大风险源进行估测、控制。

9.2.6 提出风险控制措施。根据风险接受准则的相关规定，对专项风险等级在Ⅲ级（高度风险）及以上的施工作业活动（施工区段），应明确重大风险源的监测、控制、预警措施以及应急预案。其他等级的安全风险工程可根据工程实际情况，按照成本效益原则确定相应的风险控制措施。

9.3 安全风险源辨识及估测

9.3.1 风险源辨识是风险评估的基础，包括三个步骤：工程资料的收集整理、施工作业程序分解、施工作业可能发生的安全事故辨识。

9.3.2 评估小组应先进行现场踏勘，收集风险评估相关的基础资料，主要包括：类似工程事故资料；本工程相关设计及施工文件资料；工程区域内水文、地质、气候等资料；工程可行性研究报告、工程地质勘察报告、初步设计文件、施工图设计文件及工程施工组织设计文件等资料；工程区域内的建（构）筑物资料；其他与风险源辨识对象相关的资料。

9.3.3 安全风险估测是采用定性或定量的方法对风险事故发生的可能性及严重程度进行数量估算。风险大小 = 事故发生可能性 × 事故严重程度。其中"×"表示事故发生可能性和事故严重程度的组合。

9.3.4 风险估测方法应结合工程施工内容，安全管理方案、可能发生的事故特点等因素确定。事故可能性评估可选用专家调查法、故障树分析法、事件树分析法等，事故严重程度评估可选用专家调查法等。

9.3.5 一般风险源的风险估测，不宜过分强调精确量化，评估小组可自行设计简单风险等级判定标准，或参考检查表法、LEC法，以相对风险等级来确定。

9.3.6 重大风险源的风险估测，应进行定量风险估测，确定风险等级。本《指南》推荐风险矩阵法和指标体系法。风险估测结果应填入表9-1。

风险估测汇总表　　　　　　　　　　　　　　　　　　　　表 9-1

编号	风险源		风险估测			
	作业内容	潜在的事故类型	严重程度		可能性	风险大小
			人员伤亡	经济损失		
……	……	……	……	……	……	……

9.4 安全风险等级确定

9.4.1 城市地下道路分岔与立交暗挖隧道施工安全风险等级，应结合风险发生概率等级和风险损失等级确定。

9.4.2 工程安全风险发生概率等级分为 1、2、3、4、5 级。各等级判断标准见表 9-2。

风险发生概率等级判断标准　　　　　　　　　　　　　　　表 9-2

等级	定量判断标准（概率区间）	定性判断标准
1	$P_f < 0.000\ 3$	几乎不可能发生
2	$0.000\ 3 \leqslant P_f < 0.003$	很少发生
3	$0.003 \leqslant P_f < 0.03$	偶然发生
4	$0.03 \leqslant P_f < 0.3$	可能发生
5	$P_f \geqslant 0.3$	频繁发生

注：1. P_f 为概率值。当概率值难以取得时，可用年发生频率代替。
　　2. 风险发生概率等级应优先采用定量判断标准确定。当无法进行定量计算时，可采用定性判断标准确定。

9.4.3 风险损失等级分为 1、2、3、4、5 级，应按人员伤亡等级、经济损失等级及环境影响等级等因素确定。当多种损失同时产生时，应采用就高原则确定风险损失等级。

9.4.4 人员伤亡等级的判断标准见表 9-3。

人员伤亡等级判断标准　　　　　　　　　　　　　　　　　表 9-3

等级	判断标准
1	重伤人数 5 人以下
2	3 人以下死亡（含失踪）或 5 人以上 10 人以下重伤
3	3 人以上 10 人以下死亡（含失踪）或 10 人以上 50 人以下重伤
4	10 人以上 30 人以下死亡（含失踪）或 50 人以上 100 人以下重伤
5	30 人以上死亡（含失踪）或 100 人以上重伤

注：1. 参考国务院《生产安全事故报告和调查处理条例》和《企业职工伤亡事故分类标准》GB 6441—1986。
　　2. "以上"包含本数，"以下"不包含本数，下同。

9.4.5 经济损失等级的判断标准见表9-4。

经济损失等级判断标准　　　　　　　　　　　表9-4

等级	判断标准
1	经济损失500万元以下
2	经济损失500万元以上1000万元以下
3	经济损失1000万元以上5000万元以下
4	经济损失5000万元以上10000万元以下
5	经济损失10000万元以上

注：1. 参考国务院《生产安全事故报告和调查处理条例》。
　　2. 对总造价较低的工程，如石拱桥等，可采用相对经济损失进行判定。

9.4.6 根据安全风险发生概率等级和损失等级，按表9-5确定风险等级。

安全风险等级表　　　　　　　　　　　　表9-5

风险发生概率	风险损失				
	1	2	3	4	5
1	Ⅰ	Ⅰ	Ⅱ	Ⅱ	Ⅲ
2	Ⅰ	Ⅱ	Ⅱ	Ⅲ	Ⅲ
3	Ⅱ	Ⅱ	Ⅲ	Ⅲ	Ⅳ
4	Ⅱ	Ⅲ	Ⅲ	Ⅳ	Ⅳ
5	Ⅲ	Ⅲ	Ⅳ	Ⅳ	Ⅳ

注：参考国际隧道协会《Guidelines for Tunnelling Risk Management》。

9.5 安全风险控制原则

9.5.1 根据风险评估结果，按照风险接受准则，提出风险控制措施。施工安全风险接受准则如表9-6所示。

风险接受准则　　　　　　　　　　　　表9-6

风险等级	接受准则	处理措施
低度	可忽略	不需采取风险处理措施和监测
中度	可接受	一般不需采取风险处理措施，但需予以监测
高度	不期望	必须采取风险处理措施降低风险并加强监测，且满足降低风险的成本不高于风险发生后的损失
极高	不可接受	必须高度重视，采取切实可行的规避措施并加强监测，否则要不惜代价将风险至少降低到不期望的程度

9.5.2 风险控制应根据工程特点、风险评估结果、成本效益比等，选择合适的风险控制措施。措施建议应具体翔实并具操作性。按照针对性和重要性的不同，措施建议可分为应采纳和宜采纳两种类型。

9.5.3 一般风险源控制措施由施工单位按常规制订。重大风险源控制措施应按照预案、预警、预防三个阶段逐一明确要求。经专项风险评估达到高度风险及以上的施工作业活动或施工区段，应采取完善专项施工方案及应急预案、开展施工监测与预警、提高现场防护条件、加强施工安全技术交底和危险告知等措施，防止重大险情或事故发生。

9.5.4 重大安全风险源应按照隧道工程专项风险评估的结论，充分考虑工程实际情况，按照不同安全风险等级，制定相适宜的安全风险控制措施。

9.5.5 现场施工应建立重大风险源监控和预警预报体系，明确预警预报标准，通过对施工监控数据的动态管理，及时掌握其发展状态，发现异常或超过警戒值，应及时采取规避措施，做好安全风险事故处理准备工作。

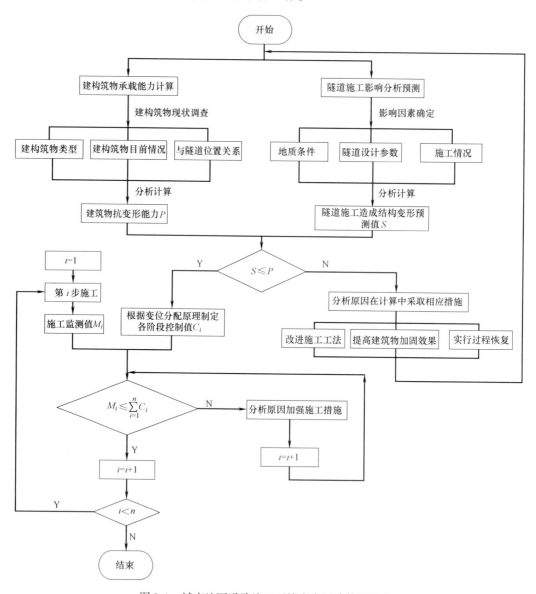

图 9-1 城市地下道路施工环境安全风险管理程序

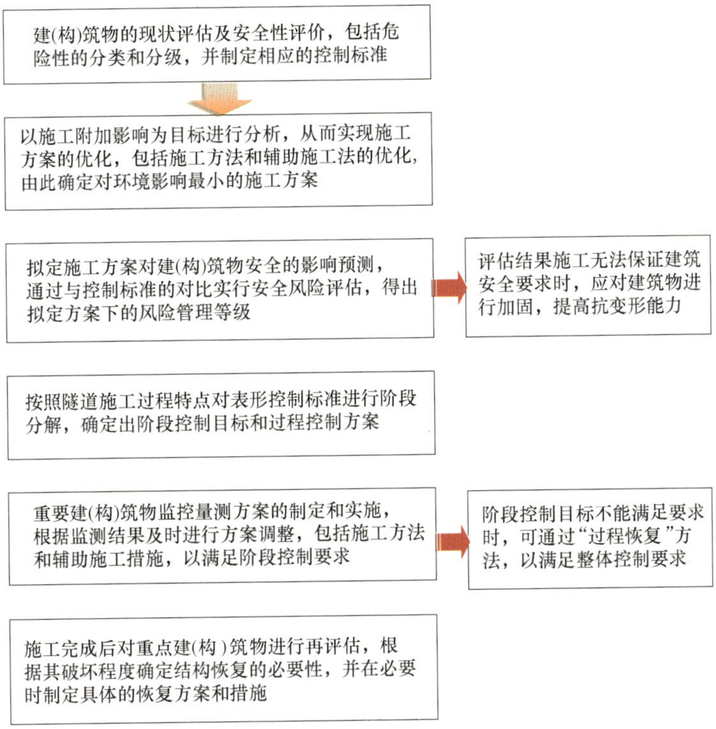

图 9-2　城市地下道路施工环境安全风险管理工作流程

9.5.6 专项风险等级达到Ⅲ级（高度风险）及以上的施工作业活动或施工区段，其重大风险源的监控与防治措施、应急预案，应按规定组织论证或复评估后方能实施。

9.5.7 城市地下道路施工环境安全风险管理程序可按图9-1进行，风险管理工作流程可按图9-2进行。

9.6　安全风险评估报告

9.6.1 安全风险评估报告是施工安全风险评估过程的记录，应反映安全风险评估过程的全部工作，将安全风险评估过程中的记录表格、采用的评估方法、获得的评估结果、推荐的控制措施等写入安全风险评估报告中。

9.6.2 安全风险评估报告应内容全面，文字简洁，数据完整，客观公正，提出具有可操作性的安全风险控制措施。

9.6.3 风险评估报告应包含的内容。

1. 编制依据。

2. 工程概况。

3. 评估过程和评估方法。

4. 评估内容。

255

5. 对策措施及建议。

6. 评估结论。

9.6.4 风险评估报告应包括的内容。

1. 封面（包括评估项目名称、报告完成日期、评估组长签名）。

2. 著录项（评估人员名单，并应亲笔签名）。

3. 目录。

4. 编制说明。

5. 正文。

6. 附件。

9.7 突发性工程及环境安全风险事件预防措施

9.7.1 隧道拱顶坍塌预防措施。

1. 施工前对隧道通过和影响地段进行空洞普查，对查出的空洞采取注浆或其他措施回填。

2. 加强超前支护施工质量，根据地层特性及时调整注浆参数及工艺。

3. 及时加强背后回填注浆。

4. 如出现小范围的局部坍塌时，应立即停止开挖，并封堵开挖面，待制定可靠的防止继续坍塌措施后方可继续施工。

5. 加强监控量测，根据监测结果动态调整施工工艺和参数。

9.7.2 隧道突泥涌水预防措施。

1. 隧道开挖施工前对沿线地层和管线进行一次普查，对发现有管线渗漏的情况立即通知相关单位进行修补和加固，同时采取可靠的保护措施。

2. 对不良地质提前采取加固处理措施。

3. 详细调查地下水的补给来源，采取多种措施切断其补给。

4. 如发现管内大股流水等异常情况，应立即封闭掌子面，待制定可靠措施后方可继续施工。

5. 一旦发现围岩发生变化，立即改变超前支护手段和措施。

6. 其他措施同管线变形过大预防措施。

9.7.3 管线变形过大预防措施。

1. 开挖施工前，对开挖影响范围内所有管线进行一次普查，必要和可能时，对开挖暴露出管线本体进行详查。

2. 可能时，在施工前对管线进行安全评估，取得其能承受的沉降和差异沉降的有关数据。

3. 对隧道通过和影响地段进行空洞普查，对查出的空洞采取注浆或其他措施回填，保证回填密实。

4. 根据调查资料对管线周边土体进行加固处理。

5. 隧道通过重要管线地段一般应制定专门措施，并在开挖过程中严格执行。

6. 及时加强初支背后回填注浆，主动控制其沉降。

7. 加强监控量测工作，发现监测数据异常应立即停止并根据监控量测结果调整施工参数。

9.7.4 建筑物变形过大预防措施。

1. 开挖施工前，对开挖影响范围内所有建筑物进行一次普查。

2. 必要或可能时，在施工前对建筑物进行安全评估，取得其能承受的沉降和差异沉降的有关数据。

3. 对隧道通过和影响地段进行空洞普查，对查出的空洞采取注浆或其他措施回填，保证回填密实。

4. 根据调查和评估所得的相关数据和资料，对建筑物周边土体进行加固处理。

5. 隧道通过或邻近地段，需制定专门的安全控制措施，并在施工过程中严格执行。

6. 加强对建筑物沉降和差异沉降的观测，如发现沉降或收敛速度偏大或异常，应立即停止开挖，并根据监测结果及时调整施工参数。

7. 将总变形值分解到不同施工阶段进行控制，同时根据监控量测结果，随时调整施工工艺和参数。

9.7.5 桥梁变形过大预防措施。

1. 开挖施工前，对开挖影响范围内所有建筑物进行一次普查。

2. 必要时，在施工前对桥梁进行安全评估，取得其能承受的沉降和差异沉降的有关数据。

3. 对隧道通过和影响地段进行空洞普查，对查出的空洞采取注浆或其他措施回填，保证回填密实。

4. 对桥梁基础周边土体进行加固处理，增加承台的基础承载力或桩基的摩擦阻力，或采取桩基隔离措施。

5. 隧道通过或邻近地段，需制定专门的安全控制措施，并在施工过程中严格执行。

6. 如发现沉降或收敛偏大或异常，应立即停止开挖及时注浆和补注浆。

7. 将总变形值分解到不同施工阶段进行控制，同时根据监控量测结果，随时调整施工工艺和参数。

9.7.6 既有轨道交通变形过大预防措施。

1. 隧道开挖施工前，详细调查既有轨道交通和隧道的平纵断面关系，既有轨道交通工程道床和结构形式等方面内容。

2. 在施工前，对既有轨道交通进行安全评估，取得其结构的相关参数和其能承受的沉降和差异沉降的相关数据。

3. 对隧道通过和影响地段进行空洞普查，对查出的空洞采取注浆或其他措施回填，保证回填密实。

4. 对既有轨道交通周边土体进行加固处理，检验其加固效果，有条件时优先采用采取桩基隔离措施。

5. 隧道通过或邻近地段,从超前加固措施、开挖方法、支护手段、回填注浆等方面制定专门的措施。

6. 如发现沉降或收敛偏大或异常,应立即停止开挖及时注浆和补注浆。

7. 将总变形值分解到不同施工阶段进行控制,同时根据监控量测结果,随时调整施工工艺和参数。

8. 和运营部门取得联系,在隧道施工阶段列车通过时采取限速等相关措施。

参 考 文 献

[1] E. soliman, H. Duddeck and H. Ahrens. Two and Three-dimensional Analysis of Closely Spaced double-tube Tunnels [J]. Tunneling and Underground Space Technology. 1993, Vol. 8.

[2] Garner, Cyrus D. Subway tunnel design using a ground surface settlement profile to characterize an acceptable configuration [J]. Tunnelling and Underground Space Technology, v 35, p 219-226, April 2013.

[3] H Mroueh, I Shahrour. A Full 3-D Finite Element Analysis of Tunneling – Adjacent Structures Interaction [J]. Computers and Geotechnics, Vol. 30, April.

[4] H. Duddeck. Application of Numerical Analysis for Tunneling in TernationalJkumal for Numerical & Analytical Methods in Geotechniscs [J]. Tunneling and Underground Space Technology, 1991, Vol. 15.

[5] Hanlong Liu, Ping Li, Jinyuan Liu. Numerical Investigation of Underlying Tunnel Heave During the Non-base Tunnel Construction [J]. Tunnelling and Underground Space Technology, Vol. 26, March.

[6] LI Hao, ZHU Xiang-yang, XU Yong-fu, et al. Analysis of influence of section shape on displacement and stress of surrounding rock of tunnel [J]. Tunnel Construction, 2009, 29 (1): 38-44.

[7] M. I. Junica, K. Aoki, K. Iwai, et al. The Assessment of Influences on Ground due to 2nd Tunnel Excavation Based on 1st Tunnel Excavation [J]. Tunnelling and Underground Space Technology, 2004, 19: 442.

[8] Ngoc-Anh Do, Daniel Dias, PierpaoloOreste, et al. Three-dimensional Numerical Simulation of A Mechanized Twin Tunnels in Soft Ground [J]. Tunnelling and Underground Space Technology, Voi. 42, May.

[9] R. P. Chen, J. Zhu, W. Liu, and X. W. Tang. Ground Movement Induced by Parallel EPB Tunnels in SiltySoils [J]. Tunnelling and Underground Space Technology, Vol. 26, January.

[10] ShahramPourakbar, Mohammad Azadi, Bujang B. K, et al. Estimation of Adjacent Building Settlement During Drilling of Urban Tunnels [J]. Electronic Joumal of Geotechnical Engineering, Vol. 19, pp 469-479.

[11] Wang S H, Liu J X, Tang C A, et al. Stability analysis of a large-span deep tunnel. International Journal of Rock Mechanics and Mining Sciences. 2004.

[12] Xianshan Liu, Yong Wang. Three dimensional numerical analysis of underground bifurcated tunnel [J]. Geotechnical and Geological Engineering, v28, n4, p447-455, July 2010.

[13] Itasca Consulting Group. PFC2D user'S manual (version3. 1) [M]. Minneapolis, Minnesota: Itasca Consulting Group, Inc, 2004.

[14] Itasca Consulting Group. PFC2D theory an d back-ground [M]. Minnesota, Minneapolis: Itasca Consulting Group, 2004.

[15] T SaKakibara, M Ujihira & K Suzuki. Numerical study on the cause of a slope failure at a gravel pit using pfc and flac [A], in: Numerical Modeling in Micromechnies Via Particle Methods [C]. London, 2004: 51-55.

［16］ Manuel J. Melis Maynar, Luis E. Medina Rodriguez. Diserete Numerical Model for Analysis of Earth Pressure Balance Tunnel Exeavation, Journal of Geotechnical and Geoenvironmental Engineering, 2005, 31（10）: 1234-1242.

［17］ 陈志龙, 王玉北. 城市地下空间规划［M］. 东南大学出版社, 2005.

［18］ 秦云, 上海城市地下道路规划发展设想［C］. 地下交通工程与工程安全——第五届中国国际隧道工程研讨会文集, 2011.

［19］ 陈志龙, 张平, 郭东军等. 中国城市中心区地下道路建设探讨［J］. 地下空间与工程学报, 2009, 5（1）: 1-8.

［20］ 谷兆祺, 彭守拙, 李仲奎. 地下洞室工程［M］. 北京: 清华大学出版社, 1994.

［21］ 厦门市政建设指挥部. 现代城市双洞、双线隧道修建技术的研究报告, 1999.

［22］ 郭小红, 廖朝华. 分岔隧道建设技术的研究及应用［M］. 北京: 人民交通出版社, 2011.

［23］ 俞明健. 城市地下道路设计理论与实践［M］. 北京: 中国建筑工业出版社, 2014.

［24］ 中华人民共和国住宅和城乡建设部. CJJ 221—2015 城市地下道路工程设计规范, 北京: 中国建筑工业出版社, 2015.

［25］ 郭子红. 地下立交近接隧道稳定性的理论分析与模拟研究［D］. 重庆大学博士学位论文, 2010.

［26］ 王伟, 夏才初, 朱合华等. 双线盾构越江隧道合理间距优化与分析. 岩石力学与工程学报, 2006, 25（Supp. 1）: 3311-3318.

［27］ 李少刚. 地下互通立交隧道设计参数优化及施工技术研究［D］. 北京交通大学博士学位论文, 2011.

［28］ 裴丽. 立交隧道近接施工对既有隧道力学特性的影响研究［D］. 重庆大学博士学位论文, 2010.

［29］ 王景春, 殷杰. 相邻隧道中心距的研究. 石家庄铁道学院学报, 1995, 8（2）: 109-113.

［30］ 唐仪兴, 张玉军. 近距离双隧道开挖与支护的稳定性有限元计算. 岩土力学, 1999. 20（1）. 87-92.

［31］ 仇文革. 地下工程近接施工力学原理与对策研究［D］. 西南交通大学博士学位论文, 2003.

［32］ 杨万斌, 薛玺成. 地下洞室的间距和断面优化计算方法［J］. 岩土工程学报, 2001, 23（1）: 61-63.

［33］ 郑余朝. 三孔并行盾构隧道近接施工的影响度研究［D］. 西南交通大学博士学位论文, 2008. 12.

［34］ 吴焕通. 小间距地铁区间隧道施工工序模拟分析. 现代隧道技术, 2002. 39（5）. 32-34.

［35］ 程栋. 地下快速路互通立交分岔隧道设计施工关键技术研究［D］. 北京交通大学硕士学位论文, 2008.

［36］ 李术才, 王汉鹏, 郑学芬. 分岔隧道稳定性分析及施工优化研究［J］. 岩石力学与工程学报, 2008, 27（3）: 447-457.

［37］ 林传年. 分岔隧道围岩损伤与稳定性研究［D］. 兰州大学博士学位论文, 2006.

［38］ 陈文辉, 秦峰, 陈贵华. 小净距隧道连拱隧道普通分离式隧道造价对比分析［J］. 公路交通技术, 2005,（6）: 120-122.

［39］ 黄宣明. 大型地下立交隧道施工技术探讨［J］. 地下空间与工程学报, 2007, 3（4）: 765-769.

［40］ 王万平, 韩常领, 李建斐. 超浅埋小间距隧道穿越既有公路变形规律模拟研究［J］. 现代隧道技术, 2013, V50（2）: 94-101.

[41] 刘洪伟. 三线"Y"字型喇叭口隧道施工方法及转换研究 [J]. 西部探矿工程, 2001, 13 (增1): 180-182.

[42] 王汉鹏. 分岔式隧道设计施工的关键技术研究 [D]. 山东大学博士学位论文, 2007.

[43] 徐冲. 分岔隧道设计施工优化与稳定性评价 [D]. 北京交通大学博士学位论文, 2011.

[44] 张晓燕. 分岔隧道围岩支护设计研究 [J]. 公路工程, 2009, V (34) 3: 83-85, 93.

[45] 李顺达. 城市特大断面隧道围岩稳定性与断面优化设计研究 [D], 合肥工业大学硕士毕业论文, 2014.

[46] 谢东武. 特大断面大跨隧道断面形式与支护参数优化 [D]. 同济大学硕士毕业论文, 2007.

[47] 蒋树屏, 黄伦海, 胡学兵. 特大断面公路隧道的设计与研究 [J]. 地下空间与工程学报, 2005, 1 (1): 54-61.

[48] 曾宜江, 杨小礼. 单拱四车道公路隧道断面的优化 [J]. 石河子大学学报 (自然科学版), 2008, 26 (5): 616-620.

[49] 曾宜江. 单拱四车道公路隧道结构优化研究 [D]. 中南大学硕士学位论文, 2009.

[50] 张丙强, 蔡雪峰, 李俐勋. 单洞四车道公路隧道优化研究 [J]. 华东公路, 2007, (4): 57-60.

[51] 曾中林. 单拱四车道公路隧道断面设计优化与施工力学研究 [D]. 中南大学硕士学位论文, 2008.

[52] 王莲芬, 许树柏. 层次分析法引论 [M]. 北京: 中国人民大学出版社, 1990: 2-13.

[53] 易小明, 陈卫忠, 李术才等. BP 神经网络在分岔隧道位移反分析中的应用 [J]. 岩石力学与工程学报, 2006, 25 (增2): 3927-3932.

[54] 陈卫忠, 王辉, 田洪铭等. 浅埋破碎岩体中大跨隧道断面扁平率优化研究 [J]. 岩石力学与工程学报, 2011, 30 (7): 1389-1395.

[55] 李浩, 朱向阳, 徐永福, 等. 断面形状对隧洞围岩位移和应力的影响分析 [J]. 隧道建设, 2009, 29 (1): 38-44.

[56] 李鹏飞, 周烨, 伍冬. 隧道围岩压力计算方法及其适用范围 [J]. 中国铁道科学, 2013, V01. 34 (6): 55-60.

[57] 李鸿博, 郭小红. 公路连拱隧道土压力荷载的计算方法研究 [J]. 岩土力学, 2009, V01. 30 (11): 3430-3434.

[58] 丁文其, 王晓形, 朱合华等. 连拱隧道设计荷载的确定方法 [J]. 中国公路学报, 2007, V01. 20 (5): 78-82.

[59] 陈秋南. 非对称连拱隧道动态施工力学模拟研究 [D]. 重庆大学博士学位论文, 2005. 3.

[60] 关则廉. 大跨度不对称双联拱隧道的设计与施工 [J]. 西部探矿工程, 2005, Sept (9): 119-122.

[61] 胡学兵, 肖博, 等. 非对称连拱隧道设计技术研究 [J]. 公路交通技术, 2013, Feb (3): 91-98.

[62] 高峰, 周谊一, 等. 厦门市东坪山地下立交工程非对称连拱隧道结构计算分析 [J]. 公路交通技术, 2013, Feb (1): 102-105.

[63] 林刚, 何川. 浅埋连拱隧道实体中墙设计荷载研究 [J]. 现代隧道技术, 2006, 43 (5): 60-65.

[64] 林刚. 连拱隧道施工力学行为研究 [博士学位论文][D]. 西南交通大学博士学位论文, 2005.

[65] 马立忠, 姚永勤. 北京地铁十号线不对称双联拱隧道浅埋暗挖施工技术 [J]. 铁道标准设计, 2008 (12): 171-173.

［66］ 刘涛，沈明荣，袁勇. 偏压连拱隧道围岩稳定性模型试验与数值分析［J］. 同济大学学报（自然科学版），2008，36（4）：460-465.

［67］ 王军，夏才初，朱合华，等. 不对称连拱隧道现场监测与分析研究［J］. 岩石力学与工程学报，2004，vol23（2）：267-271.

［68］ 王明年. 何川，翁汉民，等. 3车道隧道模型试验研究及有限元分析［J］. 公路，1999. 9：19-28.

［69］ 张强勇，李术才，尤春安，等. 新型组合式三维地质力学模型试验台架装置的研制及应用［J］. 岩石力学与工程学报，2007，26（1）：143-148.

［70］ 邓建，朱合华，丁文其. 不等跨连拱隧道施工全过程的有限元模拟［J］. 岩土力学，2004. 3：477-480.

［71］ 王凯，张成平，王梦恕. 胶州湾海底隧道不对称双连拱断面施工优化分析［J］. 中国工程科学，2012，Vol.14（1）：90-97.

［72］ 王亚琼，张少兵，谢永利. 浅埋偏压连拱隧道非对称支护结构受力性状分析［J］. 岩石力学与工程学报，2010，vol 29（Supp. 1）：3265-3272.

［73］ 张科军，石雪峰等. 大跨度不对称双联拱隧道在复杂地质条件下的施工技术［J］. 铁道标准设计，2007，（Supp. 2）：90-92.

［74］ 郑宗溪，孙其清. 浅埋偏压条件下不等跨双连拱隧道设计技术［J］. 铁道工程学报，2013. 2：68-73.

［75］ 周玉宏，赵燕明等. 偏压连拱隧道施工过程的优化研究［J］. 岩石力学与工程学报，2002，Voi. 21（5）：679-683.

［76］ 陶振东. 黄土地区非对称小间距及偏连拱隧道施工力学理论研究［D］. 西南交通大学硕士学位论文，2010，4.

［77］ 乔春江，朱光仪. 超小净距隧道的设计与研究［J］. 公路，2006，（7）：179-184.

［78］ 关继发. 小间距大跨隧道施工引起地层变形规律及支护结构受力特征研究［J］. 现代隧道技术，2008，45（4）：14-17.

［79］ 刘艳青，钟世航等. 小净距并行隧道力学状态的试验研究. 岩石力学与工程学报，2004. 19（5）. 590-594.

［80］ 王辉，陈卫忠，陈培帅等. 浅埋大跨小净距隧道断面形态及合理间距的优化研究［J］. 岩土力学，2011，32（Supp. 2）：641-648.

［81］ 仇文革，李俊松. 小净距大跨度公路隧道安全风险管理与施工技术［J］. 现代隧道技术，2011. 10.

［82］ 李云鹏，王芝银，韩常领，等. 不同围岩类别小间距隧道施工过程模拟研究［J］. 岩土力学，2006，27（1）：11-17.

［83］ 顾洪源. 大断面小净距隧道断面优化及其设计参数研究［J］. 铁道标准设计，2013，（2）：85-89.

［84］ 祁寒，高波，王帅帅. 不同地质条件浅埋偏压小净距隧道施工力学效应研究［J］. 现代隧道技术，2014，V51（4）：108-112.

［85］ 索晓明，张继清，杨毅秋. 北京地下直径线大直径盾构隧道技术研究［J］. 中国工程科学，2010，12（12）：11-17.

［86］ 张明富，袁大军，黄清飞，等. 砂卵石地层盾构刀具动态磨损分析［J］. 岩石力学与工程学报，20098. 22（2）：397-402.

［87］ 张国京. 北京地区土压式盾构刀具的适应性分析［J］. 市政技术，2005，23（1）：9-13.

[88] 邹积波. 盾构刀具磨损原因探析 [J]. 建筑机械化, 2003, 11: 57-58.

[89] 李昀, 张子新. 泥浆渗透对盾构开挖面稳定性的影响研究 [J]. 岩土力学, 2006, 27 (Supp. 2): 464-468.

[90] 程展林, 吴忠明, 徐言勇. 砂基中泥浆盾构法隧道施工开挖面稳定性试验研究 [J], 长江科学院院报, 2001, 18 (5): 53-55.

[91] 李昀, 张子新, 张冠军. 泥浆平衡盾构开挖面稳定模型试验研究 [J], 岩土工程学报, 2007, 29 (7): 1074-1079.

[92] 曾远. 土体破坏细观机理及颗粒流数值模拟 [D]. 上海: 同济大学博士论文, 2006.

[93] 罗勇. 土工问题的颗粒流数值模拟及应用研究 [D]. 浙江大学博士论文, 2007.

[94] 张孝华, 罗兴树. 现代泥浆实验技 [M]. 东营: 石油大学出版社, 1999.

[95] 王春河, 许满吉. 泥水盾构泥浆复合调制的应用分析 [J] 铁道标准设计, 2011, (10): 96-102.

[96] 韩晓瑞, 朱伟, 刘泉维. 泥浆性质对泥水盾构开挖面泥膜形成质量影响 [J]. 岩土力学, 2008, 29 (增): 288-292.

[97] 袁大军, 李兴高, 李建华. 砂卵石地层泥水盾构泥浆渗透实验分析 [J]. 都市快轨交通, 2009, 22 (3): 32-34.

[98] 魏代伟, 朱伟, 闵凡路. 泥水盾构泥膜形成过程中超静孔隙水压力随时间的变化 [J]. 水利与建筑工程学报, 2013, 11 (3): 36-40.

[99] 魏代伟, 朱伟, 闵凡路. 砂土地层泥水盾构泥膜形成时间及泥浆压力转化率的试验研究 [J]. 岩土力学, 2014, 35 (2): 423-428.

[100] 张子新, 胡欣雨, 黄昕. 一类特殊的泥水盾构掘进绿色泥浆实验研究 [J]. 同济大学学报 (自然科学版), 2010, 38 (11): 1574-1578.

[101] 蒋龙. 砂卵石地层泥水盾构泥浆材料选择及配比优化分析 [D]. 北京: 北京交通大学, 2014.

[102] 王天宝, 刘锋, 任英莲. 环保型泥浆助剂的生产与应用 [J]. 地质与勘探, 2000, 36 (3): 79-80.